为中华崛起传播智慧

To disseminate intelligence for the rise of China

机工传媒
China Machine Media

国家出版基金项目

中国战略性新兴产业研究与发展

R&D of China's Strategic New Industries

气体分离设备

Gas Separation Equipment

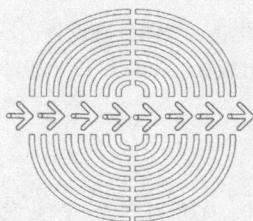

中国通用机械工业协会气体分离设备分会
杭州制氧机集团股份有限公司 组编
蒋明 主编

机械工业出版社
China Machine Press

本书共分为 8 章，主要介绍了气体分离设备的发展及应用情况，阐述了国内外气体分离设备产业发展与市场概况及主要设备厂商和科研院所的研究成果，提出了我国气体分离设备产业的发展战略及建议。

本书内容全面，适合政府部门和行业决策机构制定政策法规以及学术研究机构规划研究方向时参考，也适合企业决策者，技术、管理及市场人员，以及投资、证券行业及咨询机构的人员在规划、投资、研究、项目实施中使用。

图书在版编目（CIP）数据

中国战略性新兴产业研究与发展. 气体分离设备 /
蒋明主编 . —北京 ： 机械工业出版社， 2021.11（2023.6 重印）
国家出版基金项目
ISBN 978-7-111-69345-1

Ⅰ . ①中… Ⅱ . ①蒋… Ⅲ . ①新兴产业－产业发展－
研究－中国②气体分离设备－产业发展－研究－中国
Ⅳ . ① F121.3 ② F426.45

中国版本图书馆 CIP 数据核字（2021）第 206591 号

机械工业出版社（北京市百万庄大街 22 号　邮政编码 100037）
策划编辑：魏素芳　　责任编辑：魏素芳　戴　琳
责任校对：李　伟　　责任印制：常天培
北京机工印刷厂有限公司印刷
2023 年 6 月第 1 版第 2 次印刷
170mm×242mm ・ 16.5 印张 ・ 286 千字
标准书号：ISBN 978-7-111-69345-1
定价：128.00 元

电话服务　　　　　　　　　　网络服务
服务咨询电话：(010)88361066　年 鉴 网：http://www.cmiy.com
读者购书热线：(010)88379838　机工官网：http://www.cmpbook.com
　　　　　　　(010)68326294　机工官博：http://weibo.com/cmp1952
封底无防伪标均为盗版

序言

全球金融危机和经济衰退发生以来，美欧日俄等为应对危机、复苏经济、抢占未来发展的先机和制高点，都在重新审视发展战略，不断加快推进"再工业化"，培育发展以新能源、节能环保低碳、生物医药、新材料与高端制造、新一代信息网络、智能电网、海洋空天等技术为支撑的战略性新兴产业，在全球范围内构建以战略性新兴产业为主导的新产业体系。力图通过新一轮技术革命的引领，重新回归实体经济，创造新的经济增长点。这已成为很多国家摆脱危机、实现增长、提升综合国力的根本出路。可以预计，未来的二三十年将是世界大创新、大变革、大调整的历史时期，人类将进入一个以绿色、智能、可持续发展为特征的知识文明时代。那些更多掌握绿色、智能技术，主导战略性新兴产业发展方向的国家和民族将在未来全球竞争合作中占据主导地位，赢得全球竞争合作，共享持续繁荣进程中的主动权和优势地位。

为应对金融危机和全球性经济衰退以及日趋强化的能源、资源和生态环境约束，以实现中国经济社会的科学发展、和谐发展、持续发展，党中央、国务院提出加快调整产业结构、转变经济发展方式，加快培育和促进战略性新兴产业发展的方针，出台了《国务院关于加快培育和发展战略性新兴产业的决定》以及相关政策举措。可以肯定，未来5～10年将是我国结构调整与改革创新发展的一个新的战略机遇期，将通过继续深化改革，扩大开放，提升自主创新能力，建设创新型国家，实现我国科技、产业、经济由大变强的历史性跨越，我国经济社会发展将走出一条依靠创新驱动，绿色智能，科学发展、和谐发展、持续发展之路，实现中华民族的伟大复兴。

展望未来，高端装备制造、新能源汽车、节能环保、新一代信息技术、生物医药、新能源、新材料、绿色运载工具、海洋空天、公共安全等全球战略性新兴产业将形成十几万亿美元规模的宏大产业，成为发展速度最快，采用高新技术最为密集，最具持续增长潜力的产业群落。战略性新兴产业的发展需求也将拉动技术的创新突破和产业的结构调整，为包括我国在内的全球经济发展注入新的强大动力。

在世界各国高度重视培育和发展战略性新兴产业的新形势下，编写一套"中国战略性新兴产业研究与发展"图书，借鉴国外相关产业发展的成功经验，对行业发展思路、发展目标、发展战略、发展重点、投资方向、政策建议等方面进行全面、系统研究，凝聚对战略性新兴产业内涵和发展重点的认识，为国家战略性新兴产业发展规划的顺利实施，以及政府和有关部门制定促进战略性新兴产业发展的相关政策和法规提供参考，具有十分重要的现实意义。

"中国战略性新兴产业研究与发展"系列图书对相应产业的阐述、分析均注重强调战略性新兴产业的六个主要特点：

一是**绿色**。战略性新兴产业属于能耗低、排放少、零部件可再生循环的"环保型""绿色型"产业，无论从产品的设计、制造、使用，还是回收、再利用等整个生命周期的各个环节，对资源的利用效率与对环境的承载压力均要求达到最理想水平。

二是**智能**。新型工业化要求坚持以信息化带动工业化、以工业化促进信息化，即要实现"两化融合"。而"两化融合"决定了智能是未来产业尤其是战略性新兴产业的发展方向。所谓智能，是指制造过程的智能化、产品本身的智能化、服务方式的智能化。这些均是智能的最基本层次，它还具有其他更为丰富的内涵。例如：智能电网，通过先进的传感和测量技术、先进的设备技术、先进的控制方法以及先进的决策支持系统技术的应用，可实现电网的可靠、安全、经济、高效、环境友好和系统安全等方面的智能；智能汽车不只是安全智能，还包括节能、减排、故障预警等方面的智能。

三是**全球制造**。随着全球化趋势不断深化，战略性新兴产业的发展成果也必将是由全人类共创共享。新产品的研制开发，不再由一个企业独自完成，需要集成各方面优势资源共同解决。例如，iPhone 在中国完成装配，但它的设计、研发以及许多零部件的供应都是在美国、日本和欧洲实现的，其本身就是一个全球化的产品。因而，未来的制造必然是全球化制造、网络化制造。

四是满足个性化需求与为更多人分享相结合。目前中国有 14 亿人口，印度有 13 亿人口，还有巴西、印度尼西亚等新兴国家、发展中国家也都要实现现代化。在全球如此规模庞大的人群中，既存在富裕阶层、高消费阶层，他们的消费需求是个性化、多样化的；又有占比较大的中产阶层、贫困人口，他们的消费需求是基本层次的，但也不能被忽视。两种类型的消费需求必须同时被满足，这不仅是构建和谐社会的需要，而且是构建和谐世界的需要。因此，我国发展战略性新兴产业，应该既要满足中高端个性化的需求，同时又要满足我国与其他发展中国家广大普通消费者的需求。要把个性化的设计、个性化的产品生产，与规模化、工业化的传统生产结合起来，不能完全抛弃传统的规模化生产方式。

五是可持续。要使有限的自然资源得以有效、可持续利用，发展利用可再生资源、能源，强调发展再制造、循环经济。无论是原材料使用，还是零部件制造，从研发、设计之初就考虑到了生产中的废料、使用后的残骸的回收处置，使其能够重新得到循环利用。

六是增值服务。培育发展战略性新兴产业需要注意在设计制造过程中与产品售后、使用过程中提供相关增值服务。不应再局限于传统的观念，只注重制造本身，而不注重服务的价值。例如，发展电动汽车产业，必须首先解决好商业模式问题，包括充电桩建设、电池更换、废旧电池回收等服务，否则将无法广泛推广。

"中国战略性新兴产业研究与发展"系列图书内容丰富、资料翔实、观点鲜明、立意高远，并力求充分体现出"四性"，即科学性、前瞻性、指导性和基础性。

第一，体现**科学性**。所谓科学性，就是指以科学发展观为指导。科学发展观的核心是以人为本，基本要求是全面、协调、可持续，根本方法是统筹兼顾，符合客观规律。"中国战略性新兴产业研究与发展"系列图书既要能够为党中央、国务院提出的加快发展战略性新兴产业的总体战略服务，又不应受到行业、部门的局限，更不能写成规划或某些部门规划的解读材料，而应能够立足于事物客观规律、立足于全局。各分册编写组同志重视调查、研究，力求对国情、科技、产业及全球相关产业的发展态势有比较准确的把握，努力为我国战略性新兴产业的发展提供一本基于科学基础的好素材。这套图书立足我国国情，而不是简单地把发达国家的相关产业信息进行综合、编译，照搬照抄。当然，我国发展战略性新兴产业不能"闭门造车"，而是要坚持开放性，积极参与国际分工合作，充分利用全球优势资源，提高发展的起点和水平。因而，有必要参照国际成功经验与最新发展趋势，但一定要以我国国情和产业特点为根本出发点，加快培育和发展有中国特色的、竞争能力强的战略性新兴产业。

第二，体现**前瞻性**。一是能够前瞻战略性新兴产业的发展，因为这套图书是战略性新兴产业的发展指导书。二是能够前瞻战略性新兴产业技术的发展。为了做好这两个前瞻，必须要适当地前瞻全球经济、我国经济与战略性新兴产业发展的趋势。只讲发展现状是不够的，因为关于现状的资料很多，通过简单的网络搜索即可查到；也不能只罗列国外的某些规划和发展战略。"中国战略性新兴产业研究与发展"系列图书的编写注重有深度的科学分析与前瞻性的研究。

第三，体现**指导性**。"中国战略性新兴产业研究与发展"系列图书本身就是指导书，能够对产业、对技术、对国家制定政策，甚至在未来国家发展战略与规划的制定等方面发挥一定的引导作用与影响。虽然不能说这套图书可以指导国家战略与规划的制定，但是应该努力发挥其积极的引导作用。

第四，体现**基础性**。所谓基础性，就是指要能够提供战略性新兴产业的基础信息、基础知识，以及我国和有关国家在相关产业发展方面的基本战略，主要的法规、政策和举措，并尽可能提供一些基本的技术路线图。比如，在轴承分册，就描述了一个轴承产业发展的路线图。唯有如此，"中国战略性新兴产业研究与发展"系列图书才能满足原来立项的宗旨 —— 不仅要为工程技术界、大学教师、大学生与研究生提供学习参考书，为产业界的技术人员、管理人员提供决策参照，而且要为政府部门的政策法规制定者提供参考。

　　机械工业出版社是具有 60 多年历史的专业性综合型出版机构，改革开放后，随着市场经济的发展，机械工业出版社不断改革转型，不但形成了完善的编辑出版工作流程和质量保证体系，而且编辑人员作风严谨，工作创新。

　　"中国战略性新兴产业研究与发展"系列图书不仅是一套科技普及书，更是一套产业发展参考书，必须既要介绍国内外战略性新兴产业的发展情况，又要阐述相关政策、法规、扶植措施等内容。因此，这套图书的组编单位、编写负责人和编写工作人员必须要有相关积累和优势。"中国战略性新兴产业研究与发展"系列图书所选的分册主编和作者主要是精力充沛的业内中青年专家，并由资深专家负责相应的编审、校审工作。现在看来大多数工作由中青年同志担当，是完全符合实际的。此外，这套图书的编著还充分发挥了有关科研院所、行业学会和协会的作用，他们的优势在于对行业比较熟悉，并掌握了较为丰富的资料。

　　最后，特别感谢国家出版基金对"中国战略性新兴产业研究与发展"系列图书的大力支持！感谢全体编写出版人员的辛勤劳动！

　　期望"中国战略性新兴产业研究与发展"为社会各界了解战略性新兴产业提供帮助，期待中国战略性新兴产业培育和发展尽快取得重大突破，祝愿我国在不久的将来实现由经济大国向经济强国的历史性跨越！

　　是为序。

前言

　　气体分离设备是装备制造业的重要组成部分，具有机组多、成套性强、技术复杂、自动化要求高等特点，其研发、设计、制造的水平体现了一个国家装备制造能力的高低。

　　世界上第一台气体分离设备于 1903 年在德国诞生。经过 100 多年的发展，气体分离设备的产品性能得到了极大的提升，在能源、化工、冶金、电子、医疗、航空航天等众多领域得到了广泛应用，已成为工业赖以生存的"造血器官"，为人类工业的发展、社会的进步提供了支撑与保障。

　　我国的气体分离设备行业起步于 20 世纪 50 年代。1955 年，浙江铁工厂（现杭州制氧机集团股份有限公司）自主研制成功 30 m³/h 制氧机，标志着我国以空气分离设备为代表的气体分离设备制造业正式起步。在条件十分落后的情况下，短短几年时间，我国就迅速掌握了小型、中型空气分离设备的设计制造技术，同时还研发了稀有气体提取设备和气体液化装置，攻克了压缩机、膨胀机、换热器、阀门等主要部机的制造难点，甚至在 1979 年实现了向德国林德公司出口翅片压力机，开创了我国机械工业向西方发达国家出口先进技术和设备的先河。

　　改革开放后，气体分离设备行业实现了快速发展。尤其是进入新世纪，随着冶金、石化、煤化工、电子等行业的迅猛发展，气体分离设备行业也进入了发展黄金期。大型及特大型空气分离设备、百万吨级乙烯冷箱、高纯度稀有气体提取装置、天然气液化装置、大型变压吸附装置、大型膜分离装置、高等级空气压缩机与汽轮机等一批高端装备呈现百花齐放的局面，研究范围涵盖了基础研究、应用研究、试验与发展研究。其中，大型、特大型空气分离设备的技术已经达到了国际领先水平，具有很强的国际竞争力。在先进科技的助力下，我国已成为全球最大的气体分离设备制造国与消费国，造就了以杭州制氧机集团股份有限公司、沈阳鼓风机集团有限公司、四川空分设备（集团）有限责任公司等为代表的一批优秀企业。产品远销美国、德国、墨西哥、马来西亚等国家，为广大客户提供了优质服务。今天，随着我国改革开放的不断深化、"一带一路"倡议的持续推进，气体分离设备行业将继续朝着精品化、高端化的方向发展，为我国民族工业的振兴添砖加瓦。

本书回顾了我国气体分离设备行业的发展历程，展示了行业所取得的成就，介绍了国内外行业最新发展动态及未来的发展方向和目标，助推行业实现高质量发展。希望本书能让广大读者朋友加深对我国气体分离设备行业的了解，增强对国产装备的信心；同时也希望本书能为国家统筹布局战略性新兴产业提供建设性意见，在进一步开拓全球市场方面提供相应的帮助。

本书共分8章，基本涵盖了气体分离设备行业的方方面面，并涉及众多企业单位。为简化起见，书中在提及行业内知名企业时多用简称，如杭氧、四川空分、沈鼓等。蒋明担任本书的主编，负责本书的总体策划与审定工作；韩一松、徐建平担任本书的副主编，负责组织分工与统稿工作；黄科、郜豫川、马国红、项巍、杨文皓、彭旭东、秦燕、吴巧仙、谭芳、孙石桥、王佳伟、池雪林、刘象拯、魏义江、管英富、徐申骏、宋欣、毛荣大、蓝吉兵、张胜利、周根标、欧丹、刘玮、张勇、武斌等人参与了本书的编写工作。本书在编写过程中得到了行业内众多知名企业的大力支持，杭州制氧机集团股份有限公司、四川空分设备（集团）有限责任公司、四川天一科技股份有限公司、天邦膜技术国家工程研究中心有限责任公司、西安陕鼓动力股份有限公司、杭州汽轮机股份有限公司、沈阳鼓风机集团股份有限公司等单位提供了大量资料及宝贵意见，在此一并表示衷心的感谢。

本书编写力求详实，但难免有疏漏或错误之处，恳请广大专家、同行、读者朋友批评指正。

2021 年 4 月

XI

编 写 说 明

《国务院关于加快培育和发展战略性新兴产业的决定》确定了我国未来经济社会发展的战略重点和方向是战略性新兴产业，并且根据我国国情和科技、产业基础，又进一步明确为现阶段重点发展节能环保、新一代信息技术、生物、高端装备制造、新能源、新材料、新能源汽车、数字创意和相关服务业九大新兴产业。可见，九大战略性新兴产业将是国家重点支持、大力推广的产业。

为了使大家全面理解、准确把握、深刻领会国家这一战略决定的精神实质，了解其发展内涵，推动产业结构升级和经济发展方式转变，增强国际竞争优势，抢占新一轮经济和科技制高点，机械工业出版社在国家出版基金的支持下，组织各领域权威专家编写了一套"中国战略性新兴产业研究与发展"（以下简称"研究与发展"）图书。

"研究与发展"以国家相关发展政策和规划为基础，借鉴国外相关产业发展的成功经验，对产业发展思路、发展目标、发展战略、发展重点、投资方向、政策建议等方面进行了全面、系统的研究；对前瞻性、基础性和目前产业上有瓶颈限制的问题提出了有针对性的对策。

"研究与发展"采用分期分批的出版方式陆续出版发行，第一期 12 个分册、第二期 13 个分册分别于 2013 年 6 月和 2018 年 2 月完成出版，第一期的分册包括太阳能、风能、生物质能、智能电网、新能源汽车、轨道交通、工程机械、水电设备、农业机械、数控机床、轴承和齿轮，第二期的分册包括功能材料、物流仓储装备、紧固件、模具、内燃机、塑料机械、塑木复合材料、物联网、制冷空调、智能制造装备、非常规油气、中压开关和数据中心。本次出版的第三期 29 个分册图书包括：智慧工业、生物基材料、数据与企业治理、智慧经济、智能注塑机、数据赋能、高端轴承、冷链物流、智能汽车、通用航空、远程设备智能维护、智能供应链、智能化立体车库、气体分离设备、焊接材料与装备、高端液气密元件、高端链传动系统、风电齿轮箱、海洋油气装备、燃气轮机、变频调速设备、电子信息功能材料、智能制造、数控系统、工业机器人、核电、智慧交通、增材制造以及内燃机再制造产业发展与技术路线。今后根据国家产业政策要求及各行业的发展情况还将陆续推出其他分册。

为了出版好"研究与发展",机械工业出版社成立了"中国战略性新兴产业研究与发展"编委会,全国人大常委会原副委员长路甬祥担任编委会主任。路甬祥副委员长对该套图书的编写高度重视,亲自参加编委研讨会,多次提出重要指导意见。他从图书的定位、内容选材、作者队伍建设和运作流程等方面都给予了全面和具体的指导,并提出了"六个特点"和"四性"的具体要求。

机械工业出版社还建立了完善的项目管理、编写组织、出版规范和网络支撑四个方面的工作体系来保证图书质量,投入了大量的精力组织行业权威专家规划内容结构、研讨内容特色。参与图书编写的主创人员自觉自愿地把自己的聪明才智和研究成果奉献给社会,奉献给国家。他们都担负着繁重的科研、教学、行业管理或生产任务,为了使此书能够早日与大家见面,他们不辞辛苦、加班加点,因为他们都有一个共同心愿 —— 帮助企业快速成长,使中国由大变强。

在此,衷心地感谢为此项工作付出大量心血的组编单位、各位专家、各位撰稿人及编辑出版工作人员!

尽管我们做了大量工作,付出了巨大努力,但仍难免有疏漏或不足之处,敬请读者批评指正!

中国战略性新兴产业研究与发展　编辑部
2021 年 6 月

目录 CONTENTS

第 1 章

气体分离设备的产品
定义及类别划分

气体分离设备是指用低温精馏、变压吸附或膜分离等方法将多组分的混合气体，如空气、天然气和焦炉气等混合气体进行分离，制取氧、氮、氩、氖、氦、氪、氙、氢、一氧化碳、二氧化碳、丙烷和丁烷等气体的设备。它包括空气分离设备、稀有气体提取设备、天然气分离设备和石化气体分离设备等。其中，最主要的设备有空气分离设备（简称"空分设备"，俗称"制氧机"）、氢分离设备、一氧化碳分离设备和二氧化碳分离设备（俗称"脱碳塔"）。

气体分离设备属于成套设备，由许多系统组成：净化系统涉及过滤器、干燥器和分子筛吸附器等；压缩系统涉及透平式、螺杆式和活塞式压缩机等；换热系统涉及管式、板翅式等各种换热器；制冷系统涉及气体膨胀机、液体膨胀机和节流阀等；精馏系统涉及单级、双级和多级精馏塔，冷凝器和蒸发器等；产品输送系统涉及活塞式、透平式气体压缩机和低温液体输送泵等；为成套设备配置的电气控制系统、仪表控制系统和各类特殊阀门；吸附分离系统涉及特殊吸附剂和特殊程控阀门；膜分离系统涉及选择性的膜组；为应急储存的后备系统中还包括储气和低温液体储存设备等。这些系统及机组涉及多学科，交叉融合性强，因此，气体分离设备具有机组多、成套性强、技术复杂和自动化要求高等特点。也正因为如此，其研发、设计和制造水平体现了一个国家装备制造能力的高低。

1.1 气体分离设备的产品定义

气体分离设备的名称中，往往结合了工作机理、分离介质（或被分离介质）和规模大小三要素。

1. 低温法气体分离设备

利用气体不同组分在低温条件下的沸点差异或其他物性差异进行分离的方法称为低温分离法。低温分离法中常见的是低温精馏法。它利用低温条件下混合组分中轻重组分沸点差异，在气、液两相的逆向多级接触过程中，轻组分不断从液相往气相转移，重组分则由气相向液相迁移，最终实现轻重组分分离的过程。当平衡级数足够多、回流足够大时，在塔顶可以得到高纯度的轻组分产品，而在塔底可以获得高纯度的重组分产品。对于组分间沸点差异较大的混合介质，也可以采用分凝法。利用低温分离法分离气体的设备称为低温法气体分离设备。

2. 吸附法气体分离设备

利用气体不同组分在吸附剂上吸附能力的差异或吸附速率的差异进行分离的方法称为吸附分离法。对吸附分离而言，常用的方法有变温吸附和变压吸附。

变温吸附（Temperature Swing Adsorption，TSA）是利用吸附等温线的斜率不同，在低温环境下吸附剂的吸附容量增大而吸附，当压力不变而温度升高时，吸附剂的吸附容量减小而解吸，吸附剂得到再生。吸附剂再生完成并冷却后等待下一次吸附使用，如此循环操作。变温吸附法的吸附剂再生彻底、回收率高、产品损失小，但存在循环周期长、投资较大和能耗高等缺点。

变压吸附（Pressure Swing Adsorption，PSA）是利用固体吸附剂对不同气体的吸附选择性以及气体在吸附剂上的吸附量随其分压变化而变化的特性，在一定的分压下吸附，然后通过降低被吸附气体分压使被吸附气体解吸的一种气体分离方法。

吸附法气体分离设备的核心是工艺流程、吸附剂、吸附塔、程控阀和控制技术等，与低温法气体分离设备相比，其氧、氮产品纯度低，检修频率高，产品单一，但其灵活性好。

3. 膜法气体分离设备

利用气体不同组分在膜上渗透率的差异进行分离的方法称为膜分离法。膜器件是将膜以某种形式组装在一个基本单元设备内，在一定驱动力的作用下，完成混合物中各组分分离的单元设备。这种单元设备称为膜器件或膜组件，也称膜分离器或渗透器，其产品纯度偏低，膜件损耗大。

4. 液化设备

利用气体物性特征，通过热力学方法把气体内能移走，达到气体液化目的的设备称为液化设备。处于工作环境温度下的气体经压缩进入给定系统，将气态工质逐步冷却到要求的低温，通过节流或等熵膨胀等方法可达到气体液化的目的。主要设备有氧氮液化设备、天然气液化设备、氢液化设备和氦液化设备等。

5. 液化储能设备

利用气体液化技术把气体液化，并以液体形式储存，用以发电的设备称为液化储能设备。其中，最常见的液化空气储能设备包括空气液化单元、能量存储单元和电力转化单元，对电力系统具有削峰填谷的功能。在用电低谷或者将间歇性的电力对空气液化单元供电，使空气液化并存储在液体储罐中，把此过程产生的热能通过能量存储单元 —— 蓄热器储存起来，以供液态空气气化时加压加热使用。在用电高峰时，液态空气转化为气态空气，对膨胀机做功从而使发电机发电，并把此过程回收的冷能通过能量存储单元 —— 蓄冷器储存起来，以供空气液化时使用。

6. 低温容器设备

用来储存和运输低温液体的设备均称为低温容器设备，是低温绝热气瓶（杜瓦瓶）、储罐、槽车和低温罐式集装箱的统称，属于金属压力容器。

1.2　气体分离设备的类别划分及技术原理

气体分离设备的分类方法较多，主要分类方式有：根据分离介质或被分离介质进行分类，如制氧设备、制氮设备；根据规模大小分类，如便携式分离设备、移动式分离设备、工业级分离设备；根据工作机理进行分类，如低温法气体分离设备等。同一分离机理往往可以应用到不同的产品当中，制造企业一般倾向于制造机理相同或相近的装备。因此，气体分离设备一般按工作机理分为低温法气体分离设备、吸附法气体分离设备和膜法气体分离设备。液化设备、液体储能设备和低温容器设备往往和气体分离设备同时应用，结合紧密，也被列入本书介绍的内容中。

1.2.1　低温法气体分离设备

常见的低温法气体分离设备有空气分离设备、乙烯冷箱、液氮洗装置、烷烃脱氢冷箱、甲醇制烯烃（MTO）冷箱、氢/一氧化碳分离冷箱、稀有气体提取装置和低温甲醇洗装置等。其技术原理中均应用了低温技术，包括低温产生、低温分离和低温传递等技术。

1. 空气分离设备

空气分离设备（后简称空分设备）是当前应用最广、最主要的气体分离设备。在冶金、化工、化肥、石化、航天、玻璃和电子产业中均有应用。它是一个复杂的大型系统，主要由动力系统、净化系统、制冷系统、热交换系统、精馏系统、产品输送系统、液体储存系统和控制系统等子系统组成。空分设备系统组成见图1-1。

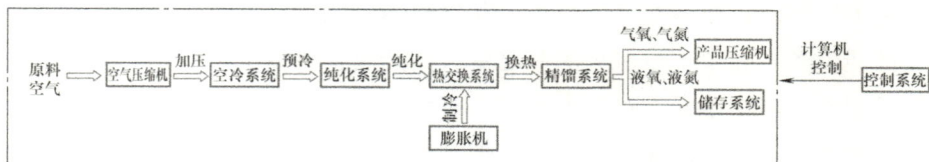

图 1-1　空分设备系统组成

动力系统主要是指原料空气压缩机、增压机，从本质上说是产生分离功的能量转换装置，是装置能量的主输入端。净化系统由空冷系统和纯化系统组成，用于洗涤空气中的尘埃并脱除水分、二氧化碳、乙炔、丙烯和丙烷等对空分设备运行有害的物质。制冷系统是通过气体膨胀产生的机械功制冷，从而实现低温分离环境的。热交换系统把进入的常温空气和出来的低温气体进行热交换，实现节能。当前的换热器主要使用铝制板翅式换热器。精馏系统是空分设备的核心，是实现低温分离功能的重要设备。产品输送系统把空分设备生产的氧气和氮气通过压缩机提升压力后送入下游使用。

空分设备的流程可以分为外压缩流程和内压缩流程。

（1）空分设备的外压缩流程　常规的空分设备外压缩流程见图1-2。

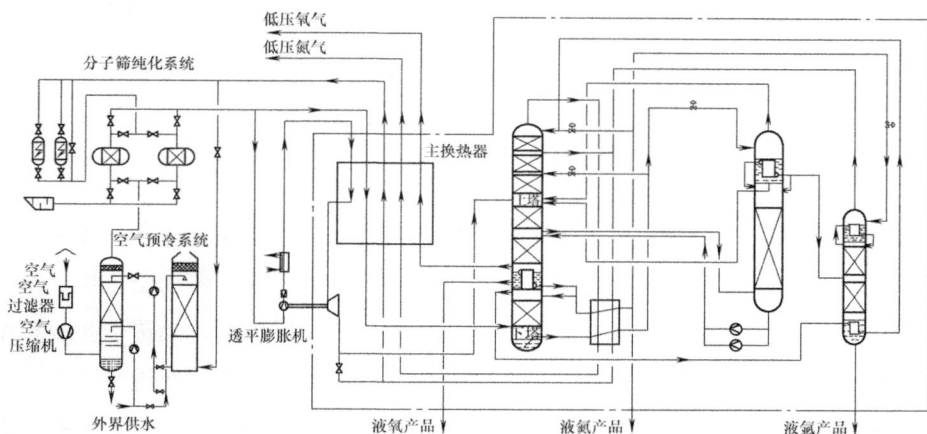

图1-2　空分设备外压缩流程图

在外压缩流程中，净化后的加工空气分成两股。一股相当于膨胀量的空气被引入透平膨胀机的增压端中增压，然后被冷却水冷却至常温后进入主换热器，再从主换热器中部抽出后进入透平膨胀机的膨胀端。膨胀后的部分或全部气体送入上塔参与精馏，剩余膨胀气体旁通入污氮管道。其余空气直接进入主换热器后，被返流气体冷却至饱和温度后进入下塔。

上塔参与精馏的气体经过精馏后，在上塔的底部获得纯度 > 99.6% 的低压氧气，在上塔顶部获得纯度 > 99.99% 的低压氮气，在下塔的顶部获得纯度 > 99.99% 的中压氮气。还可以通过氩系统产出纯度 > 99.99% 的液氩。

（2）空分设备的内压缩流程　空分设备的内压缩流程中产品气体的供气压力是由冷箱内的液体经液体泵加压并与高压气体进行热交换后汽化复热来达到的。空分设备的内压缩流程见图1-3。

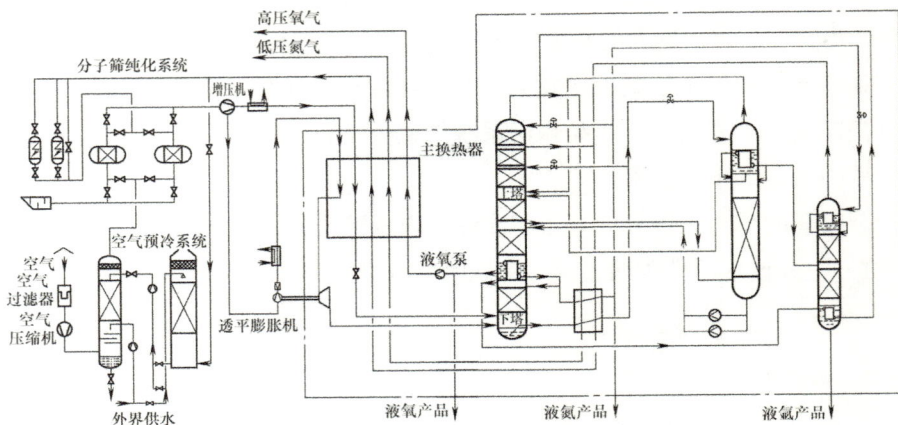

图 1-3　空分设备内压缩流程图

在内压缩流程中，净化后的加工空气分成两股。一股气体进入主换热器，与返流的污氮气和产品气体换热后进入下塔进行精馏。另一股气体经空气增压机压缩后再分成两股。一股相当于膨胀量的空气从增压机一段抽出，经透平膨胀机增压端增压后，经气体冷却器冷却，进入主换热器并从中部抽出，经透平膨胀机膨胀端膨胀后进入下塔进行精馏。另一股气体经增压机继续增压，再进入主换热器换热，冷却节流后进入下塔。

参与精馏的气体经过精馏后，在上塔的底部获得纯度＞99.6%的液氧，再由液氧泵增压，在板翅式换热器汽化得到压力＞8.5MPa的高压氧气，在上塔顶部获得纯度＞99.99%的低压氮气，在下塔的顶部获得纯度＞99.99%的中压氮气，在下塔底部还可获得纯度＞99.99%的液氮，再由液氮泵增压，在板翅式换热器汽化得到压力＞7MPa的高压氮气。还可以通过氩系统产出氩纯度＞99.99%的液氩。通过调整流程，可以得到各种压力规格的产品。

通过空分设备不仅可以得到各种压力规格的氧、氮产品，还可以制取低纯度氪氙、氖氦产品。

2. 乙烯冷箱

在所有的乙烯装置工艺流程中，必须采用低温分离法，而低温分离法的主要设备之一便是乙烯冷箱。乙烯冷箱是将多台串联、并联在一起的铝制板翅式换热器及分离罐、连接管路放置于钢制的保冷壳体中，在保冷壳体内填充保冷绝热材料，冷箱内各流体管路通过法兰与外接管道相连接，其核心部分为铝制板翅式换热器。冷箱的工作温度为 -170～40℃，设计压力一般为 5.0MPa 左右。裂解气在冷箱里与冷剂、返流尾气等进行复杂的有相变的热交换，在低温下被逐级冷凝分离。冷凝液进入各类精馏塔进行精馏回收乙烯，粗氢在冷箱内复热后输送到界区外的变压吸附（PSA）装置进行提纯。

根据不同工艺流程，为冷箱提供冷量的冷剂一般有甲烷、丙烯、乙烯、二元冷剂或三元冷剂。低温法分离乙烯主要有以下三种工艺流程：

1）加氢顺序分离流程。加氢顺序分离流程的裂解气通过急冷、压缩和净化后，逐步脱除甲烷、乙烷、丙烷和丁烷，各个脱除过程中可得到相应的产品。

2）前脱乙烷加氢流程。前脱乙烷加氢流程的裂解气从压缩机出来后，先脱除乙烷，然后分别脱除甲烷、丙烷和丁烷。

3）前脱丙烷加氢流程。前脱丙烷加氢流程的裂解气从压缩机出来后，先脱除丙烷，然后分别脱除丁烷、甲烷和乙烷。

3. 液氮洗设备

液氮洗设备的主要作用是进一步净化合成氨原料气体，并使合成氨原料气体中的氢氮比达到 3∶1。它在低于 -180℃ 的低温下工作，利用氢、一氧化碳、甲烷和氩等组分的沸点差异较大、在液氮中溶解度不同的特性，将氢气中的一氧化碳、甲烷和氩杂质溶解在液氮中脱除，制取纯度较高的氢气。这一过程是在氮洗塔中完成的。

液氮洗设备主要包括分子筛吸附系统和液氮洗冷箱。首先，通过分子筛吸附系统脱除原料气体中的微量甲醇和二氧化碳杂质，防止其在低温冷箱内冻结。然后，原料气体被送入液氮洗冷箱，经过氮洗塔的液氮洗涤，脱除原料气体中的一氧化碳、氩和甲烷等杂质，通过配氮，使氢氮比达到 3∶1 后，将其作为合成氨原料。液氮洗冷箱的典型流程见图 1-4。

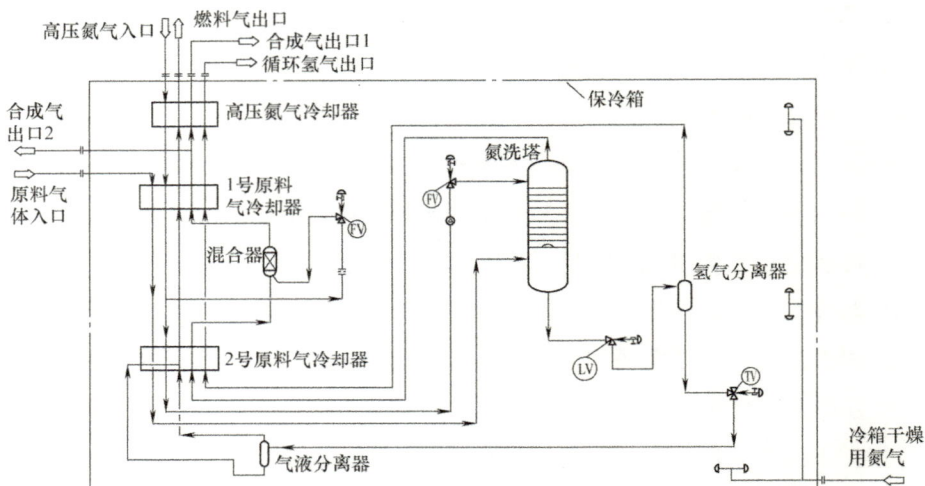

图 1-4　液氮洗冷箱的典型流程图

4. 烷烃脱氢设备冷箱分离系统

烷烃脱氢技术是以丙烷/异丁烷为原料，通过催化剂脱氢技术获得丙烯/异丁烯产品。烷烃脱氢工艺有多种，包括 Oleflex 工艺、Catofin 工艺、流化床工艺、蒸汽活化重整工艺、丙烷脱氢（PDH）工艺。应用最广的为 Oleflex 工艺和 Catofin 工艺。前者对丙烷纯度要求更高，投资少，操作容易。后者对丙烷纯度要求低，转化率高，但投资大，催化剂寿命短。当前已工业化的烷烃脱氢工艺均包含低温分离过程，它是保证上下游产品分离单元正常操作和产品质量的关键环节，也是烷烃脱氢设备的核心分离单元交汇中心。

Oleflex 工艺中的冷箱分离系统主要由保温冷箱、铝制板翅式换热器、膨胀机组、低温产品筒袋泵和低温阀门五部分组成。分离冷源由丙烷进出冷箱的汽化潜热和等熵膨胀提供。其冷箱分离系统设计难度最大，新鲜丙烷进料和氢气混合的制冷换热过程复杂，但节能效果显著。Catofin 工艺中的冷箱由保温冷箱、核心铝制板翅式换热器两部分组成。分离冷源由外部制冷系统提供。其工艺流程和换热简单。典型的 Oleflex 工艺丙烷脱氢制丙烯装置主要由原料预处理、丙烷催化脱氢反应、反应流出物压缩及干燥、低温分离及丙烯精馏分离等单元系统组成，丙烷脱氢制丙烯流程见图 1-5。

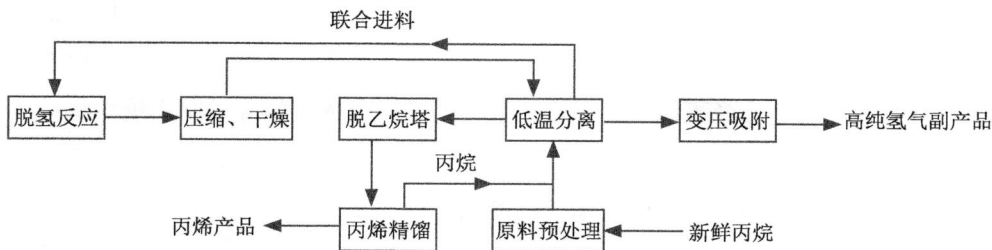

图 1-5　丙烷脱氢制丙烯流程

5.氢/一氧化碳深冷分离设备

氢/一氧化碳深冷分离的原理是利用合成气中一氧化碳、氢、甲烷和氮气等组分的沸点差异，通过低温精馏来实现气体混合物分离，从而得到高纯度的一氧化碳产品气。相对于其他氢/一氧化碳的分离方法来说，深冷分离方法所用的设备数量少、整体紧凑、占地面积小、投资少和运行成本低，尤其在大规模装置上使用有很好的经济性，得到了很多用户的青睐。

氢/一氧化碳深冷分离设备由分子筛吸附及再生系统、冷箱系统、液氮储存系统和控制系统等组成。分子筛吸附系统用于脱除合成气中的微量二氧化碳、甲醇或水组分，以免低温下易凝固组分在冷箱内冻结。冷箱系统是进行一氧化碳分离设备的核心。经分子筛吸附净化后的合成气进入冷箱内的换热器进行冷却，大部分重组分冷凝，经分离器分离后的液相作为精馏塔的进料，气相经换热器复热以回收部分冷量，减少系统能耗。根据合成气中的杂质含量以及一氧化碳的产品气纯度要求，冷箱系统工艺流程分为单塔流程、多塔流程和甲烷洗流程。

（1）单塔流程　单塔流程是指合成气经分子筛系统净化后，在冷箱中仅脱除工艺气中的氢气，在塔底得到高纯度的一氧化碳液体，经节流、回收冷量后出冷箱，经一氧化碳压缩机压缩至所需压力。由焦耳－汤姆孙效应和液氮来提供分离冷量，适用于高氢气/一氧化碳组成比（＞2）的工艺气，其中，甲烷和氮气的含量较低。一氧化碳的产品规格：一氧化碳含量（采用体积分数，后同）≥98.5%，氢气含量≤50×10^{-6}。主要的冷箱设备包括1台脱氢塔、1组板翅式换热器、1台氢气分离器、1台液氮罐及其他气液分离器。动设备采用一氧化碳压缩机组。

（2）多塔流程　多塔流程是指合成气经分子筛系统净化后，在冷箱中根据工艺气的杂质含量及一氧化碳产品气的纯度要求，脱除工艺气中的氢气、甲烷和氮气等气体，从而配备不同的精馏塔。具体如下：合成气经分子筛系统净化后，进入冷箱内的换热器进行冷却，冷凝后进入氢气分离器。氢气分离器的气相为富氢气产品，经换热器复热回收冷量，出冷箱后得到富氢气产品；氢气分离器的液相作为脱氢塔的进料，脱除原料气中未分离的氢气，在塔顶得到闪蒸汽，在塔底得到含有少量氮、甲烷的一氧化碳液体。经脱氢塔分离得到的塔底含有少量氮和甲烷的一氧化碳液体，经换热器冷却后，节流至脱氮塔所需操作压力，然后作为脱氮塔的进料，在脱氮塔顶部得到含氮杂质的富氮气，经换热器回收冷量后出冷箱。在脱氮塔底部得到含有少量甲烷的一氧化碳液体，经换热器换热后，作为脱甲烷塔的进料。在脱甲烷塔塔顶得到高纯度的一氧化碳产品，经换热器回收冷量后，经一氧化碳压缩机压缩至所需压力；在塔底得到含有甲烷的粗甲烷液，经换热器回收冷量后，得到的粗甲烷气体可作为燃料气。

为了维持系统冷量，需要使部分氮气/一氧化碳在系统内循环，低压氮气/一氧化碳经压缩机压缩后进入冷箱循环，循环氮气/一氧化碳经换热器冷却后，节流至一定压力，然后经换热器复热至常温，回收冷量后，重新进入氮气/一氧化碳压缩机循环。由于系统在低温下运行，用冷箱进行保冷之后仍有冷损耗，并且换热器存在温差损失，需要补充少量液氮或用膨胀机提供冷量。在开车时也需要补充少量液氮。系统依靠高压工艺气的焦耳-汤姆孙效应、液氮/膨胀机以及依靠氮气/一氧化碳压缩机循环的高压氮气/一氧化碳的焦耳-汤姆孙效应来提供分离的冷量。它适用于工艺气中甲烷、氮气等杂质含量较多，一氧化碳产品气纯度要求较高的情况。一氧化碳产品规格：一氧化碳含量≥99%，氢气含量≤$50×10^{-6}$，甲烷含量≤$50×10^{-6}$。主要的冷箱内设备包括1台脱氢塔、1台脱氮塔、1台脱甲烷塔，多组板翅式换热器、1台氢气分离器、1台液氮罐及其他气液分离器。动设备有氮气/一氧化碳压缩机组和膨胀机组。

（3）甲烷洗流程　甲烷洗流程是指合成气经分子筛系统净化后，在冷箱中根据工艺气的杂质含量及一氧化碳产品气的纯度要求，脱除工艺气中的氢气、甲烷和氮气等气体，从而得到高纯度的富氢气产品，在三塔流程的基础上增加了甲烷洗涤塔。具体如下：合成气经分子筛系统净化后，进入冷箱内的换热器进行冷却后进入氢气分离器，经分离器分离后，顶部的粗氢气进入甲烷洗涤塔进行精馏，在塔顶得到富氢气，富氢气经换热器复热至常温，回收冷量后，得到高纯度的富氢气产品（氢气含量≥95%）。甲烷洗涤塔塔底馏分节流后进入脱氢塔，由氢气分离器底部出来的液体节流后也进入脱氢塔，在脱氢塔精馏后分离出来的液体主要是一氧化碳、氮气和甲烷。气体经换热器回收冷量后出冷箱，得到闪蒸汽，塔底液体节流后送入脱氮塔，将一氧化碳和甲烷混合气中的氮气含量降低，脱氮塔顶的富氮气经换热器复热至常温，回收冷量后出界区，可作为燃料使用。脱氮塔底的一氧化碳和甲烷馏分经过节流后送入脱甲烷塔进行精馏，在脱甲烷塔塔顶得到的一氧化碳产品，经换热器复热至常温，回收冷量后进入一氧化碳压缩机，压缩至所需压力；在脱甲烷塔塔底得到的甲烷产品，经泵加压后，一部分经冷箱冷却后作为甲烷洗涤塔的洗涤液，一部分引出冷箱，输送至液化天然气储罐或经换热器复热后得到压缩天然气产品。

系统依靠高压工艺气的焦耳-汤姆孙效应、液氮/膨胀机以及氮气/一氧化碳压缩机循环的高压氮气/一氧化碳的焦耳-汤姆孙效应来提供分离冷量。它适用于工艺气中氮气等杂质含量较多、甲烷含量≥3%、一氧化碳产品气纯度要求较高、副产液化天然气（LNG）/压缩天然气（CNG）产品的情况。一氧化碳产品规格：一氧化碳含量≥99%，氢气含量≤$50×10^{-6}$，甲烷产品含量为95%～99%。主要的冷箱内设备包括1台甲烷洗涤塔、1台脱氢塔、1台脱氮塔、1台脱甲烷塔、多组板翅式换热器、1台氢气分离器、1台液氮罐及其他气液分离器。动设备包括氮气/一氧化碳压缩机组、膨胀机组和甲烷液体泵。

6. 化工尾气低温分离回收设备

石油化工生产装置排放的尾气含有较多的氢气、氨气、二氧化碳和烃类气体等，可以通过低温分离回收，既能更大程度地发挥其工业价值，又能取得良好的环境效益。

（1）焦炉煤气低温分离回收甲烷制液化天然气　焦炉煤气是炼焦过程中产生的一种可燃性气体，其主要成分为氢气和甲烷，其体积分数分别为55%～60%和23%～27%。

焦炉煤气通过预处理、分离净化和深冷液化等工序可制成液化天然气，其工艺系统主要由预净化单元、甲烷化单元和深冷液化单元组成。焦炉煤气制液化天然气工艺链见图1-6。

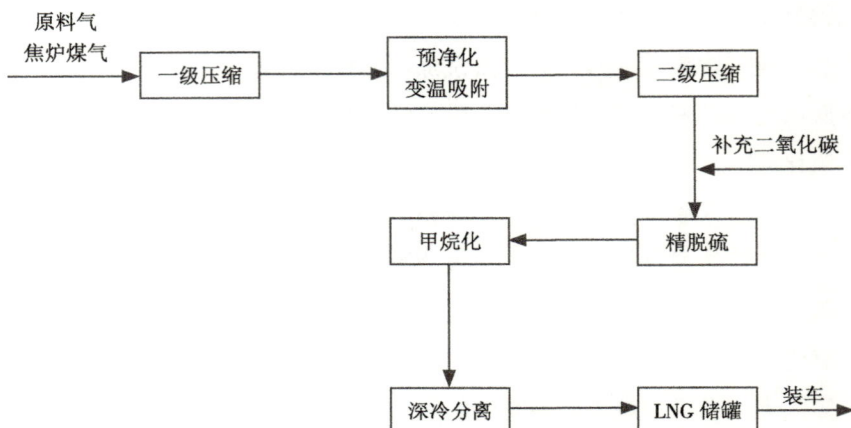

```
原料气          ┌──────┐    ┌──────┐    ┌──────┐
焦炉煤气 ──────→│一级压缩│───→│预净化 │───→│二级压缩│
                └──────┘    │变温吸附│    └──────┘
                            └──────┘          │
                                              │ 补充二氧化碳
                            ┌──────┐    ┌──────┐
                            │ 甲烷化 │←───│ 精脱硫 │
                            └──────┘    └──────┘
                                │
                            ┌──────┐    ┌────────┐
                            │深冷分离│───→│LNG储罐 │──→ 装车
                            └──────┘    └────────┘
```

图1-6　焦炉煤气制液化天然气工艺链

　　现阶段国外常用的甲烷化技术主要有 Davy-CRG 技术、Topsoe-TREMPTM 技术和鲁奇甲烷化技术。我国参与甲烷化技术研发的机构主要有中国科学院大连化学物理研究所、西北化工研究院、大连理工大学、华东理工大学、中国科技大学和上海煤气公司等。其中，中国科学院大连化学物理研究所、华东理工大学及西北化工研究院在低热值煤气甲烷化制取中热值城市煤气方面开展了大量工作。

　　当前天然气液化工艺路线主要有三种类型：阶式制冷工艺、混合制冷工艺和膨胀制冷工艺。

　　1）阶式制冷工艺。阶式制冷工艺是一种常规制冷工艺。天然气液化过程一般由丙烷、乙烯和甲烷为制冷剂的三个制冷循环阶组成，逐级提供天然气液化所需的冷量，制冷温度梯度分别为 -30℃、-90℃及 -150℃左右。净化后的原料天然气在三个制冷循环的冷却器中逐级冷却、冷凝、液化并过冷，经节流降压后获得低温常压液态天然气产品，最后送至储罐储存。

　　阶式制冷工艺的制冷系统与天然气液化系统相互独立，制冷剂为单一组分，各系统相互影响小，操作稳定，比较适合高压气源。但该工艺制冷机组多、流程长，对制冷剂的纯度要求严格，且不适用于含氮量较高的天然气，因此，这种液化工艺在天然气液化装置上已较少应用。

　　2）混合制冷工艺。混合制冷工艺是 20 世纪 60 年代末期由阶式制冷工艺演变而来的，多采用 C1、C2、C3、C4、C5 等烃类和氮气的混合物作为制冷剂，代替阶式制冷工艺中的多个纯组分，其制冷剂组成根据原料气的组成和压力而定。根据混合制冷剂是否与原料天然气相混合，混合制冷工艺分为闭式和开式两种。其中，闭式循环的制冷剂循环系统自成一个独立系统。其混合制冷剂被制冷压缩机压缩后，经水（空气）冷却后在不同温度下逐级冷凝分离，节流后进入冷箱（换热器）的不同温度段，给原料天然气提供冷量，操作相对简单。对于开式循环，原料天然气经"三脱"处理后与混合制冷剂混合，依次流经各级换热器及气液分离器，在逐渐冷凝的同时，也把所需的制冷剂组分逐一冷凝分离出来，按制冷剂沸点的差异将分离出的制冷剂组分逐级蒸发，并汇集构成一股低温物流，与原料天然气进行逆流换热的制冷循环。开式循环系统起动时间较长，且操作较困难，技术尚不完善。

3）膨胀制冷工艺。膨胀制冷工艺的特点是利用带压力的原料天然气能对外做功以提供天然气液化所需的冷量。系统液化率主要取决于膨胀比和膨胀效率。该工艺特别适用于天然气原料压力较高而实际使用压力较低，且中间需要降压的气源场合。其优点是能耗低、流程短、投资省和操作灵活，缺点是液化率低。

（2）合成氨装置尾气低温分离回收技术　合成氨尾气包括合成氨驰放气及储罐气，是一种典型的工业含氢尾气。其氢气含量达 60% ～ 65%，并且还含有氩、氖、氙和氦等稀有气体，是可以经济地获得氢气的原料气。合成氨尾气典型组成见表 1-1。

表 1-1　合成氨尾气典型组成（体积分数）

名称	氨气（%）	氢气（%）	氮气（%）	甲烷（%）	氩气（%）
合成吹除气	4.0	56.5	20.5	14.0	5.0
中间罐驰放气	35.9	8.2	8.9	32.0	15.0
储罐驰放气	45.0	32.0	12.0	6.5	4.5

从表中数据可以看出，合成氨尾气中的氨气和氢气浓度占据了 2/3，它是一种优质资源。合成吹除气中氢气含量高，因此，重点进行氢的回收利用；而中间罐和液氨储罐驰放气的氨含量较高，就重点进行氨的回收利用。

1）氨合成系统吹除气中氢和氨的回收利用。当前，用于回收氢气的方法有中空纤维膜分离法、变压吸附分离器法和深冷分离法。

2）液氨中间罐和储罐尾气中氨的回收利用。合成气体会在高压下溶解在液氨中，随液氨分离系统离开合成工序，在减压后从液氨中间罐和储罐中解析出来。

该驰放气中含有氢、甲烷、氮、氩和氨等气体，主要靠无动力氨回收技术来回收其中的氨。该技术的工作原理是根据氨合成驰放气中各组分沸点的差异实现氨的分离和回收。氨的沸点最高（-33.4℃），且与其他气体的沸点相差很大，通过深冷的方法使沸点高的氨首先冷凝为液体，将液氨从混合气体中分离出来，得到气氨或液氨产品。系统的冷量由非渗透气、驰放气膨胀制得的冷量以及分离出来的液氨减压蒸发制得的冷量两部分组成。用无动力氨回收技术回收驰放气中的氨，不仅可以提高氨的回收率、增加氨产量、降低消耗，使尾气中氨的含量降低到2%以内，还可使运行成本大为降低。

（3）聚乙烯装置等尾气低温分离回收轻烃技术 根据聚乙烯装置排放尾气中各个组分沸点的差异，使用深冷低温的方法，将高沸点的烃组分冷凝液化，通过高效气液分离罐将液态烃分离出来。系统所需冷量由高压气体推动膨胀机膨胀制得，或者由混合工质循环制冷获得。前者为膨胀机膨胀深冷分离工艺，也称为无动力深冷分离工艺；后者为混合工质制冷分离工艺。

两种分离工艺最初均应用于化肥行业合成氨驰放气中氨的回收，并取得了很好的效果，当前逐渐应用于气相法聚烯烃工艺排放气回收。无动力深冷分离回收烯烃装置主要由气体轴承透平膨胀机、板翅式换热器、气液分离罐、干燥过滤器及可编程序仪控系统组成。该装置流程简单可靠、占地面积小、安装方便，不需要额外输入动力，装置运行稳定后可实现自动运行。换热器、气液分离罐安装在整体保温冷箱中。保温冷箱中的阀门均为专用长杆低温保温阀门，保温效果良好，操作比较简单。混合工质制冷分离装置主要由压缩机、气液分离罐、换热器及可编程序仪控系统组成，其即开即停的特点适用于非连续性生产的聚烯烃工艺，又因为其主要制冷单元压缩机有一定的能耗，主要适用于气量小的聚烯烃尾气中有用组分的回收。综合以上两点原因，混合工质制冷分离工艺对非连续性小本体生产的聚烯烃有着较好的适应性。

工业上经常需要将两种以上的分离回收工艺进行组合，以便充分回收聚烯烃尾气中的有用组分，实现尾气价值的最大化。通过整合和优化传统压缩冷凝模块、有机蒸汽膜法回收模块、变压吸附模块和深冷分离技术模块，逐渐形成较为完整的尾气回收综合利用技术。当前我国聚烯烃尾气的回收利用方案主要有以下三种：

1）压缩冷凝工艺＋膜分离工艺。

2）压缩冷凝工艺＋膜分离工艺＋变压吸附工艺。

3）压缩冷凝工艺＋膜分离工艺＋深冷分离工艺。

三种组合工艺经济技术性对比见表 1-2。

表 1-2　三种组合工艺经济技术性对比

对比项目	压缩冷凝＋膜分离	压缩冷凝＋膜分离＋深冷分离	压缩冷凝＋膜分离＋变压吸附
投资	投资低	投资适中	投资高
优点	工艺流程简单，操作简单，设备运行故障率低，对重烃回收率较高	分离效果好，可在零功耗的情况下实现烃类的回收。分离出的氮气可回收利用	分离的气体纯度高。对组分变化的敏感度低，适用性好
缺点	气体的分离纯度低，压力损失较大，分子量相近的组分不能实现有效分离，乙烯回收率低	投资成本较高，动设备较多，系统的运行对气体组分变化较为敏感，一般需要和膜分离工艺共同实施	投资成本最高，操作复杂，静设备和自动阀门较多，运行故障率高。回收的烃作为燃料气使用，可利用性、经济性差

（4）轻烃回收技术　轻烃回收技术以节能降耗、提高轻烃回收率为目的，它以低温分离法为主。在低温分离法基础上对轻烃回收设备进行一系列改进，出现了许多新工艺。这些新工艺主要是在膨胀制冷法流程和冷剂制冷法流程的基础上加以改进而发展起来的。可针对原料气的组成、压力和处理量等条件，选择适宜的新工艺技术，如轻油回流技术、马拉（Mehra）法油吸收技术、气体过冷工艺（GSP）技术、液体过冷工艺（LSP）技术、直接换热（DHX）工艺技术、涡流管技术及膜分离技术等。通过工艺改进，尽可能回收利用轻烃回收设备内的冷量，如低温干气将原料气先预冷后再外输，也可从脱甲烷塔或脱乙烷塔下部引出低温液体，将原料气进行预冷。

（5）二氧化碳低温分离回收技术　我国的二氧化碳净化技术分为吸附法、变压吸附法和催化氧化法。

1）吸附法：将二氧化碳中的乙烯含量降到 1×10^{-6} 以下，吸附剂与氧气接触不失活，可用空气作吹扫气再生。

2）变压吸附法：可提纯二氧化碳至食品级。

3）催化氧化法：与其他方法相比，脱除乙烯、一氧化碳、硫化氢等杂质最为彻底。

工艺原料气为 PSA 脱碳装置的解析气，通过压缩、脱硫、脱烃、除湿干燥、液化和提纯等处理后，得到符合 GB/T 6052—2011 标准的工业液体二氧化碳产品和符合 GB 1886.228—2016 标准的食品级二氧化碳产品。

（6）回收酸性尾气中的硫化氢气体低温分离技术　硫化氢低温分离设备主要包括压缩机系统、冷箱系统和氨制冷压缩机系统，流程图见图 1-7。

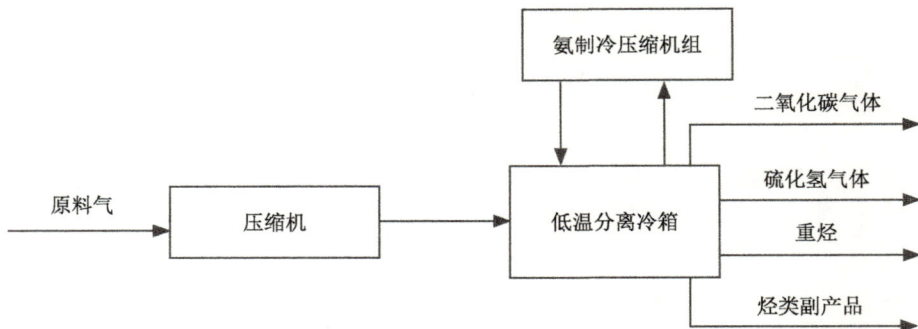

图 1-7　硫化氢提纯设备流程图

来自低温甲醇洗的含硫化氢的低压酸性气体，经增压后再进入低温精馏系统。原料气初步纯化后，从汽提塔塔底得到硫化氢和轻烃的混合物。后续采用双塔精馏，分离硫化氢和轻烃化合物，得到高纯度的硫化氢产品。在提纯硫化氢的过程中，用到的冷量大部分都是由氨蒸发提供的。

7. 甲醇制烯烃（MTO）冷箱设备

在所有的甲醇制烯烃（MTO）设备中，MTO 冷箱是实现低温分离的核心设备之一。MTO 冷箱中装有铝制板翅式换热器及分离罐，可实现多股流体同时换热。MTO 冷箱各单元相互关联，其关联的核心部件为铝制板翅式换热器。在烯烃分离单元中，轻组分烯烃的冷凝和分离在深冷温度和高压条件下进行，甲烷、氢气在冷箱内的铝制板翅式换热器中与冷剂、丙烷产品等进行复杂的有相变的热交换，在低温下被逐级冷凝分离后便可回收低碳烯烃。

1.2.2　变压吸附气体分离设备

变压吸附气体分离设备一般按照产品气和处理对象的不同，分为制氢、脱碳、制/脱二氧化碳、制/脱一氧化碳、制氧和制氮等设备。其工业应用有空气和工业气体的减湿、高纯氢的制备、脱除二氧化碳、空气分离制富氧或富氮气体、天然气净化、烷烃和烯烃的分离、制取高纯度一氧化碳和回收利用工业副产气等。

变压吸附气体分离设备的类别主要以目标产物为划分基准，见表 1-3。

表 1-3　变压吸附气体分离设备的类别

设备类型	设备规模	产品纯度
分离提纯氢气	$20 \sim 340\ 000\mathrm{m}^3/\mathrm{h}$	H_2：98.5% ～ 99.999%
分离提纯二氧化碳	$5 \sim 200\mathrm{t}/\mathrm{d}$	CO_2：99.5% ～ 99.99%
分离提纯一氧化碳	$100 \sim 22\ 000\mathrm{m}^3/\mathrm{h}$	CO：96.0% ～ 99.9%
变换气脱二氧化碳	$1\ 500 \sim 220\ 000\mathrm{m}^3/\mathrm{h}$	CO_2：$(1 \sim 2\ 000) \times 10^{-4}$%
天然气净化	$1\ 000 \sim 8\ 000\mathrm{m}^3/\mathrm{h}$	C2+：$<100 \times 10^{-4}$%
空气分离制氮	$20 \sim 12\ 000\mathrm{m}^3/\mathrm{h}$	N_2：99.0% ～ 99.999%
空气分离制氧	$200 \sim 10\ 000\mathrm{m}^3/\mathrm{h}$	O_2：93%
浓缩甲烷	$40\ 000\mathrm{m}^3/\mathrm{h}$	CH_4：> 95%
干气回收 C2+	$1\ 200 \sim 50\ 000\mathrm{m}^3/\mathrm{h}$	C2+：> 85%
PVC 尾气净化		C_2H_3Cl：$<10\mathrm{mg}/\mathrm{m}^3$
多晶硅尾气回收	$1\ 500 \sim 50\ 000\mathrm{m}^3/\mathrm{h}$	$SiCl_3$、H_2：99.999%
有机硅尾气回收	$500\mathrm{m}^3/\mathrm{h}$	SiHCl：> 90%
黄磷、电石炉尾气回收净化	$200 \sim 8\ 000\mathrm{m}^3/\mathrm{h}$	硫、磷、砷和氟：$\leqslant 0.1 \times 10^{-4}$%； 一氧化碳：> 99%
转炉煤气回收	$1\ 000 \sim 5\ 000\mathrm{m}^3/\mathrm{h}$	硫、磷、砷和氟：$\leqslant 0.1 \times 10^{-4}$%

在以上各应用领域中，以变压吸附制氢、变压吸附脱碳、变压吸附制氧和变压吸附制氮设备居多。随着工业生产对气体分离的要求日益提高，变压吸附技术也逐渐与化学吸附、膜分离、深冷和溶液吸收等技术相结合，使气体分离净化的流程更优化、投资和操作费用更低。

1.2.3　膜分离设备

当前，工业上常用的膜器件主要有板框式、圆管式、螺旋卷式、中空纤维式和毛细管式五种类型。用于气体分离的聚合物膜器件主要有中空纤维式、螺旋卷式及板框式。

常用的制膜材料主要有纤维素、聚砜、聚醚砜、聚酰胺、聚酰亚胺、聚醚酰亚胺、聚酯、聚烯烃、含硅聚合物和甲壳素类等有机物以及金属、陶瓷等无机物。

板框式膜器件也称平板式膜器件，是以传统的板框式压滤机为原型最早开发出来的。其优点是操作方便，膜片更换容易，且无须粘合即可使用；缺点是装填密度低。这种膜器件在气体分离中使用较少。

螺旋卷式膜器件也由平板膜制成。将两张膜的三边密封，组成一个膜叶。与板框式膜器件相似，为使两张膜间保持一定间隙，便于渗透气流过，在两张平板膜中夹入一层多孔材料。在膜叶上铺有隔网，用带有小孔的多孔管卷绕依次放置的多层膜叶，形成膜卷。最后将膜卷装入圆筒形的外壳中，形成一个完整的螺旋卷式膜器件，也称螺旋卷式膜分离器。原料气与渗透气间的流动既非逆流也非并流。膜分离器内每一点处原料气与渗透气的流动方向互相垂直。这一结构使膜分离器的端面成为气流分布装置。膜分离器的结构参数，如支撑层厚度和中心管尺寸等，均能影响内部的流动特性。

螺旋卷式膜分离器的优点是结构简单，造价低廉，装填密度较高，隔网的左右气体分布、交换效果良好。其缺点是渗透气流程较长，膜必须粘接且难以清洗等。

中空纤维式膜分离器的核心部分是中空纤维，通常是把几万至几十万根外径为 $50\sim500\mu m$、内径为 $40\sim100\mu m$ 的中空纤维膜平行放于分离器内，纤维束的一端用环氧树脂封堵，称为封头。其中一端全部封死，而另一端只封住中空纤维束的间隙，类似管板。将纤维束内和纤维束外分割成可耐一定压力的流道，然后装入耐压的外壳中，将封头和管板分别与外壳密封。高压原料气从中空纤维的外侧流入，渗透气和非渗透气从分离器的两端排出。组件的外壳为可耐压碳钢管，耐压可达 12MPa。

中空纤维式膜分离器是一种靠自身支撑的分离膜，在其加工时，必须考虑膜的支撑问题。此外，膜的活性层既可涂覆在纤维的内侧，也可涂覆在纤维的外侧。其操作方式既可采用内压式，也可采用外压式。中空纤维膜分离器在气体分离中使用最多。其优点是：装填密度很高，可达 $1\,600\sim3\,000m^2/m^3$；单位膜面积的制造费用比较低；耐压稳定性高。其缺点是：对原料气的预处理要求较高；在某些情况下，纤维管中的压力损失较大，对原料气的压力要求也较高。

（1）气体分离膜的渗透机理　气体分离膜的渗透机理是在压力驱动下，根据混合气体中各组分透过膜时的渗透速率不同，从而达到分离的目的。借助气体中各组分在膜表面的吸附能力以及在膜内溶解、扩散的差异，实现对某种气体的浓缩和富集。

膜使用的材质不同，渗透机理也不同。气体在多孔膜中的渗透机理包括 Knudsen 扩散、表面扩散流、分子筛筛分机理和毛细管凝聚机理等。气体在非孔致密膜中的渗透机理包括溶解－扩散机理、气体在橡胶态聚合物中的传递、气体在玻璃态聚合物中的传递和双吸附－双迁移机理等。

当前，大规模应用于工业生产的气体分离膜设备主要采用高分子有机膜。近年来，无机膜的发展也十分迅速，呈现出良好的发展势头。高分子有机膜一般采用非对称结构膜或复合膜，其膜表面为非孔致密结构；而无机膜往往采用多层多孔结构。在非孔结构和多孔结构中，气体的渗透机理存在着显著差异。

（2）气体分离膜的分类　当前可用于气体分离的聚合物膜材料主要有聚砜、聚芳酰胺、聚酰亚胺、硅橡胶、四溴聚碳酸酯、聚苯醚和醋酸纤维素系列。近年来开始利用无机材料制成的膜。常见的有金属膜、合金膜和金属氧化膜，如金属钯膜、金属银膜、钯－镍合金膜、钯－金合金膜、氧化钛膜及氧化锆膜等。在全世界的气体分离膜设备中，90%是采用这些膜材料制备的，而且大多数是中空纤维式膜和螺旋卷式膜。

气体分离膜有多种分类方式：按其化学组成来划分，膜材料可分为高分子材料、无机材料和有机－无机集成材料；按其形态来划分，可以分成固态膜、液态膜和气态膜；按其来源来划分，可分成天然膜、人工膜和合成膜；按其形状来划分，有平板膜、中空纤维式膜和螺旋卷式膜；按其分离机理来划分，有非多孔膜、多孔膜；按制膜工艺来划分，有相转化膜、动力形成膜和共混合膜。此外，还有很多新型的气体分离膜，如离子－导电膜、表面流动选择性膜、吸附－扩散膜，以及分子筛膜、质子交换膜、氧传导膜和氢传导膜等。

1.2.4　液化设备

液化设备按其液化的气体进行划分，可以分成氧氮液化设备、天然气液化设备、氢液化设备和氦液化设备等。

1. 氧氮液化设备

空气分离行业中的氧氮液化设备大都采用节流阀膨胀、透平膨胀机膨胀或两者相结合的方法来获得低温。由于氮气具有易获取、惰性和低温的物理特性，液化设备的循环介质一般为氮气。

按氮气是否在临界压力状态下被冷却液化，可以分为低压循环液化流程和中压循环液化流程；按透平膨胀机的连接形式，又可分为单透平膨胀机液化流程、冷冻机加单透平膨胀机液化流程、高低温双透平膨胀机液化流程。其中，单透平膨胀机液化流程由于只采用单台透平膨胀机，流程简单，设备投资小，适用于少量生产液体的场合。冷冻机加单透平膨胀机的液化流程改善了单透平膨胀机的液化流程中主换热器换热温差大的状况，能耗较小，适合小型液化设备。高低温双透平膨胀机液化流程是当前最常见的液化流程，节能性好。氧氮液化设备既可实现全液氮工况或全液氧工况，也可实现液氮、液氧同时生产。

2. 天然气液化设备

天然气液化设备是气田中常用的装置。气田开采出来的天然气经过脱水、脱酸性气体和重烃类气体后，再经压缩、膨胀和液化，便制成低温液体。液化天然气（LNG）是天然气的一种独特的储存方式。它有利于天然气的远距离运输及边远地区天然气的回收。该储运方式可降低天然气的储存成本以及用于天然气应用中的调峰。同时，天然气在液化前进行了净化处理，所以它比管道输送的天然气更为洁净。

天然气液化设备将气态的天然气转变成液态，送至 LNG 罐储存，便于运输。它由天然气预处理系统、液化系统、储存装车或装船系统、控制系统和消防系统等组成。其中，液化系统是其最重要的组成部分。

天然气液化设备按用途可分为基本负荷型、调峰型、小型天然气液化设备和浮式天然气液化设备。液化流程可分为阶式液化流程、混合冷剂液化流程和带膨胀机的液化流程。其中混合冷剂液化流程主要有单一混合冷剂液化流程、带丙烷预冷的混合冷剂液化流程、双混合冷剂液化流程、AP-X 和 MFC 流程。带膨胀机的液化流程根据制冷剂的不同，可分为天然气膨胀液化流程、氮气膨胀液化流程和氮甲烷膨胀液化流程。其中阶式、混合冷剂液化流程主要应用于基本负荷型天然气液化设备，带膨胀机的液化流程和单混合制冷剂（SMR）流程应用于小型天然气液化设备。

3. 氢液化设备

当前氢液化设备的制冷工艺一般分为三大类：节流型氢液化设备、带膨胀机的氢液化设备和氦制冷型氢液化设备。

（1）节流型氢液化设备　该类氢液化设备主要依靠节流阀进行等焓膨胀使氢液化。该流程简单可靠，但效率较低，一般用于中小型设备。

（2）带膨胀机的氢液化设备　该类氢液化设备采用膨胀机的克劳德循环，热力学效率比节流型氢液化设备高很多。该循环可以不用液氮预冷，但加一个液氮预冷槽能够进一步提高液化率。另外，还可以通过降低膨胀机入口处的温度提高液化率。膨胀机包括活塞式和透平式两类。活塞式膨胀机一般用于小型氢液化设备，当所需容量较大时，常采用透平式膨胀机。

（3）氦制冷型氢液化设备　该类氢液化设备采用液氦作为冷源，在膨胀机型制冷机或斯特林型制冷机中先达到氢冷凝的温度，然后通入原料氢气使其冷凝液化。该类液化设备避免了高压氢带来的危险，较为安全可靠，但成本是三类氢液化设备中最高的。

氦气的液化方法有多种，包括焦耳－汤姆孙型氦液化、西蒙型氦液化、带膨胀机的氦液化和柯林斯型氦液化等。

（1）焦耳－汤姆孙型氦液化设备　采用液氢预冷，氦气经换热、焦耳－汤姆孙节流膨胀后液化。有些焦耳－汤姆孙型氦液化设备在液氢槽前面装有液氮预冷槽，能够大大降低液氢的消耗。

（2）西蒙型氦液化设备　进入耐压容器的高压氦原料气先后采用液氮和液氢预冷后，打开氦气排出阀，使容器内的氦气进行等熵膨胀液化氦气。

（3）带膨胀机的氦液化设备　该类设备根据克劳德原理，利用膨胀机的等熵膨胀对外做功获得更多的冷量，用液态空气或液氮进行预冷，不需要用液氢进行冷却，能够节省费用。

（4）柯林斯型氦液化设备　柯林斯在卡皮查设计的克劳德型氦液化设备的基础上进行改装得到的柯林斯型氦液化设备，采用液氮预冷、多级膨胀机和节流阀结合的液化流程。

1.2.5　液化储能设备

液化储能技术克服了压缩空气储能受存储空间限制的缺点，具有可以与电网匹配实现大规模储能、投资小和环境影响小的优点。

液化储能设备主要包括压缩机组、膨胀机组、蓄热器、蓄冷器、膨胀机、储液罐和低温泵等。常温常压的空气经压缩机组压缩、纯化系统纯化后进入液化单元，经上次发电过程中蓄冷器中的冷量和膨胀机的制冷，将压缩空气冷却降压至常压后储存在储槽中。其中，压缩机的压缩热被冷却器回收并储存在蓄热器中。在发电放电阶段，液化空气经低温泵加压后先在蓄冷器中加热，此时，液化空气的冷量被回收并存放在蓄冷器中，后经蓄热器中的热量进一步加热后送到发电机组用于发电。

1.2.6　低温容器设备

低温容器设备大都以储罐的形式存在，由内筒、外筒、真空夹层、内外管路和内外支撑组成。内筒进行低温液体的储存，其外表面用多层绝热材料进行包扎，然后再利用具有良好绝热性能的内支撑实现与外筒的连接；利用外筒和内筒构成一个具有绝热性的真空密闭夹层空间，将外管路和操作系统安置在外筒的下部；通过设置，使管路系统具有排液、自增压、安全保护及压力指示等功能。

第 1 章　气体分离设备的产品定义及类别划分

　　低温容器设备根据所储存或运输的介质不同，可分为液氮容器、液氧容器、液氩容器、液化天然气容器、液氢容器和液氦容器等；按其用途可分为固定式和移动式容器。低温液体储槽或储罐等固定式低温液体容器主要用于低温液体的储存，通常安装在低温液体的生产地、使用点或供液站。移动式低温液体容器是将低温液体从生产地或供液站运往使用地点。移动式低温液体容器按运输方式的不同可分为铁路罐车、汽车罐车、罐式集装箱和船用低温液体容器等。

第 2 章

气体分离设备的发展历史

2.1 开创与形成时期

新中国成立时，不仅没有气体分离设备制造工业，就连气体分离设备的应用也寥寥无几。到 1949 年新中国成立前夕，全国仅在上海、青岛等少数几个沿海城市拥有制氧机，总量约 100 套。这些设备的单套制氧能力为 $10 \sim 200 \text{m}^3/\text{h}$，全国总制氧能力不到 $3\ 500 \text{m}^3/\text{h}$。

我国气体分离设备制造业最先发展的产品是空气分离设备。

1953 年年底，哈尔滨第一机械厂（后更名为哈尔滨制氧机厂）在苏联工程师的帮助下，制造出 2 套 $30 \text{m}^3/\text{h}$（氧）空分设备。

自 1952 年 8 月起，浙江铁工厂（1953 年 8 月更名为杭州通用机器厂、1958 年更名为杭州制氧机厂，现为杭州制氧机集团股份有限公司，简称杭氧）就承担了第一机械工业部一局下达的制氧机研制任务。20 世纪 50 年代起，杭氧就开始了低温绝热技术和低温储运设备的研制工作。最早生产的 15L 杜瓦形式的液氧容器采用高真空绝热、球形双层壁结构，内外筒体均采用纯铜板制成，颈管采用德银管制成。最早生产的 5m^3 液氧储槽采用圆筒形双层壁结构，内筒体用黄铜板制成，外筒体用碳素钢制成，夹层充填米泊拉塑料。随着技术的进步，杭氧随后开发了真空粉末绝热的 18.5m^3 卧式液氮储槽。该储槽的内筒体采用不锈钢板制成，外筒体采用普通碳素钢板制成，绝热材料为 $80 \sim 120$ 目的硅胶粉末，夹层真空度为 1.33Pa。该厂于 1953 年 6 月研制完成了我国第一台 40-1 型充氧车，1955 年年底完成了我国自行设计 20MPa 高压流程的 $30 \text{m}^3/\text{h}$（氧）空分设备的制造任务。设备于 1956 年 1 月 3 日试车调试出氧，产量、纯度均达到设计要求。继首套 $30 \text{m}^3/\text{h}$（氧）空分设备试车成功后，杭氧当年就生产了 14 套空分设备，包括 12 套 $30 \text{m}^3/\text{h}$（氧）空分设备和 2 套 12L/h（液氧）空分设备。至此，杭氧踏上了专业化批量生产空分设备的征程，我国以空气分离设备为代表的气体分离设备制造业正式启航。

初期研制成功的小型空分设备采用 20MPa 高压流程，以及活塞式压缩机压缩、碱洗硅胶干燥纯化空气、绕管式换热器和铜制精馏塔等技术，技术性能水平不高。为改变这种状况，技术人员和工人们发奋图强、刻苦钻研，连续试制成功了几种新产品，完成了从高压流程向中压和中高压流程、从小型向大中型规模的过渡，积累了自行设计研发国产空分设备的经验和技术。

　　1954年10月至1958年年底，苏联及其他社会主义国家派出专家援助我国的工业建设，苏联的制氧机设计、计量、有色金属铸造方面专家，民主德国的设备、压缩机与泵方面专家以及捷克斯洛伐克的专家参与了杭氧工厂的规划与建设、产品设计、技术管理和生产组织等。这对我国空分设备制造业的发展起了重大的作用。

　　1956年，杭氧开始试制50m³/h（氧）中压流程空分设备。1957年，试制成功了50m³/h中压（4.0MPa）流程空分设备。1958年7月，设计、研发成功了由活塞式压缩机、碱水预冷塔、硅胶干燥器、绕管式换热器、活塞式膨胀机、铜制精馏塔和活塞式氧气压缩机等组成的中压流程的150m³/h（氧）空分设备。该中压流程150m³/h（氧）空分设备后来成为杭氧乃至行业中小型空分设备系列中的主导产品，为小型空分设备领域60多年来生产数量最多、影响面最广的一个产品。

　　自1956年起，为适应我国冶金、化肥工业发展迫切需要大中型空分设备的新形势，杭氧开展了大型制氧机调查，了解了进口大中型空分设备的使用情况及需求，开始了3 350m³/h（氧）空分设备的研制工作。在没有技术图、工装模具，缺乏经验与技术的条件下，技术人员凭着满腔热情和艰苦的努力，通过一年半的试制，于1958年4月30日试制成功了国产铝带蓄冷器冻结式高低压流程的第一套3 350m³/h（氧）空分设备，同年生产了2套。1960年6月，第一套国产大中型3 350m³/h（氧）空分设备在北京首钢调试成功，其产量和纯度均达到设计要求。3 350m³/h（氧）空分设备是我国自行研制的第一代空分设备，采用铝带蓄冷器冻结式高低压流程。这种流程成为我国最早的大中型空分设备的主导流程。3 350m³/h（氧）空分设备的研制成功标志着我国大中型空分设备的研制从此起步。

　　1959年，杭氧试制完成高低压流程的300m³/h（氧）空分设备。1961年，试制完成了能同时生产1 200m³/h（氧）、4 600m³/h（氮）两种气体产品的高低压流程空分设备。

　　自1958年起，杭氧开始了稀有气体提取设备的研制。1960年，研制成功了配150m³/h（氧）空分设备的2.5m³/h制氩设备。1961年，研制成功了配3 350m³/h（氧）空分设备的125m³/h氩提取设备、0.42m³/h氖氦提取设备及25L/h氖、3L/h氦冷凝法分离装置。

　　1961年，杭氧研制的8L/h氢液化装置试车成功。1963年，完成了100L/h氢液化装置的研制，交付用户使用。

1961 年，杭氧研制成功了低压流程和中压流程的 2 万 m^3/a 天然气提氦设备，1963 年投入运行。

1956 年年底，杭氧根据国家发展的要求，提出了建设我国气体分离设备制造基地的方案。1958 年 8 月，厂区由西子湖畔的劳动路搬迁至艮山门外，制造能力大幅度提升。

1958 年 6 月，第一机械工业部提出筹建开封空分设备厂（现为开封空分集团有限公司，简称开封空分），国家计委于 1960 年 2 月正式批准建厂。1960 年 3 月，开封农业机械厂正式更名为开封空分设备厂并开始了工厂的建设。1961 年 5 月，在杭氧的帮助下，开封空分试制完成了第一套 $50m^3/h$（氧）中压流程空分设备，从此开始了气体分离设备的专业制造。

哈尔滨第一机械厂在 1959 年试制了 $50m^3/h$（氧）空分设备，转向生产空分设备。1960 年，该厂更名为哈尔滨制氧机厂（简称哈氧），并开始在哈尔滨哈西工业区建设新厂。

1959 年，邯郸滏阳机械厂在杭氧的帮助下开始研制小型空分设备。1960 年 5 月，$50m^3/h$（氧）中压流程空分设备试制成功，通过鉴定后投入批量生产。1962 年，该厂更名为邯郸制氧机厂（简称邯氧）。

1960 年 5 月 1 日，杭州制氧机研究所正式成立，从事气体分离设备行业的技术研发，承担杭氧移交过来的稀有气体提取设备以及氢、氖和氦等气体液化设备的研究设计任务，并成功研制出了我国第一套 8L/h 氢液化设备、第一套 100L/h 氢液化设备、第一套 25L/h 氖液化设备、第一套 35L/h 氖液化设备和第一套 145L/h 氦液化设备等高端低温装置。同时，杭州制氧机研究所承担了行业技术情报、标准、规划管理工作，并在 1961 年创办了《深冷简报》，即现在的《深冷技术》期刊，为我国深低温技术的发展和空分设备行业的发展做出了重要贡献。

高等教育系统的工科院校于 1956 年开始相关专业人才的培养。1956 年，西安交通大学开设了压缩机与制冷专业，1960 年分设压缩机专业和制冷与深度冷冻装置专业。此后，武汉机械学院（1971 年并入华中工学院，现为华中科技大学）和上海机械学院（现为上海理工大学）开设了相同的专业。浙江大学等一批院校也相继开设了类似专业。这些高校为气体分离设备行业输送了大批专业人才，同时也完成了许多科研、试验课题，为行业发展做出了很大的贡献。

至此，我国气体分离设备行业从无到有，填补了我国机械工业在气体分离设备领域的空白。在短短的几年间，杭氧迅速掌握了小型空分设备、中型空分设备的设计制造技术，同时还研发了稀有气体提取设备和深低温领域的气体液化装置，在制造加工装备落后的条件下，解决了从空气压缩机到膨胀机、换热器、精馏塔、管道、阀门均自行制造的难点，有效地满足了当时国民经济发展对气体分离设备的需求。气体分离设备专业制造厂从1家增加到4家，同时建立了相关专业研究所，大专院校也设置了相关专业。1961年8月，全国制氧机制造行业厂际竞赛第一次会议在杭州召开，标志着我国气体分离设备行业制造体系已初步形成，行业活动也从此开始。

1962年10月，自贡市机械一厂开始试制50m³/h空分设备，逐步转向气体分离设备的生产。1965年，杭氧二机车间的部分机加工设备和100多名职工内迁，并入自贡市机械一厂，并将一部分军工用小型空分设备和小型高压气体压缩机产品转移给该厂生产，该厂正式成为气体分离设备行业的专业制造厂。

2.2 调整期间的曲折发展

这一时期，一些发达国家推出了采用全低压流程、全板翅式换热系统、全铝结构和高效透平膨胀机技术的大中型空分设备。这些设备具有可使空分设备工作压力降低、电耗降低、传热效率提高、结构紧凑、设备质量减小和生产制造成本降低等优点。为尽快赶上国际先进水平，杭氧、开封空分从1962年起就积极开展了全低压流程的方案设计及反击式透平膨胀机、板翅式换热器等关键部机的研发。

1965年，开封空分承担了由杭氧移交的全低压流程3 200m³/h空分设备研制任务，杭氧转向研制全低压流程6 000m³/h空分设备。新的大中型空分设备流程采用了一系列新技术，如高低压流程改为全低压流程，用石头蓄冷器替代铝带蓄冷器，分馏塔由铜制改为铝制，筛塔板由单溢流口改为双溢流口，辅助冷凝蒸发改为液氧泵循环，主冷凝蒸发器短管结构改为长管结构等。1968年，杭氧试制完成第一套石头盘管式蓄冷器全低压流程的6 000m³/h空分设备。1969年，开封空分完成了石头蓄冷器流程全低压流程的3 200m³/h空分设备。这两套设备于1970年10月起分别在马鞍山钢铁公司、武汉钢铁公司投入运行。从此，我国气体分离设备行业正式进入第二代全低压流程空分设备的生产时代。

1962—1964年，杭州制氧机研究所建立了我国第一个透平膨胀机试验台位，并结合3 200m³/h空分设备的试制任务，研制成功了第一台径向流反击式透平膨胀机，其试验效率超过80%。1964—1967年，开展了透平膨胀机包括转速调节、部分进气调节、转动叶片调节在内的多种调节方法的试验研究以及闭式叶轮与半开式叶轮性能比较试验，取得了很大的进步，性能参数接近和达到了当时国际先进水平。1965年，杭州制氧机研究所开始设计、试制反击式透平膨胀机。1967年起，试制产品相继配套用于$3\,200m^3/h$、$3\,350m^3/h$、$6\,000m^3/h$空分设备与氮洗联合装置等，从而进入产品试生产，及时满足了空分设备向全低压流程发展的需要。

板翅式换热器是一种高效、紧凑的新型换热器，是空分设备的关键配套部机，其研制更加困难。1961年，杭州制氧机研究所决定自主研发板翅式换热器，打破国外的技术封锁。1962年，板翅式换热器课题立项并列入国家科委的发展规划。1965年开始钎焊炉、钎料、清洗等方面的试验，1966年进行小试样试验。1969年年初，杭氧在盐浴钎焊炉中首次钎出$112mm\times210mm\times1\,000mm$切换板翅式换热器单元，装配于$15L/h$液氧液氮设备上，并于同年9月试车成功。开封空分于1966年5月开始板翅式换热器的研发，1969年7月钎出了$400mm\times450mm\times1\,100mm$和$400mm\times300mm\times800mm$两种过冷器单元，配套在$3\,200m^3/h$空分设备上，于1970年在马鞍山钢铁公司投入运行。在板翅式换热器的研发过程中，杭氧、开封空分自行设计、自行研发装备、自行研究生产工艺，经历了无数次的攻关试验，付出了巨大的代价。直至1972年，杭氧、开封空分基本掌握了板翅式换热器的设计、制造及质量控制关键点，并生产出了合格的板翅式换热器产品。1972年9月，第一机械工业部三局专门召开"制氧机板翅式换热器技术攻关经验交流会"。此后，两厂的板翅式换热器制造质量不断提高，成品合格率达到了94%。铝制板翅式换热器的研制成功为全低压、全板式流程大中型空分设备的发展创造了必要的条件，我国成为继美国、英国、法国后，少数几个掌握铝制板翅式换热器先进制造技术的国家之一。

1968年，杭氧开始研制$1\,000m^3/h$、$6\,000m^3/h$、1万m^3/h全低压、全板式流程的空分设备，其特点是用切换式板翅换热器取代笨重的石头蓄冷器，分馏塔采用全铝结构，使用透平膨胀机制冷等新技术。它成为我国第三代空分设备。

杭氧新研发的1万m^3/h空分设备于1970年交付鞍山钢铁公司使用，$6\,000m^3/h$空分设备于1970年在浙江衢州化工厂投入运行，$1\,000m^3/h$空分设备于1972年在天津华北氧气厂投入运行。开封空分研制的$1\,500m^3/h$、$3\,200m^3/h$全低压、全板式流程的空分设备于1972年在湖北鄂城钢厂投入运行。全低压空分流程的研发也带动了有关透平空气压缩机、透平氧气压缩机、透平膨胀机、离心式液氧泵、自动切换程控装置以及仪控、电控等重要配套机组的设计、制造技术的进步。

1969—1974年，江西制氧机厂（简称江氧）、吴县制氧机厂（简称吴氧）由地方投资，开始建设。1970年，江西化工设备制造厂更名为江西制氧机厂，生产方向由以小化肥高压容器为主转向以小型空分设备为主。1971年，在杭氧图样的基础上试制成功了该厂第一套150m³/h空分设备，以后成为以制造150m³/h空分设备及其配套空气压缩机、氧气压缩机、膨胀机等部机为主导产品的行业制造厂。

江苏吴县1970年会战石灰氮厂需要125m³/h空分设备，会战后，在会战作业班和石灰氮厂空分车间的基础上，筹建了吴县制氧机厂。该厂自1971年开始正式生产制造150m³/h空分设备及其配套部机。

1966年，国家经济委员会批准在四川自贡筹建四川空分设备总厂。1967年11月，在四川简阳重新开展四川空分设备厂［现为四川空分设备（集团）有限责任公司，简称四川空分］建设工程。建厂期间，杭氧陆续抽调厂级干部、中层干部、科技人员、管理人员和生产骨干共695人，携带关键设备、专用设备、技术资料等内迁建设新厂。1974年，四川空分形成真正的生产制造能力，1975年12月建成验收，主要生产小型空分设备和1000m³/h等级的空分设备。

1971年，四川空分为重庆钢铁厂生产出两套1000m³/h管式制氧机。

1977年，国家基本建设委员会批准建设以多组分气体分离及液化技术和低温绝热技术为主要研究方向的四川深冷设备研究所，归属四川空分管理。

1970年，邯氧在杭州制氧机研究所的指导下，开发成功了常温分子筛吸附、带透平膨胀机和液氧泵中压流程的300m³/h空分设备。

1970—1971年，哈氧开发了全低压、全铝结构、采用板翅式换热器的600m³/h空分设备和800m³/h空分设备。

1968年起，杭氧首先在小型150m³/h空分设备开始采用分子筛吸附器替代碱洗硅胶干燥系统，提高了吸附二氧化碳、水分效果，简化了流程，减少了设备投资，使得操作维护方便、碱蚀现象消除。该分子筛吸附器于1970年向全国推广，立即在广大用户中引起强烈反响。在之后短短的两年中，全国95%的小型空分设备使用单位都采用了分子筛吸附器。与此同时，杭州制氧机研究所将150m³/h空分设备配套的活塞式膨胀机由有油润滑改为无油润滑，用长活塞结构取代短活塞结构，大幅度地提高了小型空分设备的技术性能与可靠性，降低了能耗。这一新技术在 1970 年后迅速在行业内推广。

1966 年，开封空分开始研制 4 000m³/h 空分氮洗联合装置，并于 1975 年在新疆建设兵团化肥厂投入运行。

1969 年，杭氧为满足国防建设需要，研制成功了 750kg/h 液氧、液氮设备，有铁路移动式和固定式两种型号，分别为 64 型、65 型。

1968—1979 年，自贡市机械一厂研制成功了 120m³/h 移动式空分设备。这种设备可在各种恶劣气象环境下正常工作，生产 120m³/h 气氮或 20m³/h 气氧，同时生产 12L/h 液氧，为我国航天工业做出了贡献。

1969 年，杭氧研发了带回热式制冷机的 15L/h 液氧、液氮车载移动式空分设备，1977 年通过军工产品定型委员会鉴定，在之后较长的时间为我国空军、海军提供移动式空分设备。杭氧还研发成功了 30 ~ 40L/h 液氧移动式空分设备并移交给四川空分生产，由四川空分对其做进一步改进和完善。该空分设备于 1982 年通过鉴定。

1965 年，杭氧研发了 5L/h、20L/h 小型带回热式制冷机的液氮机。该机具有体积小、操作简便等特点。在长达 30 多年的时间里，该液氮机成为小型深低温液化设备的主导产品，在购买低温液氮不方便的年代，深受科研机构、大专院校及畜牧站的欢迎，是当时量大面广的一个产品。进入 21 世纪后，该液氮机逐渐退出市场。

1975 年 12 月，杭州制氧机研究所开发了适应船体摇摆的 4L/h 液氮机，为海军遥测技术的发展做出了贡献。

1975 年，江氧与西安交通大学合作开发 150m³/h 空分设备用的气体轴承中压透平膨胀机。与活塞式膨胀机相比，其零件减少了 87%，自重减少了 98.7%，且具有效率高、结构简单、运行稳定的特点。这一研制成果获得了国家发明奖三等奖，在此后的小型空分设备生产制造中得到了广泛的应用。

在这一时期，发达国家的空分设备技术发展得很快，大中型空分设备的氧提取率、单位能耗、运行周期等方面的性能提高很快。而我国气体分离设备行业还处在摸索阶段，许多领域的空白需填补，与发达国家在技术上的差距很大。

2.3 重新振兴、全面发展时期

1976 年，气体分离设备行业针对当时百废待兴的困难局面，进行了一系列恢复性的整顿，行业内各厂在经营、管理、生产和技术等方面都取得了长足的进步。

1. 技术进步与产品开发

1978 年 6 月，第一机械工业部在浙江莫干山召开了"制氧机质量及技术规划座谈会"，由副部长沈鸿主持会议。会议邀请了全国大专院校、研究设计院所的专家及生产制造厂的领导，针对众多 1 000m³/h 及以上规模设备的问题，提出了开展大中型空分设备的技术改造、引进技术和组建行业联合体等意见。此次会议对行业联合、合作，空分设备的质量、技术水平、成套能力的提高，起了十分重要的作用，是气体分离设备行业发展史上的重要转折点。之后，气体分离设备行业进入到一个新的技术进步阶段。

1978 年，国家有关部委开始寻求从根本上解决大型空分设备技术水平和产品质量问题的新途径。同年 12 月，中国技术进出口公司引进了切换式换热器和分子筛流程两种形式的 1 万 m³/h 空分设备技术，包括设计、制造、质量控制、试验及人员培训等，并开展合作生产。1979 年 3 月又引进了 2.8 万 m³/h 空分设备的技术并合作生产。

1979—1980 年，以杭氧为主，开封空分、四川空分参与，共分 4 批派出了 131 人到国外培训，学习切换式换热器和分子筛流程两种形式的空分设备设计计算、电算程序、空气预冷系统设计、主换热器与主冷凝蒸发器设计、膨胀机设计、仪控及电控设计等成套空分设备的设计技术与制造工艺。

期间，杭氧在学习的过程中，通过对关键结构设计开展试验验证、应用新技术对原有产品系列进行分析对比，找出了当前国产空分设备存在问题的症结，掌握了空分设备的内在规律，把我国空分设备技术提升到了一个新的高度，这是气体分离设备行业发展中重要的一步。

在引进技术的同时，1979 年，杭氧还学习了国外现代企业的管理经验和先进的制造工艺，并在 1980 年与国外企业合作生产了 4 套 1 万 m³/h 空分设备，如期发给武汉钢铁公司等用户企业。

1982 年，杭氧制造完成新一代 1 万 m³/h 切换板翅式换热器流程的空分设备和 6 000m³/h 分子筛流程的空分设备，分别交付包头钢铁公司和上海石化总厂，于 1984 年投入运行。提供给包头钢铁公司新一代 1 万 m³/h 切换板翅式换热器流程的空分设备投入运行，标志着我国第三代空分设备完成更新。上海石化总厂的 6 000m³/h 分子筛流程的空分设备的投运则标志着我国已掌握代表当时国际先进水平的第四代空分设备技术，即由用冻结法清除二氧化碳和水改为用分子筛常温吸附的技术清除二氧化碳和水乃至部分碳氢化合物，使清除过程从冷箱内移至冷箱外，这使空分设备工艺流程简化、操作方便，成套设备的安全性也大大提高。

经评定，第四代空分设备产品产量、纯度、能耗和运行周期达到设计要求，达到20世纪80年代初的国际先进水平，获得了用户的好评，迅速扭转了国产中大型空分设备的市场形象。1988年，国家经委发文称"鉴于国产1万 m^3/h 空分设备已达到国际水平，今后1万 m^3/h 及以下空分设备为国家控制进口机电产品"。新技术也推广应用到 $1\,000\,m^3/h$、$1\,500\,m^3/h$、$3\,200\,m^3/h$、$4\,500\,m^3/h$ 等空分设备系列中，有效地满足了改革开放初期我国冶金、化工工业迅速发展的需要。第四代空分设备开发成功，并迅速取得了用户的信任，从此结束了我国大量进口中大型空分设备的局面。

1986年1月，杭氧针对当时国际上最新增压膨胀空分流程的空分设备发展趋势，自行摸索出了增压膨胀流程技术，解决了计算方法、参数选择、膨胀功转换成压缩功的高效率等技术难点，采用带增压风机的透平膨胀机、分散控制系统（DCS）等新技术，并成功地应用在吉林化肥厂 $6\,000\,m^3/h$ 空分离设备中，1989年10月一次性试车成功。经过一年的稳定运行，该项技术于1990年10月18日在吉林省通过部级组织的专家鉴定，各项技术指标超过了技术引进年代的水平。而后，杭氧又将该项技术应用到1万 m^3/h 和1.4万 m^3/h 空分设备中，标志着我国空分设备全系列的技术进入了第五代。

1988年，开封空分与美国的公司联合设计、合作生产了宝钢3万 m^3/h 和鞍钢3.5万 m^3/h 空分设备，消化吸收了当时的多项先进技术，如先进流程设计、高效精馏塔、大型卧式分子筛吸附器、空冷/水冷塔器、大型管道及换热器等技术工艺。

1990年，杭氧承担了天津伯克气体有限公司两台配全液体空分设备的带增压机的中压透平膨胀机的开发设计和制造任务。1992年，设备开车成功，为开发全液体（液氧、液氮）空分设备系列奠定了基础。

1992年，哈氧首次大胆尝试研制采用传统正流空气膨胀的全低压全板式流程的 $350\,m^3/h$ 空分设备。1993年2月，该设备在江阴钢厂正式投产。小型空分设备采用全低压空分流程，具有氧气电耗少、节能效果显著的特点，深受用户欢迎，其技术也迅速得到推广。

1992年，杭氧获得了1.4万 m^3/h 等级的空分设备合同，1993年，该设备在湘潭钢铁厂投入运行，整体设备性能优良，使国产空分设备的规模在1万 m^3/h 等级的基础上向前迈进了一步。

这一时期，小型产品系列中相继推出全低压流程的 150m³/h 空分设备、以气体轴承透平膨胀机取代活塞式膨胀机的小型空分设备、带液氧泵内压缩流程的小型空分设备、正流膨胀单塔精馏的纯氮设备、返流膨胀单塔精馏的纯氮设备、中压流程的全液体设备以及外挂式氧氮液化设备等。

1993 年，杭氧向印度埃沙钢厂出口了一套 1 万 m³/h 大型空分设备，开创了国产大型空分设备走出国门的先河。

1993 年，开封空分开始对规整填料塔技术进行开发研究，并与天津大学进行技术合作，首次在三明钢铁厂 3 200m³/h 空分设备改造设计中的上塔采用了规整填料塔技术。1995 年 10 月，我国首套规整填料上塔开车成功。

1992 年，杭氧开发了采用分子筛净化、返流膨胀流程的 6 000m³/h 制氮设备。1995 年，该设备在仪征化纤有限公司通过 72h 性能考核合格。该设备为当时我国自行开发设计及成套的最大容量的纯氮设备。

1993 年，开封空分开始对内压缩流程技术进行开发研究。1997 年 12 月，采用液氧内压缩流程、氧气出冷箱压力为 0.6MPa 的 1.5 万 m³/h 空分设备在天津铁厂投产运行，这是我国第一套最大的液氧内压缩、用液氧泵替代氧气压缩机、分子筛预净化带增压膨胀机的空分设备。

1994 年，杭氧对上海娄塘制氧厂 1 000m³/h 空分设备进行全精馏制氩技术的试验研发。1997 年，设备投入运行，运行数据显示：粗氩中氧含量≤2×10^{-6}，填料阻力仅为 0.3～0.4kPa。结果表明，在空分设备配用全精馏制氩设备完全可以革除传统的加氢除氧老工艺。从此，我国空分设备行业进入了全精馏制氩时代。

1995 年，杭氧在自行开发分子筛净化增压膨胀流程的空分设备的基础上，开始了规整填料精馏塔的试验研究，先后在 150m³/h、3 200m³/h 空分设备上塔进行了试验研究。1997 年 7 月，杭氧为浙江巨化集团公司 2 号 6 000m³/h 空分设备改造时，采用带规整填料上塔的常温分子筛净化增压透平膨胀机流程，获得成功，填料上塔运行工况稳定，其阻力只有 5～6kPa，仅为筛板上塔阻力的 1/6～1/5，并使空气压缩机排压降低到 0.5MPa，节能 4% 以上。这些试验开创了采用规整填料上塔的先河，并为开发采用规整填料上塔和全精馏制氩技术的新一代空分设备积累了经验。

1996 年 3 月，开封空分为鄂城钢厂提供了一套 6 000m³/h 空分设备，为印度南方钢铁公司提供了一套 4 500m³/h 空分设备，均采用了分子筛预净化带增压膨胀机流程及全精馏制氩工艺。鄂城钢厂项目于 1997 年 11 月投入运行，氧的提取率达到 98%，氩的提取率达到 55% 以上，增压透平膨胀机效率达到 85%，综合能耗指标为 0.465kW·h/m³（氧）。

1996 年，杭氧同时采用规整填料上塔及全精馏（无氢）制氩工艺两项核心技术，先后为杭州钢铁公司、上海第五钢铁厂、邢台钢铁公司、邯郸钢铁公司、水城钢铁公司自行设计、研发了新一代的大中型空分设备。1998 年 10 月，安装在邢台钢铁公司的 6 000m³/h 空分设备率先联动开车，调试出合格的氧、氮和氩，获得成功。1999 年 2—8 月，上海第五钢铁厂 1.2 万 m³/h 空分设备、杭州钢铁公司 6 500m³/h 空分设备、水城钢铁公司 6 000m³/h 空分设备相继开车成功。2000 年 2 月 20 日，邯郸钢铁公司 1.6 万 m³/h 空分设备开车成功。1999 年 3 月 12 日，在邢台钢铁公司，经过 17 名专家评议，杭氧研制的新一代空分设备使用规整填料检测结果表明，设备的单位氧能耗低于 0.45kW·h/m³，氧提取率达到 99%，氩提取率达到 67%。采用这两项核心技术的新一代空分设备，于 2000 年通过了省级鉴定，使我国大中型空分设备的技术性能在第五代空分设备的基础上又有了较大的提高。这批设备的投产标志着我国新一代大中型空分设备技术又上了一个新的台阶，进入第六代空分设备技术阶段，达到了国际先进水平。

在重新振兴、全面发展期间，我国的成套空气分离设备技术取得巨大突破和成功的同时，配套关键部机和空分设备技术的衍生应用也突飞猛进。

针对板翅式换热器、透平压缩机、成套工业仪表、分析仪器、分子筛/硅胶/活性氧化铝等吸附材料、低温绝热材料，杭氧、开封空分、四川空分等采用了一系列措施并组织了技术攻关，取得了可喜的成果。

针对板翅式换热器，杭氧、开封空分成立了攻关小组，设计出了结构新颖而简单的锯齿形翅片及模具，通过相互交流与试制，两厂于 1987 年分别研制成功板翅式换热器锯齿形翅片压力机，冲制出了质量稳定的翅片。而后，杭氧建设了大截面板翅式换热器盐浴钎焊炉，使板式单元尺寸达到了 1 000mm×1 200mm×3 300mm。开封空分建设了当时我国最大的盐浴钎焊炉，使板式单元尺寸达到了 1 200mm×1 200mm×6 000mm。从此，我国的板翅式换热器产品质量达到新的水平，产品规格逐渐实现大型化。杭氧的 3.3m 板翅式换热器获得了国家银质奖章。

1979 年，杭氧在引进技术的同时，向德国的公司出口了自行研制成功的包括 4 种 4 台翅片压力机和 5 种 6 副模具在内的板翅式换热器生产线，并转让相关全部技术资料和许可证。这是我国机械工业第一次向西方发达国家转让专有技术，在行业内外产生了广泛的影响。

1991 年，杭氧从美国购买了大型真空钎焊炉，开启了我国环保钎焊时代。1993 年，杭氧采用真空钎焊技术完成的 1～6m 铝制板翅式换热器系列产品进入稳定生产，通过了省级鉴定，替换了铝制板翅式换热器的盐浴钎焊炉，解决了钎焊过程中的环保和能耗问题。2003 年，全国大型盐浴钎焊铝制板翅式换热器的盐浴炉全部停产、淘汰，我国的铝制板翅式换热器制造水平上了一个新的台阶。

在压缩机组技术引进方面，中国技术进出口公司于 1981 年 4 月从日本引进了离心式压缩机技术；沈阳鼓风机厂（简称沈鼓）引进了双轴 DH 型空气透平压缩机技术；杭氧引进了 3.0MPa 中压氧气透平压缩机的制造技术。1983 年年底，杭氧制造出了我国第一台中压氧气透平压缩机组。

在吸附剂研发方面，杭氧与上海化工研究院、上海分子筛厂合作攻关研制出了接近进口 UCC13X 型分子筛性能的国产分子筛。

气体分离设备行业一方面通过技术的更新换代和关键部机的技术突破，迅速提高了产品的技术水平；另一方面，积极开发空分设备衍生技术的相关应用产品，取得了丰硕的成果。

根据市场需要，1979 年以后的几年间，行业各厂相继开发了一大批适应市场需求的产品。

四川空分、自贡市机械一厂、邯氧联合开发的 $20m^3/h$、$40m^3/h$、$80m^3/h$ 溶解乙炔成套设备及其配套设备，于 1982 年 4 月纳入了行业产品范围。该产品的开发，为我国焊割行业推广使用溶解乙炔，将电石分散气化成乙炔的方式改为安全、可靠、环保的溶解乙炔方法做出了贡献。

江氧、杭州制氧机研究所和交通部水运科学研究所联合开发了冷藏集装箱。

1982 年，开封空分试制成功了我国第一座 1 000t 金属装配式冷库。该冷库以钢结构做骨架，用聚氨酯发泡保温板做围护结构，是一种全新理念的冷藏库。1985 年引进了德国成套聚氨酯夹心板生产线及金属组装式冷库建造的全套技术，1987 年形成生产能力，生产制造了多个大型组装式气调冷库。

四川空分为环保行业研制出了氧气曝气污水处理设备。

杭氧开发了二氧化碳压缩机、药用透平压缩机、液化石油气钢瓶生产线、啤酒灌装机及塑料带圆织机等。

自贡市机械一厂大力发展液化石油气钢瓶和溶解乙炔气体钢瓶生产等。该厂于 1981 年建成了液化石油气钢瓶生产线，1983 年建成了溶解乙炔钢瓶生产线，投入批量生产，形成了钢瓶年产量达 10 万只的生产能力。

1982 年，四川深冷设备研究所和四川空分承担了国家"六五"时期科技发展攻关项目——变压吸附制氧设计研究。1984 年，开始进行 PSA 制氧技术的研究开发，建立了采用常压解吸三塔流程、吸附剂采用国产分子筛的 $50m^3/h$ 规模中间工业试验台。1987 年，样机通过部级鉴定。该样机研制成功，为后来 PSA 设备的开发奠定了基础。1990 年，设计了第一套三床真空解吸的 $150m^3/h$ PSA 制氧设备。设备制造完成后，1991 年 6 月在重庆北碚玻璃仪器总厂投入工业运行，氧气产量达到 $140m^3/h$，氧气纯度达到 90%。运行试验表明，我国 PSA 制氧设备步入了实用化。四川空分后来又陆续开发出 $300m^3/h$、$600m^3/h$、$1\,100m^3/h$ 等 PSA 制氧设备。此后，西南化工研究设计院、成都华西化工科技股份有限公司（简称成都华西）、开封空分等相继开发了真空解吸流程的变压吸附制氧设备。

1984 年，杭氧开展了冷凝蒸发器的多孔表面管技术的研究，并结合新型 $150m^3/h$ 空分设备产品开发，进行产品设计和工业试验。1990 年完成了多孔表面管冷凝蒸发器的设计和制造，并在新型 $150m^3/h$ 空分设备上试验，获得成功，主冷传热温差由 2.5℃ 减小至 1.1～1.2℃，节省能耗 5%～7%。1991 年，新型 $150m^3/h$ 空气分离设备安装在镇江氧气厂并投入使用，1992 年通过考核。用户评价其技术先进、性能工况稳定、运行操作压力仅为 1～1.2MPa，节能效果显著，已推广应用于大量的 $150m^3/h$ 空分设备生产中。

1988 年，开封空分承担了石油化工部下达的开展 8.1MPa 绕管式换热器研究的重点科技开发项目。1996 年年底，开封空分为宁夏化工厂设计试制了首台国产绕管式换热器，用于 30 万 t/a 大化肥的 E7 位号相变换热器，于 1999 年年底通过专家鉴定。这台高压绕管式换热器的研制成功，结束了我国石化行业绕管式换热器全部采用进口产品的历史。1999 年，开封空分又为渭河化肥厂进口的 4 万 m^3/h 空分设备试制了大型高压 11.45MPa 绕管式换热器，取得成功。此后，这种结构形式的换热器在大化肥、空气分离、天然气液化、煤气化、乙烯工程及核工业领域中得到广泛应用。

乙烯冷箱是乙烯装置中的关键设备之一，其核心技术是冷箱内部的高压铝制板翅式换热器的设计制造。过去，我国使用的高压铝制板翅式换热器一直依靠进口。1992 年，杭氧引进相关物性软件，突破了设计难关，首先为扬子石化设计制造了 3 000mm×400mm×556mm、设计压力为 4.3MPa 的大型乙烯冷箱备件，并陆续为其他 5 家石化公司提供备件，开始了乙烯冷箱换热器的设计制造工作，从而验证了石化板翅式换热器设计技术的可靠性及制造工艺的成熟性。1999年，在燕山石化总公司的支持下，杭氧承担了66万t/a乙烯冷箱国产化的任务。冷箱外形尺寸为3 810mm×5 400mm×3 2800mm，内含13台（9个位号）高压铝制板翅式换热器。板翅式换热器单台最大尺寸为4 800mm×1 100mm×1 224mm，设计压力为4.4MPa，质量为9.36t，有10种介质同时换热，总质量为226t。这是当时国内规模最大的乙烯冷箱。2001年，该乙烯冷箱正式投产，所有性能指标达到设计要求。在此期间，杭氧又为中原石化、天津联合化工、辽阳化纤、上海石化、扬子石化、兰州化工及广州石化等大型乙烯生产企业提供了冷箱，其中天津联合化工的冷箱单台换热器尺寸为6 000mm×1 100mm×1 100mm，设计压力为5.2MPa，质量为10.2t，有15种介质同时换热，创国内规模之最。这些装置先后顺利投产，产品性能达到了国际同类产品的水平，标志着乙烯冷箱国产化全面实现。

2. 行业分工与行业新格局

1981年4月，经国家机械工业委员会批准，由气体分离设备行业8个厂、2个研究所联合组建了中国空分设备公司，在行业成套经营中初步形成了一个联合体。中国空分设备公司以成套服务为主要业务，组织有关各厂共同承包大中型成套项目。1983年6月，组织杭氧、开封空分以"交钥匙"的方式承包天津钢铁3 350m³/h空分设备工程。1984年，组织承包仪征化纤2 000m³/h高纯氮等成套项目。中国空分设备公司还吸收了一些行业外的风机制造厂、仪表厂、机电安装公司、工程设计院加入联合体，组建了一个跨地区、跨行业、跨部门，拥有33家各类专业制造厂、研究所、设计院及设备安装单位的联营集团，职工人数最多时达到2万多人。这一形式在改革开放初期各厂成套能力不强的情况下获得了较大的成功，取得了众多的成套业绩，还联合开发了一些气体分离设备产品。但由于空分设备行业的市场特性非常强烈，中国空分设备公司最终未能实现类似"中石油""中石化"一样的体制。

1985年，中国空分设备公司贯彻国务院和机械工业部的有关文件精神，将所属企业和科研机构划归属地管理，公司的实力受到了很大影响。1997年，随着国家政府部门的改革，中国空分设备公司等25家部属公司划转组建了中国机械装备集团（简称国机集团），中国空分设备公司成为国机集团的首批全资子公司。

随着中国空分设备公司的成立，形成了气体分离设备行业的新局面，各厂产品分工明确：

杭氧生产 150m³/h、1 000m³/h、6 000m³/h、1 万 m³/h 及以上的成套空分设备，板翅式换热器，离心式／往复式空气压缩机及氧气压缩机等。

开封空分生产 1 500m³/h、3 200m³/h、4 500m³/h 空分设备，板翅式换热器，离心式／往复式空气压缩机及氧气压缩机。

四川空分生产 50m³/h、150m³/h、1 000m³/h 空分设备，天然气液化设备，低温储槽，溶解乙炔设备及相关配套机器。

哈氧生产 50m³/h、150m³/h、600m³/h、800m³/h 空分设备及相关配套机器。1994 年，在机械工业部的协调下，在杭氧提供技术支持的情况下，哈氧承接了齐鲁石化、哈依煤气、吉化、浩良河化肥等单位的 6 000m³/h 空分设备。这些设备均采用分子筛净化带增压透平膨胀机流程。

邯氧生产 50m³/h、150m³/h、300m³/h 空分设备，溶解乙炔设备及相关配套机器。

自贡市机械一厂生产 50m³/h 空分设备、溶解乙炔设备、液化石油气和溶解乙炔钢瓶及相关配套机器。

江氧生产 50m³/h、150m³/h 空分设备，气体轴承透平膨胀机，冷藏集装箱，液化石油气储罐及相关配套机器。

苏州制氧机厂生产 50m³/h、150m³/h 空分设备及相关配套机器。

杭州制氧机研究所负责气体分离设备研发、稀有气体提取设备研发、液氮温区以下深低温设备研制和开发，以及科技情报、标准、质量等行业管理。

四川深冷设备研究所负责天然气分离与液化装置研发、低温绝热材料与设备研发。

中国空分设备公司负责空分设备项目设备总成套。

这种分工明确、相互借鉴与互补、统一成套的格局运行了 10 年左右。随着我国经济体制改革的深入，企业实施转制，由于行业各厂发展不平衡、市场对各种规格空分设备需求不一以及民营企业的加入，20 世纪 90 年代中期后，行业分工被打破。开封空分与四川空分也开始生产 6 000m³/h 以上成套产品，杭氧则开始设计制造 6 000m³/h 以下全系列的产品，行业呈现出群起争市场的局面。

为适应改革开放的需要，自 1983 年起，全国各行业、各专业纷纷成立科技情报交流网络。1984 年年初，成立了机械工业部气体分离设备科技情报网，由杭州制氧机研究所负责管理，参加单位有制造企业、大专院校、科研院所和气体分离设备用户单位，入网成员最高时达 230 家（其中，总网 100 家、小空分设备分网 130 家），开展科技情报、企业管理、生产制造、改革方向、用户技术的多方面交流，出版内部刊物《行业动态》，组织召开技术交流会，并联合开展一些情报研究课题。行业各制造厂共同在 1986 年完成"城市煤气化发展趋势与空分设备"调研项目。1986 年，举办了空分设备新技术、新产品技术展交会，展出行业的新产品、新技术，举办多场技术交流会，组织形式新颖，参会人数众多，受到行业内外的好评。该项目曾获得机械工业部通用局科技情报一等奖。1988 年，由全国众多用户、制造企业参与完成的"全国空分设备普查"项目获得机械工业部通用局科技情报一等奖。1989 年以后，随着行业协会、标准化委员会的成立，网络信息技术的进步，科技情报网的工作有所减弱，科技情报网更名为机械工业气体分离科技信息网，每年仍开展各种活动。

1989 年 4 月，中国气体分离设备行业协会在九江成立。协会的会员单位包括气体分离设备制造厂、设计院所、高校和部分用户单位。1989 年年底，中国气体分离设备行业协会并入刚成立的中国通用机械工业协会，名称为中国通用机械气体设备行业协会。2000 年，根据社团组织的规范要求，更名为中国通用机械工业协会气体分离设备分会。气体分离设备分会协调和反映行业共性问题，组织会员单位开展技术交流，新产品、新技术推广等工作。气体分离设备分会秘书处起初依托杭州制氧机研究所和中国空分设备公司进行办公，2000 年以后，气体分离设备分会秘书处移至北京，与中国通用机械工业协会合署办公。

为提高标准的水平，推动行业的技术进步和提高产品质量，1986 年 11 月，在杭州成立了机械工业气体分离与液化设备标准化技术委员会。至 2019 年年底，现行标准共有 41 项，其中，国家标准 3 项、行业标准 38 项。行业各厂家按标准检查、验收产品的质量，带动了企业全面质量管理和产品质量的提高。

2010 年年底，机械工业气体分离与液化设备标准化技术委员会上升为全国性标准化技术委员会——国家标准化管理委员会国标委综合〔2010〕65 号文批准成立全国气体分离与液化设备标准化技术委员会。第一届全国气体分离与液化设备标准化技术委员会由 27 名委员组成，秘书处设在杭州制氧机研究所。全国气体分离与液化设备标准化技术委员会主要负责气体分离与液化设备领域的国家标准制修订工作，由中国机械工业联合会进行日常管理和标准立项、报批等业务的指导。

3. 国有企业进入全面改制

随着国家机械工业体制改革的推进，1985 年，杭氧、开封空分分别由原来的机械部直管企业变更为杭州市、开封市市属企业，企业开始融入市场经济体系。

1994年，杭州制氧机厂率先进行公司制改革，更名为杭州制氧机集团有限公司。1996年，四川空分设备厂进行公司制改革，更名为四川空分设备（集团）有限责任公司。1997年，开封空分设备厂进行公司制改革，更名为开封空分集团有限公司。另外，吴县制氧机厂、江西制氧机厂、哈尔滨制氧机厂也都在这一时期进行了公司制改革。

这个阶段的改革主要是将企业推向市场，由计划经济走向市场经济，出现了市场竞争的局面。企业职工进行了身份置换，打破了终身制的"铁饭碗"。企业剥离了部分社会职能，轻松上阵，但其所有制性质大多仍为国有独资。

4. 外资企业进入我国市场

20世纪90年代，随着我国对外开放的推进，国外气体公司纷纷进入我国工业气体市场，主要有英国BOC公司、日本酸素公司、美国气体化工产品公司（APCI）、德国林德公司、法国液化空气公司（简称法液空）、美国普莱克斯公司及德国梅塞尔公司等。这些外资气体公司开始在我国沿海和经济较为发达的大中城市办气体厂，为广大用户提供第三方供气的服务。与此同时，德国林德公司、法国液化空气公司开始谋求在我国建立气体分离设备的制造基地。

1994年，法液空与杭氧在杭州组建了3万 m^3/h等级空分设备的制造基地，合资成立了杭氧液空有限公司，主要生产制造2万 m^3/h等级以上的成套空分设备。其中，法液空出资687.5万美元，占注册资本的55%，杭氧出资562.5万美元，占注册资本的45%。5年后，法液空扩资，杭氧未跟进，双方出资占比分别为76%、24%。1998年，合资公司年销售收入为2.16亿元。

1995年，杭氧液空有限公司第一套2.8万 m^3/h（氧）、供氧压力为6.5MPa的内压缩流程空分设备在淮南化工总厂投入运行。

德国林德公司则于1995年在大连成立独资的制造公司，主要生产制造2万 m^3/h等级以上的成套空分设备。

5. 行业中民营企业加入

20世纪90年代起，在经济发达地区和气体分离设备制造骨干厂家周边，一些民营企业悄然起步，最初均是生产制造小型空分设备或是维修制氧机，然后逐渐做大。这些民营企业以其经营机制灵活、模仿能力强、价格低廉等特点开始进入中低档产品市场。它们往往围绕在大型空分设备企业周围，仅在开封地区就出现了几十家这样的企业。此阶段，民营企业主要生产空分设备的备件、配套件、单元部机及小型成套空分设备（主要是 50m³/h、150m³/h）。

2.4 高速发展、走向世界时期

进入 21 世纪以后，我国国民经济进入了一个高速发展期，冶金、石化、煤化工和电子行业得到迅猛发展。气体分离设备行业在改革的洪流中发展得更快、更好。

1. 制造企业所有制呈现多样化

2000 年以后，气体分离设备行业各企业改革进入新的阶段，行业重点生产企业虽仍以杭氧、四川空分、开封空分为代表，但行业内也出现了新的变化。

杭氧集团自 1999 年起至 2000 年年底，进行了"精干主体、强化母体、独立核算、自负盈亏、全面走向市场"的分立式改制，成立了杭氧集团下属 26 家独立法人，其中国有控股 5 家、参股 15 家、国有资产完全退出 6 家，主体企业杭州杭氧科技有限公司（后改制为杭州杭氧股份有限公司，现为杭州制氧机集团股份有限公司）国有占比 95%。分立式改革使杭氧母体和各子公司自我发展能力显著增强。母公司和各子公司的产品和技术各具特色，相互支撑，不但解决了企业的生存问题，还为企业的精细化发展开辟了道路，更为企业做大做强空分设备主业创造了条件。氧气透平压缩机、膨胀机、低温阀门、低温储槽、板翅式换热器等关键部机的技术水平和市场竞争力都走在了同行的前列，很好地引领了我国空分设备行业的创新和大中型空分设备的发展。

2001 年，国家经贸委批准杭氧成为第三批实施债转股企业，中国华融资产进入杭氧，"债转股"大大改善了杭氧的资产负债结构，提高了杭氧资产的安全性和流动性，为企业实现盈利创造了条件。

2009 年，杭氧投资 20 亿元（其中固定资产投资 19.7 亿元）在临安市青山湖工业园区新建杭氧大型空分设备、工艺压缩机和低温泵阀制造基地。临安制造基地具有 150 万～ 180 万 m³/h 制氧容量的生产能力，每年可设计、制造 50 余套大型空分设备，并完成了 12 万 m³/h 等级空分设备的制造，成为当时世界上最大的空分设备设计制造基地。该工程于 2006 年开工建设，2012 年迁建项目完成竣工综合验收。2010 年，杭氧又开始实施位于京杭运河畔的用以制造和组装 10 万 m³/h 等级及以上空分设备和百万吨乙烯冷箱的重跨厂房建设项目。2011 年，杭氧的杭州总部搬迁至中山北路 592 号弘元大厦，杭氧迁建改造工程顺利完成，改善了生产经营环境，极大地提高了生产能力。

2007年，杭氧开始实施资产重组及整体上市工作。2010年3月5日，国家证监会通过杭氧上市申请。6月10日，杭氧股份正式在深圳交易所上市交易。上市后，杭氧获得了更大的动力，在大力研发大型、特大型空分设备和深冷石化装备的同时，致力于发展气体产业，成功地由制造业向制造服务业转型。

2001年9月，四川空分通过实施国有资本退出的整体改制，组建成为资本多元化的有限责任公司，在生产制造大中型空分设备的同时，大力开发天然气液化装置、大型低温储槽等产品，企业发展良好，在行业中的地位不断攀升。

2012年，四川空分为克服简阳生产基地交通等条件的限制，在浙江湖州市德清县建设了浙江大川空分设备有限公司（四川空分子公司），主营LNG设备、大型空分设备部机等业务。该基地一期工程占地面积约6.7万m^2，建筑面积35700m^2。建有带港池式码头的38m×240m重型车间一座，最大可运货物尺寸为50m×11m×7.3m。

2008年，开封空分新厂区奠基。至2014年，公司总投资28.38亿元，在开封市空分产业区内建设了开封大型空分及化工设备制造项目。该占地面积约78万m^2，建筑面积35万m^2。

2004年，开封空分国有资产管理由开封市国资委转移到广东明珠集团公司，2007年又从广东明珠集团公司转移到河南永煤集团。在这个过程中，管理层频繁变化，精英人员流失严重，致使开封空分失去了大好的发展时机。

21世纪初，开封市成立了众多的民营空分设备制造厂，主要有2003年成立的开封黄河空分集团有限公司（原开封空分集团劳动服务公司，简称黄河空分）、2002年成立的开封东京空分集团有限公司（东京空分）、2002年成立的开封开利空分设备有限公司、2004年成立的河南开元空分集团有限公司（开元空分）、2004年成立的开封迪尔空分设备有限公司。

开封地区涌现的中大型空分设备制造企业有数十家之多。它们依托原开封空分的技术力量，趁着国民经济发展的大潮，迅速发展成为可生产制造5000～40000m^3/h等级空分设备、产值达5亿～6亿元的低温精馏法空分设备制造产业群。

2006年8月，中国空分设备有限公司改制为国机集团控股的有限责任公司。2009年11月，经国机集团批准，中国空分设备有限公司与中国浦发机械工业股份有限公司重组，成为浦发公司的控股子公司。

我国专业生产中小型空分设备的苏州制氧机厂于2002年改制成民营股份

制企业——苏州制氧机股份有限公司（简称苏氧）；2001 年成立的上海启元空分技术发展股份有限公司（简称上海启元），专业生产 50m³/h、150m³/h、300m³/h 以上的中小型空分设备，720m³/h 纯氮设备，为大型空分设备配套的稀有气体提取设备；2001 年成立的成都深冷液化设备股份有限公司（简称成都深冷），专业生产天然气液化装置、中型空分设备；2001 年成立的杭州锦华气体设备有限公司，多年来专业生产 50m³/h、150m³/h 小型空分设备；2003 年成立的珠海共同低碳科技股份有限公司（简称珠海共同），生产中小型空分设备和二氧化碳提取设备，现成为我国生产制造二氧化碳设备数量最多的企业；2006 年成立的杭州中泰深冷技术股份有限公司，生产板翅式换热器和石化低温装置；2008 年成立的辽宁中集哈深冷气体液化设备有限公司（简称哈深冷），生产天然气液化装置；20 世纪 90 年代成立了杭州福斯达深冷装备股份有限公司（简称福斯达）、杭州凯德空分设备有限公司、苏州市兴鲁空分设备科技发展有限公司（简称苏州兴鲁）等众多民营企业。

1995 年，德国林德工程公司（简称林德工程）在大连成立林德工艺装置有限公司；2002 年，在杭州成立林德工艺装置有限公司工程与销售中心；2005 年，在杭州成立林德工程（杭州）有限公司，在大连成立林德工程（大连）有限公司，并合并林德工艺装置有限公司；2006 年，大连新工厂落成；2009 年，板翅式换热器生产线投产；2010 年，规整填料生产线投产。

2004 年，美国气体化工产品公司成立了空气化工（上海）系统有限公司，作为服务于全球的漕泾空分设备制造中心，主要生产低温空分设备、氢气/一氧化碳分离塔、冷箱及真空罐等。制造中心拥有专门的填料生产线及分布器测试台，并且能够制造直径达 7m 的塔，至今已完成 189 个项目，分布在中国、马来西亚、澳大利亚、美国、法国、意大利和英国等国家。

2008 年，杭氧出于发展战略的考虑，退出与法液空合资的公司。该合资公司更名为液化空气（杭州）有限公司。此后，法液空又加大投资，在杭州进一步投资建设，扩大了法液空在亚洲的生产制造能力。

2013 年，意大利世亚德公司在杭州投资成立世亚德机械工程（杭州）有限公司（简称世亚德），专业生产中小型空分设备，已承接多套 6 000m³/h、1.6 万 m³/h 空分设备，但在我国市场的认可度不高。

至此，以杭氧为中心，国际大牌公司围绕杭州建立生产制造基地，形成了国际空分设备制造产业区。外资企业在我国的发展，带动了我国气体分离设备制造业的发展。

气体分离设备行业形成了国有控股企业、外资企业、民营企业共存的局面。全行业工业总产值从 2001 年的 10.6 亿元增长至 2013 年的近 200 亿元，空分设备制氧总量从 2000 年的不到 18 万 m^3/h 上升为 2012 年（制氧总量最高的年份）的超过 380 万 m^3/h。主要空分设备制造商产能见表 2-1。

表 2-1　主要空分设备制造商产能

企业名称	2015—2017 年平均工业总产值 / 亿元
杭州制氧机集团股份有限公司	75.52
四川空分设备（集团）有限责任公司	30.84
开封空分集团有限公司	15.07
液化空气（杭州）有限公司	18.73
河南开元空分集团有限公司	4.56
林德工程（杭州）有限公司	13.63
开封黄河空分集团有限公司	5.84
开封东京空分集团有限公司	4.56
苏州制氧机股份有限公司	4.89

除上述制造厂商外，行业内主要空分设备生产企业还有成都深冷液化设备股份有限公司、苏州市兴鲁空分设备科技发展有限公司、杭州福斯达深冷装备股份有限公司、开封迪尔空分实业有限公司、杭州中泰深冷技术股份有限公司、世亚德机械工程（杭州）有限公司、杭州凯德空分设备有限公司、珠海共同低碳科技股份有限公司、开封开兴空分设备有限公司、河南开利空分设备集团有限公司、开封赛普空分集团有限公司、河南众力空分设备有限公司，以及专业生产小型空分设备的上海启元空分技术发展股份有限公司、杭州锦华气体设备有限公司等。

2017 年年底，改革开放初期形成的行业局面已被打破。杭氧、四川空分、开封空分和苏氧坚持主业。这 4 家企业历经一系列改革，通过重组改制等举措，焕发了生机，增强了实力，在市场经济大潮中奋勇前进，成为我国气体分离设备行业的领军企业或骨干企业。特别是杭氧，经历近 70 年的发展，已走到了国际空分设备行业技术水平的最前列。

2008 年，江氧改制进入杭氧，现为杭州制氧机集团股份有限公司的全资子公司，主要产品仍为小型空分设备、低温液体储槽、槽车、集装罐箱等。

邯氧一直受体制的制约，虽然仍坚持主业，但产品发展滞后，规模缩小，2017年年底开始进入破产重组程序。

2003年，哈尔滨制氧机厂进行改制，更名为哈尔滨制氧机有限公司，维持小型空分设备的生产制造，但由于改制不到位，人员大量流失，2012年以后基本不再生产空分设备，退出了行业活动。

自贡市机械一厂于2002年改制，更名为自贡市机一装备制造有限公司，转型成为专业生产各种往复式气体压缩机的厂家。

杭州制氧机研究所、四川深冷设备研究所经过改制，分别进入杭氧、四川空分两个企业集团，承担企业技术发展的科研项目。

中国空分设备有限公司改制为中国浦发机械工业股份有限公司的子公司，公司业务仍为设备成套、工程项目总包。当前，公司业务涉足行业已不限于气体分离设备行业，还涉及环保、石化等领域。

2. 空分设备规模大型化、特大型化

2000年6月，杭氧向济钢提供自主成套设计和制造的国产第一套2万m^3/h空分设备，为当时规模最大的国产空分设备。2001年10月，该设备调试出氧，投入运行。

2001年9月24日，杭氧向宝钢提供第一套采用增压膨胀制冷、规整填料上塔及全精馏制氩两项先进空分技术的3万m^3/h空分设备。在设计中，采用可靠的模块设计软件，在成套控制方面采用先进的DCS工业控制系统，实现了中控、机旁、就地一体化控制，可有效地监控整套空分设备的生产过程。该设备于2002年12月14日联动开车，16日顺利出氧，并于12月30日通过了性能考核，氧、氮、氩产品的产量和纯度都达到设计要求，实现了我国气体分离设备行业3万m^3/h等级大型空分设备国产化的夙愿，是我国气体分离设备走向大型化的里程碑。

2002年，开封空分为柳州化工股份公司提供了一套采用双泵内压缩流程的2.8万m^3/h空分设备，氧、氮出装置压力分别为4MPa、5.2MPa。该设备于2003年投入运行，开创了行业大型空分设备采用内压缩流程的先河。

2003年，杭氧与辽宁北台钢铁集团签订5万m^3/h空分设备订货合同，2004年6月调试出氧，投入运行。杭氧在国产空分设备大型化的进程上又迈进一步。

2004年9月，开封空分为山东华鲁恒升化工股份有限公司（简称华鲁恒升）成功设计制造了用于30万t/a合成氨装置的4万m^3/h大型空分设备，实现了我国 4 万 m^3/h 等级高压内压缩流程首套大型空分设备的国产化。该项目当时被国家发展改革委授予"在振兴装备制造业中做出重要贡献"的殊荣。该 4 万 m^3/h 空分设备被国家四部委联合授予国家重点新产品。在这一重大技术装备国产化研制项目实施过程中，国家设立了 8 个攻关课题，开封空分单独或与华鲁恒升共同承担了除空气压缩机之外的其他 7 个攻关专题的任务，沈鼓承担了当时国内最大气量空气压缩机的攻关任务。我国首套 4 万 m^3/h 等级内压缩大型空分设备的顺利投产和稳定可靠运行，标志着我国已跻身世界空分设备技术强国之列。

2005 年 6 月，杭氧也为华鲁恒升提供了一套 4.8 万 m^3/h 化工型高压内压缩流程空分设备。该设备于 2006 年 12 月一次开车成功，其主要性能指标达到了国际先进水平，首次把 8.7MPa 高压板翅式换热器应用到空分设备中。该项目荣获 2008 年中国机械工业科学技术奖一等奖。

2007 年 11 月 29 日，开封空分为永城龙宇煤化工 50 万 t/a 甲醇项目配套的采用双泵内压缩流程工艺的 5.3 万 m^3/h 空分设备，一次开车成功，顺利投产，受到煤化工行业的高度关注。

2008 年 9 月 25 日，杭氧为宝钢提供的采用自主技术、自主集成的国内首套 6 万 m^3/h 空分设备成功出氧达产，标志着我国空分设备制造规模等级迈上了特大型空分设备的台阶，打破了之前特大型空分设备由国外厂家垄断的局面。这是我国空分设备发展史上的重要节点。

2009 年，杭氧在南钢 2 万 m^3/h 空分设备上实现了自动变负荷控制技术的应用验收，走上了国产空分设备的智能化之路。之后，在南钢 3 万 m^3/h 空分设备、济源杭氧 2.56 万 m^3/h 空分设备、马鞍山钢厂 3 万 m^3/h 空分设备等十多套空分设备上均实现了智能技术的应用，并实现验收。该技术已在众多空分设备上得到推广应用。

2009 年 8 月 1 日，杭氧为大唐国际发电股份有限公司（简称大唐国际）锡林郭勒盟化工项目设计制造的国内首套 6 万 m^3/h 等级化工型内压缩流程空分设备 —— 大唐国际 5.8 万 m^3/h 空分设备一次开车成功。特大型内压缩流程空分设备实现了国产化。

2010 年 5 月 4 日，杭氧为神华包头煤化工项目配套的 4 套 6 万 m^3/h 空分设备开车成功。这是当时我国最大的空分设备项目，也是当时我国一次性建设规模最大的空分岛。杭氧通过与国际空分公司同台竞技，取得了合同订单。同年 10 月 21 日，6 万 m^3/h 等级内压缩空分设备顺利通过中国机械工业联合会组织的鉴定。2013 年，该项目获得中国机械工业科学技术奖一等奖。该项目的成功实施和优异性能，使得市场对国产特大型空分设备更具信心。

2014 年，四川空分为华中科技大学"十二五"国家科技支撑项目"35MW 富氧燃烧碳捕获关键技术、装备研发及工程示范"提供的 6 400m³/h 低纯氧空分设备，采用三塔流程。2016 年，该项目通过国家科技部组织的验收。

2011 年，杭氧为广西杭氧盛隆气体有限公司研制了我国首套 8 万 m³/h 空分设备。该套设备于 2013 年 8 月底成功出氧，性能指标达到设计要求，工况变负荷范围为 50% ～ 100%。该套空分设备性能稳定，成功实现了特大型空分设备 5 年不停车的纪录。该设备的投运又一次打破了国外厂商在特大型空分设备等级上的垄断，为我国空分设备进入特大型空分设备行列奠定了基础。

2012 年，杭氧取得了中东地区 12 万 m³/h 特大型成套空分设备的合同订单。该套设备空气处理量达到 61 万 m³/h，是当时世界上单台制氧能力最大的空分设备。杭氧攻克了该特大型空分设备设计与制造的难关，于 2014 年发货完毕。通过 4 年的现场安装建设，2018 年年底，该套 12 万 m³/h 等级空分设备成功出氧。

2013 年年初，神华宁煤公司 400 万 t/a 煤制油项目配套的 120 万 m³/h（氧）空分岛进行招标，共需 12 套 10 万 m³/h 特大型空分设备。在国家能源局的支持下，杭氧参与投标，并中标其中的第二标段 6 套 10 万 m³/h 特大型空分设备和后备系统。这是当时世界上一次性建设规模最大的空分岛。杭氧承担其中的 6 套特大型空分设备的研制任务，另外 6 套由林德公司承接。在这一项目中，国产的空气压缩机、增压机、汽轮机、高压板翅式换热器和大口径阀门都得到了实践应用。其中一套空分设备采用全国产化部机，包括沈鼓制造的空气压缩机、增压机，杭州汽轮机股份有限公司（简称杭汽轮）研制的汽轮机，杭氧制造的国产高压板翅式换热器。

2017 年 3 月 12 日，由杭氧设计、制造的第一套特大型 10 万 m³/h 空分设备调试生产出合格的氧、氮气体产品，而后至 8 月 25 日，6 套 10 万 m³/h 空分设备均投入运行，产品各项性能指标达到甚至优于设计要求。经中国机械工业气体分离设备行业质量检测中心在满负荷、夏季极端气候条件下的工业运行考核、测试表明，成套设备的氧气产量、能耗等主要指标满足合同和使用要求，达到国际领先水平。中国机械工业联合会与中国通用机械工业协会共同组织对全部研制完成的 6 套空分设备的评审。与会专家见证了杭氧 10 万 m³/h 等级空分设备具有国际领先水平的性能，充分肯定了设备研制中所取得的成绩，认定杭氧 10 万 m³/h

等级空分设备是我国重大装备国产化的又一突破。国产特大型空分设备第一次与国际品牌在同一用户、同一时间、同一场合、同一规格下竞技，其稳定性、环境适应性、可靠性、极端环境产量、能耗水平等关键指标达国际领先水平，在现有 10 万 m^3/h 等级空分设备中性能最优，2018 年被评为中国机械工业科学技术奖特等奖。该项目的成功实施，是我国空分设备发展史上的重大事件，具有里程碑式的意义，实现了我国从空分设备大国到空分设备强国的跨越。2019 年，杭氧在神华宁煤 10 万 m^3/h 等级空分设备上实现了自动变负荷应用，并实现了隐屏操作，解决了全天候、长周期、变工况稳定运行的难题。这是空分设备行业首次实现 10 万 m^3/h 等级特大型空分设备的智能化运行。

继神华宁煤 6 套 10 万 m^3/h 等级空分设备成功开车后，2017 年 11 月 9 日，杭氧在国际化招标过程中再次中标神华榆林循环经济煤炭综合利用项目一阶段 3 套 10 万 m^3/h 空分设备订单，充分证明了国产空分设备已达到世界先进水平。此后，杭氧还中标了新疆天业股份有限公司 2 套 9 万 m^3/h 空分设备、宁夏宝丰能源集团股份有限公司 2 套 10 万 m^3/h 空分设备、浙江石油化工有限公司 4 套 10 万 m^3/h 空分设备。国产的 10 万 m^3/h 等级特大型空分设备得到了市场的高度认可。同时，我国也成为特大型空分设备最大的市场和最大产出国。

2019 年 5 月，杭氧为韩国最大的工业气体公司韩国大成提供的 3 万 m^3/h 电子级纯氮设备考核成功，为韩国 LG 公司提供高品质氮气。该套设备集节能流程、一键启动、超高纯技术为一体。该项目的实施，改变了韩国境内无中国大型空分设备的历史。

国产大型、特大型空分设备在容量规格不断增大的过程中，经上百套大型空分设备的实践，设计制造水平取得了很大的进步。以杭氧为代表的中国气体分离设备制造业已充分掌握了空分流程组织、流程计算、精馏计算、精细制造、安全评估等空分设备设计制造技术。杭氧制造的大型、特大型空分设备的产品产量、纯度、品种、输送压力、氧提取率、能耗、运行周期等关键技术性能指标已经达到了国际一流水平，和外资品牌产品实现了同价竞争。

3. 空分设备产品拓展

2010 年，我国首套天然气冷能利用的 600t/d 液体空分设备在中海油福建莆田液化天然气接收站建设投入运行，它由美国气体化工产品公司投资。2011—2012 年，杭氧和四川空分也开始了液化天然气冷能利用的相关技术研究。2014 年 9 月，杭氧研发的 600t/d 的 LNG 冷能利用液体空分设备在江苏如东中石油液化天然气接收站投入运行，这是第一套利用我国自主技术研制成功的冷能利用空分项目。2014 年，四川空分研发的 614.5t/d 液化天然气冷能利用液体空分设备在宁波中海油液化天然气接收站投入运行。2015 年，四川空分投资建设的 723t/d 液化天然气冷能利用液体空分设备在唐山中石油液化天然气接收站投入运行。这套冷能利用空分设备采用了沈鼓研发的空气压缩机、低温氮气循环压缩机。2016 年，四川空分为中海油珠海工厂提供的 614.5t/d 液化天然气冷能利用液体空分设备成功投产。这些设备的投运标志着国产空分设备在拓展应用上迈入了一个新的阶段。

2011 年，上海启元通过技术创新，先后开发了在大型空分设备中提取高纯度稀有气体氪、氙的装置，打破了几十年来我国稀有气体提取设备被国外企业垄断、氪氙气体大部分依赖进口的局面。该装置一改原稀有气体提取装置采用多级精馏加触媒纯化的技术，以独立外挂氪、氙气提取装置，一步多级精馏获得可直接充瓶的高纯度气体技术获得国内首创、国际一流的成果，首套装置于 2012 年在日照盈德气体公司开车成功。2014 年，该项目获得中国机械工业科学技术奖二等奖。而后，上海启元开发了高纯氖、氦提取装置，2015 年获得成功。

2013 年，杭氧为武钢提供的精制氖、氦装置也开车成功。2016 年，杭氧研发的氦、氖、氪、氙等稀有气体提取设备在衢州杭氧试车成功，投入运行。四川空分等企业也开展了从大型空分设备提取氦、氖、氪、氙等稀有气体的工作。

4. 空分低温技术的应用领域延伸

行业产品品种从单一的空分设备扩展到天然气分离设备、天然气液化设备、石化低温分离设备、液体二氧化碳设备和氢提取及分离设备。

1980 年，四川深冷设备研究所对国内各大油气田进行调研，发现富天然气的管线输送前处理及高附加值重烃组分的回收采用的是落后的油吸收工艺技术，而国外先进的主流工艺是透平膨胀机深冷分离工艺技术。四川深冷设备研究所自主开发了采用 BWRS 状态方程的含氮烃类混合物的工艺设计软件，开展由机械部立项的中压带液透平膨胀机、增压机组的设计与试验研究，开发了大容量的中压分子筛天然气干燥器和控制程序，开展具有耐大压差冲击的支承机构、多层瓷球的梳流结构及热耦合节能的三塔精馏结构等多项技术攻关。1983 年为胜利油田开发设计的 $50 \times 10^4 m^3/d$ 天然气深冷分离设备采用带预冷的透平膨胀机工艺，于 1985 年年底成功投运，1987 年通过由国家机械委和石油部组织的鉴定，能耗为 3 000kJ/kg 轻油，丙烷收率为 86%，连续运行周期为 9 000h，同时兼具良好的可操作性。其丙烷收率、能耗及连续运行周期均优于石油部于 1984 年签约、1986 年投运的 3 套从日本引进的设备。该项目在 1988 年获国家科学技术进步奖二等奖。此后，该型号设备有 4 套在油田投运。1991 年，$50 \times 10^4 m^3/d$ 天然气深冷分离设备获国家质量金奖。

四川空分形成了（5 ～ 100）$\times 10^4 m^3/d$ 天然气深冷分离设备产品系列。该系列产品用于各油田，并出口到南亚国家。20 世纪 90 年代中期以后，胜利油田、大港油田及华北油田的设计院进行该类装置的设计和成套设备研制工作。

随着天然气产业的迅速崛起，天然气液化装置所占行业比重不断加大，以四川空分为代表的气体分离设备制造企业近 10 年来在液化天然气领域取得了丰硕的成果。四川空分是较早进军该领域的国内企业，产品从大型天然气液化装置、大型液化天然气储槽到橇装式天然气液化装置、液化天然气槽车、液化天然气车用气瓶、液化天然气汽车加液站等；天然气液化装置的液化能力从原来的 $5 \times 10^4 \sim 30 \times 10^4 m^3/d$ 发展到了 $500 \times 10^4 m^3/d$；工艺技术从氮膨胀制冷流程、带预冷的氮气 - 甲烷混合工质膨胀制冷液化流程发展到混合冷剂制冷液化流程、丙烷预冷混合冷剂制冷液化流程等多种形式。

四川空分经过多年努力，完成了混合冷剂天然气液化工艺技术、天然气液化装备集成技术、天然气液化冷箱集成技术、高压大单元钎焊工艺技术的研究，开发出 C3MR 丙烷预冷混合冷剂液化工艺及 SMR 二级和三级节流液化工艺，取得多项专利技术，相继成功开发出 $15 \times 10^4 \sim 200 \times 10^4 m^3/d$ 天然气液化设备。

2011 年，四川空分承接的新圣 60 万 m^3/d 天然气液化装置一次投运成功。该装置实现了所有设备国产化，在国内首次采用低温洗涤脱重烃、单混合冷剂三级节流工艺，液化能耗为 $0.358 kW \cdot h/m^3$，不仅能耗低，且成功地解决了设备、管路冻堵的难题，连续运转周期大于 8 000h。

2010 年，四川空分承接的安塞 200 万 m^3/d 天然气液化装置液化冷箱设备采用了 $1.3m \times 2.2m \times 8.8m$ 高压大截面超长板翅式换热器单元。2012 年，该设备一次开车成功，满足技术性能要求。

2012 年，四川空分投资建设了兴圣 200 万 m^3/d 天然气液化装置。这是当时我国单套规模最大的全国产化的天然气液化装置，其性能指标达到国际先进水平。

2014 年，四川空分承接的泰安 260 万 m^3/d 天然气液化装置液化冷箱设备采用了国内首创的整体天然气液化冷箱集成技术。该项目是国家重大装备国产化项目之一，设备于 2015 年一次开车成功。

虽然这些装置在国际天然气液化行业仍属中等规模，但它们是我国中大型天然气液化装置的首创，是自主创新、掌握工艺技术、实现全部机组国产化的典范，为天然气液化工业的技术进步做出了贡献。

气体分离设备行业中以四川空分、杭氧、成都深冷、哈深冷为代表，生产制造日处理量为 10 万～260 万 m³ 的天然气液化装置和大型液化天然气储槽、储罐、槽车、汽化器等。中集安瑞科、圣达因、查特等一些非气体分离产业的制造企业也纷纷加入液化天然气装备的生产制造行列。

四川空分研发的煤制甲醇合成气深冷分离回收液化天然气技术，为煤化工合成气甲烷回收提取提供了新途径和新方法。在云南解化清洁能源开发有限公司的中试装置处理量 1 850 m³/h 取得成功的基础上，2011 年为云南先锋化工开发处理量为 18.6×10^4 m³/h 的分离装置。该装置采用混合冷剂和氨循环制冷工艺，比氮膨胀机制冷工艺能耗降低 5%～8%，2013 年 12 月成功投产。为新疆新业能源提供的处理量为 20.3×10^4 m³/h 的分离装置于 2015 年成功投产。

2000 年以来，杭氧研制了不同流程和规模的大型成套乙烯液化分离技术及其成套工艺设备。杭氧通过自主研发，攻克了多组分、多流股、有相变高压的铝制板翅式换热器的设计计算、制造等难关。在一个换热器里，流股最多已达 16 股，压力为 4.0～8.0 MPa。2000 年以来，从燕山石化、扬子石化、齐鲁石化等 40 万 t/a 乙烯冷箱，到茂名石化 60 万 t/a 乙烯冷箱，福建炼化、四川石化、抚顺石化、武汉石化 80 万 t/a 乙烯冷箱，天津石化、镇海炼化、宝来化工、万华化学等 100 万 t/a 乙烯冷箱、惠州炼化 120 万 t/a 冷箱、浙江石化 140 万 t/a 冷箱，再到出口美国埃克森美孚的 180 万 t/a 等级乙烯冷箱项目，研制的等级不断提高。其中，140 万 t/a 乙烯冷箱是我国当前最大等级的乙烯装置，装置的性能指标和技术水平都达到了同类产品的国际先进水平。自 2000 年来，杭氧在我国乙烯冷箱市场的占有率已大于 98%。2005 年，大型乙烯装置成套冷箱国产化攻关研制获得中国机械工业科学技术奖一等奖。2010 年，中石化茂名分公司 64 万 t/a 乙烯冷箱获得中国机械工业科学技术奖一等奖。2019 年，绿色高效百万吨级乙烯成套技术及开发应用获得中国石化联合会科技进步奖特等奖，大大推动了低温技术在我国石化领域的应用。

此外，杭氧还在合成氨中低温液氮洗、烷烃脱氢反应产物分离、乙二醇合成气中氢气/一氧化碳分离、甲醇合成气分离甲烷、甲醇制取烯烃（MTO）的反应产物分离、硫化氢尾气低温提纯等石化行业低温分离技术及其成套工艺设备的研发上实现突破，取得了良好业绩，技术水平达到了同类产品的国际先进水平。

2004—2018 年，杭氧研制完成的 30 万～60 万 t/a 合成氨装置配套液氮洗设备有 30 多套已投入运行，市场占有率约 70%。2012—2019 年，开发和研制完成的 20 万～75 万 t/a 烷烃脱氢分离装置有 20 多套投入运行，市场占有率约 95%。2012—2018 年，开发和研制完成的 10 万～50 万 t/a 乙二醇项目氢气/一氧化碳分离装置有 10 多套投入运行，市场占有率约 50%。2012—2018 年，研制完成的 60 万～180 万 t/a 的甲醇制取烯烃 DMTO 联合装置有 6 套投入运行。2015—2018 年，开发和研制完成的硫化氢尾气低温提纯装置有 1 套投入运行。

2012 年 12 月，开封黄河空分开发的生物天然气新能源领域的 40 000m³/d 沼气分离纯化工程装置开车成功。产品气指标：甲烷纯度＞97%，二氧化碳含量＜1.5%，氮气含量＜1.5%，硫化氢≤15mg/m³，各项指标均达到设计要求，并符合国家相关标准。

5. 关键配套部机的研制有了重大突破

2015 年，沈鼓研制出国内首台（套）为 10 万 m³/h 空分设备配套的国内最大的轴流+离心式空气压缩机组，其气量为 60 万 m³/h，增压机出口压力为 7.8MPa。2015 年 8 月，在沈鼓营口制造基地，连同杭汽轮制造的工业汽轮机一起进行了全负荷试车，试车结果表明其性能达到合同要求。2017 年 6 月，该空气压缩机在神华宁煤项目中配套于杭氧的 10 万 m³/h 空分设备中，投入实际运行，性能非常稳定。该机组的研发成功开创了特大型空分设备配套压缩机国产化的先河。此后，沈鼓又为宁夏宝丰能源集团有限公司提供了 2 套 10 万 m³/h 等级空分设备配套压缩机组。

2006 年，杭州杭氧透平机械有限公司（简称杭氧透平）舍弃了从日本引进的氧气透平压缩机机型，开发了全新的氧气透平压缩机机组。该机组受到市场的广泛好评，占据将近 100% 的市场份额。该公司设计了新型的双缸中压氧气透平压缩机，首台 1.5 万 m³/h、3.0MPa 中压氧气透平压缩机配套于开元胜宝的 1.6 万 m³/h 空分设备上，节能 4% 以上，获得成功。2007 年，该公司又自主开发了世界上规格最大的 6.5 万 m³/h 双缸中压氧气透平压缩机，首台机组应用在山东日照钢铁的 6 万 m³/h 等级空分设备上。此后，所有国内 6 万 m³/h 等级外压缩空分设备都用上了该型号的氧气透平压缩机。

除此之外，杭氧透平研制成功了 1.5 万 m³/h 单轴低泄漏型氮气增压机；研制成功的高效率齿轮式氮压机，流量为 1.3 万～3.5 万 m³/h，压力达 3.7MPa；研制成功的高效率齿轮式增压机，流量为 1.25 万～6 万 m^3/h，压力达 4.2MPa；研制成功的高效率 3 万～20 万 m^3/h 原料空气压缩机，配套 0.6 万～4 万 m^3/h 空分设备，其机组的实际运行效率和国外机组相当，受到了市场的高度认可。该公司掌握了液化天然气冷剂压缩机研制技术、大型空气透平压缩机叶轮高效加工技术、单轴转子和齿轮式转子的高速动平衡、联轴器法兰盘的液压连接技术等。这些新技术、新工艺和新机型的开发，大大提升了国产空分设备的竞争力。

杭氧压缩机有限公司成功研制撬装压缩机组，代表了传统往复式空分压缩机产品的主要发展方向。公司研制了 170kN、320kN、560kN、800kN 活塞力系列石化压缩机产品，还将研制成功的迷宫式往复式压缩机应用于氧气压缩机中。

杭氧膨胀机有限公司开发了高转速油润滑轴承膨胀机，设计转速达 62 700r/min，为当前转速最高的油润滑轴承膨胀机产品。此外，该公司开发了膨胀机叶轮直径为 240mm、300mm、360mm、450mm、750mm 的系列高效低、中、高压膨胀机，成功配套于国内外中型、大型、特大型空分设备，在 6 万 m^3/h、7 万 m^3/h、8 万 m^3/h、10 万 m^3/h、12 万 m^3/h 空分设备上得到应用。2014 年，为中东 12 万 m^3/h 内压缩流程空分设备配套的膨胀机于 2018 年年底开车成功，为国外 8.4 万 m^3/h 内压缩流程空分设备配套的膨胀机于 2019 年开车成功。膨胀机的效率和国外进口产品相当，压力等级实现 7MPa 的突破，并实现了带压启动技术。除了研制应用于空分设备的膨胀机外，杭氧膨胀机有限公司还开发了其他应用领域的膨胀机，如配套于山东新龙、巴陵恒逸化工尾气回收装置的 450mm 直径等级膨胀机，配套于山东鲁西化工过热蒸汽减温减压能量回收装置的 750mm 直径等级膨胀机发电机组。该公司成功开发了氢气膨胀机，成功应用在山东鲁清、河北新欣园等烷烃脱氢设备中，打破了国外技术垄断。2012 年，杭氧膨胀机有限公司与西安交通大学合作研制液体透平膨胀机，2017 年机组成功投入运行。

1985 年，四川空分开发的配套于 $50 \times 10^4 \, m^3/d$ 天然气分离设备的天然气膨胀机成功投运。20 世纪 90 年代中期以后，膨胀机用于国内各油气田。从 2001 年开始研发天然气带液膨胀机 - 增压机组，最大气量为 $160 \times 10^4 \, m^3/d$，压力达 8.0MPa，工作转速达 85 000r/min。2017 年，四川空分向哈萨克斯坦出口了 $80 \times 10^4 \, m^3/d$ 天然气膨胀机。

开封空分也与西安交通大学合作，研制出了液体透平膨胀机。

杭氧在研制高压内压缩空分设备、液化天然气冷能利用空分设备、百万吨级乙烯冷箱、液氮洗冷箱、烷烃脱氢冷箱、氢/一氧化碳分离冷箱及 DMTO 冷箱的过程中，开发了高压翅片的设计、成库、筛选、制造工艺技术，换热器的换热匹配技术，汽液分配结构技术，大尺寸换热器的钎焊工艺技术，并利用自有技术开发出了高压大截面多股流高效铝制板翅式换热器。这些高压高效的铝制板翅式换热器在 10 万 m³/h 等级空分设备、百万吨级乙烯冷箱中得到大量应用，其最高压力等级达 12.8MPa，截面尺寸达 1.3m×1.3m，流股最多达 16 股，不仅满足了我国国内市场的需要，还成为美国、日本等著名工程公司的合格供货商。

四川空分在 260 万 t/a 大型液化天然气项目研发过程中，利用已有技术并通过研发掌握了高压翅片承压能力、高压大截面单元钎焊工艺、气液两相分配结构的优化、冷箱集成和重型组装等关键技术，成功试制出 8.0MPa 压力、1.3m×1.25m 的大截面铝制板翅式换热器样机，并在 2011 年前后成功为安塞 200 万 m³/d、山东泰安 260 万 m³/d 等液化天然气项目配套液化冷箱。其中，8 台铝制板翅式换热器单元尺寸为 8.8m×1.3m×1.1m，是当时国内最大尺寸的铝制板翅式换热器单元，且运行状态良好。

四川空分还研发了开架式 LNG 海水汽化器，其汽化能力≥200t/h，−162℃≤温度≤5℃，耐压≥15MPa。开架式海水汽化器 ORV 是 LNG 接收站海水汽化系统的核心设备。京唐液化天然气有限公司与四川空分设备（集团）有限责任公司合作研发了国内首台开架式海水汽化器 ORV 产品。2013 年 10 月，该产品通过了中国机械工业联合会组织的产品鉴定。2014 年 10 月 17 日，开架式海水汽化器 ORV 分别在每小时 40t、80t、120t、160t、180t 等进料负荷状态下试运行，各项性能指标均达到研发设计要求，一次投用成功，标志着国产首台开架式海水汽化器 ORV 成功实现国产化，实现了在推动液化天然气接收站关键设备国产化方面的重大突破，填补了国内空白。

2010—2012 年，开封空分与五环科技公司联合开发制造了新型高效汽化炉——五环炉关键内件 3 套。

1998 年，开封空分开发出国内第一台多股流绕管式换热器。这种绕管式换热器具有适应交变压力、交变温度及耐腐蚀等特点，广泛应用于大型天然气分离与液化装置、大型石化装置中。2015 年，该换热器通过中海油的中试评定，应用于低温甲醇洗装置，其最大规格为：直径 3.2m、长度 30m。

除此之外，杭州杭氧工装泵阀有限公司开发了空分设备用的所有关键阀门，可替代进口产品。杭氧开发了分子筛切换系统的公称通径为 600～1 600mm 系列专用三杆阀，成功应用到 2 万～12 万 m³/h 空分设备分子筛系统；开发了 Class600～Class900、公称通径为 25～400mm 高压氧用调节阀、切断阀，已在 2 万～12 万 m³/h 空分设备上成功应用；开发了 PN100、DN40～150 低温多级降压调节阀，用于高压液化空气节流阀、液氧回流阀；开发了 DN4～20 氖氙装置用特殊微流量波纹管调节阀系列和 DN4～100 超低温液氢液氦阀门，分别在氖氙精提取装置、氢液化装置和液氢试验装置中成功应用。另外，杭氧开发了石化和天然气液化装置用 PN40～150 波纹管调节阀，拓展了设备配套相关领域。四川空分也开发了应用在低温储槽和槽车上的低温液体截止阀。

杭州杭氧工装泵阀有限公司开发了高压立式多级低温离心泵，流量为 10～100m³/h、扬程为 500～1 200m，分别用于 8.7MPa、6.0MPa 高压产品的工艺系列中。产品已成功应用在神华 4 万 m³/h、山东杭氧 6 万 m³/h、河南骏化 4 万 m³/h 以及中东 8.4 万 m³/h 等多个高压内压缩项目中，打破了高压低温液体泵被国外公司垄断的局面。该公司开发了特大型空分设备用大流量低温离心泵，流量为 400m³/h、扬程为 80m，用于空分装置上下塔液氧循环工艺流程，已在广西盛隆 8 万 m³/h 空分设备中成功运行。该公司开发了空分设备后备系统中压离心泵，流量为 10～40m³/h、扬程为 240～320m。同时，为拓展相关低温领域，该公司还开发了液化天然气用潜液泵，流量为 18m³/h、扬程为 240m。

气体分离设备行业的发展，离不开低温液体容器的发展。我国建造的超 1 万 m³ 大型液化气体储罐始于 20 世纪 90 年代中期，典型代表为深圳的 2 台 8 万 m³ 液化石油气 LPG 低温储罐和扬子石化的 1 万 m³ 低温乙烯储罐。20 世纪 90 年代末，在上海建造了我国第一台 2 万 m³ 低温 LNG 储罐。21 世纪以来，中海油、中石油、中石化三大集团分别在广东、福建、浙江、上海、辽宁、江苏、山东等沿海省份建立了多个大型 LNG 接收终端站。我国第一座大型液化天然气水泥全容罐由法国 SAIPEM 公司设计，2006 年 6 月在广东大鹏接收站投入运行。我国早期的液化天然气水泥全容罐由法国、德国、韩国、日本等国的工程公司总包。近几年，以中国寰球工程公司为代表的国内工程公司已能自主开发 5 万～27 万 m³ 的水泥全容罐。此外，四川空分、杭氧低温容器有限公司、中国空分工程有限公司也开发了 1 万～8 万 m³ 的液化天然气低温液体储罐。其中，杭氧低温容器有限公司的"杭州市东、西部天然气应急气源站工程"项目在 2017 年获得第十五届中国土木工程詹天佑奖。

2017 年，张家港中集圣达因低温装备有限公司开发了双金属全容罐。该罐的次容器采用不锈钢材质,具有抗低温、阻挡低温液化天然气外漏的优点,有效解决了液化天然气大型储罐防火间距问题,在一定程度上节约了土地使用面积。

2018 年,杭氧低温容器有限公司成功开发了 1.4 万 m^3 液氮储槽。该产品是当前世界上单体容量最大的液氧/液氮储槽。我国低温容器设备发展历程见表 2-2。

表 2-2　我国低温容器设备发展历程

投运时间	设备名称	制造商
1950 年	首台杜瓦容器(15L)	杭氧
1960 年	首台粉末真空绝热储槽	杭氧
1967 年	首台液氧拖车	杭氧
1980 年	首台槽车(3.5m^3)	四川空分
1984 年	首台粉末绝热平底储槽(400m^3)	四川空分
1994 年	首台球型低温液体储罐(200m^3)	四川空分
1999 年	200m^3 粉末真空绝热储槽	杭氧
2000 年	首台 LNG 槽车	四川空分
2000 年	首台低温液体罐箱	苏州华福
2005 年	80m^3 液氢储槽	四川空分
2008 年	首台奥氏体不锈钢应变强化低温容器	圣达因
2013 年	300m^3 移动液氢罐	圣达因
2014 年	8 000m^3 液氧储槽	圣达因
2014 年	3 万 m^3 液化天然气单容罐	四川空分
2015 年	500m^3 粉末真空绝热储槽(应变强化)	杭氧
2017 年	首台双金属全容罐	圣达因
2018 年	首台 14 000m^3 液氮储槽	杭氧

6. 气体产业迅速发展

伴随着我国制造业转型的步伐,行业部分企业也由纯制造企业向制造服务型企业转变。企业凭借在气体分离设备的设计、制造方面的领先技术、丰富经验和运行管理优势,为用户带来项目融资的便捷、用气成本降低等方面的良好体验。

空分技术团队为设备稳定运行提供强大的技术支撑；专业化队伍保证空分设备运行的可靠性、安全性和经济性；丰富的管理经验、先进的工艺流程和新技术的应用保证按供气合同持续稳定地供气；另外还有完善的液体物流系统、优惠的气体价格等优势。

四川空分自 1998 年涉足气体业务以来，先后在广东、江苏、山东、陕西、山西、河北、内蒙古、重庆、四川等地投资建设气体工厂，充分利用自身设备的研发、设计、制造优势，一方面拓展传统的氧、氮、氩气体业务，另一方面大力进军 LNG 行业。其中，2002 年成立的中山华南实用气体科技有限公司、2003 年成立的溧阳新钢四川空分气体有限公司、2004 年成立的长治四川空分气体有限公司、2007 年成立的淄博鲁川气体有限公司、2010 年投资运营的唐山瑞鑫液化气体有限公司以及 2012 年成立的内蒙古兴圣天然气有限责任公司，都在当地发挥了骨干气体供应商的作用。2016 年，四川空分的气体业务收入和利润均已超过集团总量的 50%。截至 2019 年年底，四川空分投资运营的 10 余家气体公司年工业产值超过 30 亿元，将成为民族工业气体领域的重要部分。

杭氧自 2003 年在浙江建德投资建立第一个 1 000m³/h 制氧能力的气体公司以来，充分发挥其在设备制造领域的多方面优势，以上市为契机，大力发展气体业务。杭氧先后在湖北、浙江、河南、河北、吉林、江苏、山东、广西等地投资建设了 40 多家气体运行工厂。其中，2007 年投资建设了 5 万 m³/h 制氧能力的河南杭氧气体有限公司，2010 年在吉林建设了 5 万 m³/h 制氧能力的吉林杭氧气体有限公司，2012 年在浙江衢州建设了 8 万 m³/h 制氧能力的衢州杭氧气体有限公司。2013 年，杭氧在广西投资了当时国产化单台规格最大的 8 万 m³/h 空分设备，建立了广西杭氧气体有限公司。2014 年，杭氧建成了制氧能力超过 16 万 m³/h 的山东杭氧气体有限公司。至 2019 年年底，杭氧已运营气体公司达 30 家，总制氧容量已达 180 万 m³/h，成为国内主要的气体供应商之一。杭氧投产的气体项目年工业产值已突破 50 亿元，气体业务收入已超过公司总收入的 50%。杭氧成为国内行业中首个完成纯制造企业向制造＋制造服务型企业转型的大型企业。

此外，陕西鼓风机（集团）有限公司（简称陕鼓）、开封黄河、东京空分、开元空分、北京北大光锋科技有限公司（简称北大先锋）、上海瑞气气体设备有限公司（简称上海瑞气）等设备制造企业均有气体投资项目。

2000 年以后，随着我国经济高速发展，工业气体行业进入了迅速发展阶段。市场规模由 2013 年的 815 亿元快速增长到 2017 年的 1 200 亿元，年均复合增长率达到 10.16%。随着我国经济的持续稳定发展，我国工业气体市场需求还会进一步增长。2020 年，我国工业气体行业市场规模将进一步增长至 1 600 亿元以上。气体产业的发展有力地推动了企业调整产品结构，走上可持续发展道路。

7. 变压吸附技术发展迅猛

以四川天一科技股份有限公司（简称天科股份）、北大先锋、上海瑞气等为代表的变压吸附设备制造企业，将变压吸附制氧、制氢、制氮及一氧化碳/二氧化碳分离、工业尾气回收利用等技术广泛应用于石化、化工、冶金、食品、环保、电子及航空等行业。

我国变压吸附研究起步于 20 世纪 60 年代，最先是大庆石化总厂研究所和上海化工研究所从事变压吸附空分制氧的研究。1970 年，杭氧成功研制出 240L/h "人马背驮" 型 PSA 制氧机。

当前，全国已有上百家生产制造 PSA 制氮设备的企业。制造形成的产业群主要集中在上海、浙江、江苏、山东、河北等地。产品最大规格在 5 000m³/h 以上，产品纯度达 97% ～ 99.999%，产品广泛应用于煤矿、石化、化纤及食品等行业。

以北大先锋为龙头，PSA 制氧设备技术已全部实现国产化，其中包括锂基制氧专用分子筛吸附剂。当前，主要采用双床 PSA 制氧工艺，大型制氧设备采用五床 PSA 制氧工艺。产量从 10m³/h 到 2 万 m³/h，纯度为 21% ～ 95%。大型 PSA 制氧设备主要应用于冶金工业的高炉富氧冶炼，当前应用最多的是有色冶炼用富氧。

1999 年，北京北大先锋科技有限公司成立，开始专业从事变压吸附气体分离业务以及各种高效吸附剂和催化剂的生产。2010 年，该公司投产了世界上最大的变压吸附制氧装置。北大先锋作为变压吸附行业的领航者和代表企业，推动了我国变压吸附技术的发展，引领了变压吸附行业的方向，让我国的变压吸附技术在世界工业气体领域占有一席之地。

我国 PSA 制氢技术已经很成熟，规模为 20 万 ～ 28 万 m³/h，工艺从六床、八床、十床到十二床 PSA 制氢，纯度为 98% ～ 99.999%，氢气回收率为 80% ～ 98%，广泛应用于炼油、医药、电子及冶金等行业。

1972 年，西南化工研究设计院在国内率先从事变压吸附提纯氢气技术研究，经过大量试验研究，解决了从小试装置到工业放大装置中的一系列技术和工程配套问题。当时主要针对合成氨驰放气变压吸附制氢。1973 年开始 PSA 小试；1974 年建成处理合成氨驰放气量 300m³/h 的双塔 PSA 工业性试验装置；1975 年建成处理合成氨驰放气量 400m³/h 的四塔一均 PSA 工业性试验装置；1977 年完成了 PSA 从合成气中提纯氢成套技术研究，氢气纯度达 99.9%。1982 年，在上海吴淞化肥厂建立了一套处理气量为 1 000m³/h 的 PSA 从合成氨驰放气提氢工业装置，装置顺利投产并通过化工部的鉴定。这是我国首套拥有自主知识产权的变压吸附制氢工业装置。由于该技术在变压吸附技术工业化方面的里程碑作用，1985 年获得国家科技进步奖一等奖。

随着变压吸附技术的不断发展和完善，产品纯度和收率逐步提高，生产成本不断下降。变压吸附技术在化工、炼油、石化工业领域的应用越来越多，规模不断扩大。

1987 年，在河南焦作建成我国第一套利用变压吸附技术处理 500m³/h 煤层气的甲烷浓缩工业装置，成功将瓦斯中的甲烷浓度从 20% 提高到 50% ～ 95%。变压吸附法富集煤矿瓦斯气中甲烷项目获得中国专利局授权。

1989 年，PSA 提取纯氢技术出口到巴基斯坦 TRANS 化学公司。这是我国签订的第一份 PSA 提纯氢气技术出口合同。

1990 年，我国第一套 PSA 工业化制氧装置建成。同年，变压吸附分离技术被国家科学技术委员会列入《国家科技成果重点推广计划》。

1991 年，在武钢建成我国首套变压吸附从焦炉煤气提纯氢气的工业装置，并通过冶金部的鉴定，一举解决了冶金行业以电解水制氢，氢气用作硅钢片、冷冻板的保护气能耗高的问题，节约了大量投资和能耗。

1993 年，我国首套 PSA 脱碳工业装置建成，替代原有的湿法脱碳技术，解决了中小合成氨企业脱碳消耗大、效率低的问题。

1993 年，在山东淄博建成我国首套 PSA 提纯一氧化碳工业装置，首次采用"两段法" PSA 技术，从半水煤气中将一氧化碳浓度从 30% 提高到 96% 以上，满足羰基合成的需要。

1994 年，处理气量为 6 万 m³/h 的十床真空变压吸附制氢技术首次应用于镇海炼化的重整加氢装置。这是国内第一套采用 PSA 技术的制氢工业装置，氢气回收率大于 95%。该装置的成功投运标志着我国变压吸附技术成功实现大型化，结束了外国公司大型变压吸附技术在我国的垄断局面。

1995 年，西南化工研究设计院被国家科学技术委员会授予国家变压吸附技术应用推广研究中心。

1998 年，"变压吸附气体分离技术推广应用研究"项目获得国家科技进步奖一等奖。

2000 年，高效锂基制氧专用分子筛吸附剂投入工业化生产。

2004 年，在太原建成我国首套 PSA 净化回收氯乙烯尾气工业装置，替代原有的变温吸附净化技术，解决了氯碱尾气处理消耗大、排放不达标的问题。

2005 年，我国自主开发的变压吸附技术回收炼厂乙烯资源成套技术工业装置在北京燕山石化炼油厂一次试车成功，各项技术指标全部达到设计要求。该技术属国内首创，荣获 2007 年度中石化科技进步奖一等奖和 2008 年度国家科技进步奖二等奖。至今，我国已相继建成了 10 余套采用该技术的炼厂干气回收 C2 装置，取得了良好的经济效益和社会效益。

2007 年，PSA 技术首次进入市政环保领域。我国自主创新开发的垃圾沼气预处理与变压吸附技术配套的新工艺、新吸附剂，可脱除二氧化碳等其他组分，使净化后的气体甲烷纯度达 85% ～ 90%。在香港建成世界首套垃圾填埋气浓缩甲烷变压吸附工业装置。

2008 年，世界上最大的 PSA 装置 —— 神华集团煤制油工程配套产氢量 28 万 m^3/h 的变压吸附制氢装置一次试车成功，氢气纯度达 99.9%，氢气回收率高达 90%。

2009 年 8 月，我国首套 3 000m^3/h 转炉气变压吸附净化装置在四川建成投产，同年 10 月完成装置验收，为钢厂废气回收利用及产业结构转型提供了坚实的技术基础。

2013 年 5 月，国内首套利用变压吸附技术净化电石炉尾气和氯酸钠尾气，并以净化后的尾气为原料生产 8 万 t/a 甲醇、5 万 t/a 二甲醚装置顺利投产。该装置是四川省阿坝州节能减排示范工程，已稳定运行至今。

此外，经过近 30 年的高速发展，我国已成功将 PSA 技术扩展至煤层气甲烷浓缩、炼钢厂焦炉煤气及转炉炉气提纯氢气、脱碳、提纯一氧化碳、工业尾气（氯乙烯尾气、电石炉尾气和氯酸钠尾气等）净化、生物沼气净化、炼厂干气回收乙烯资源及氯碱副产品氢回收等领域。变压吸附工艺逐渐从辅助工艺进入生产主流程。主要技术包括：变压吸附净化浓缩甲烷技术、变压吸附提纯一氧化碳技术、变压吸附提纯二氧化碳技术、变压吸附脱碳技术、变压吸附浓缩回收乙烯技术、变压吸附天然气净化技术、变压吸附焦炉煤气净化技术及变压吸附驰放气净化提纯技术。

随着节能减排的推进，上述变压吸附技术的各类装置应用越来越广泛，逐渐成为气体分离设备行业的重要组成部分。

8. 水电解制氢装置

当前，大工业所用氢气一般从煤制气、石油气、化工合成气中提取。由于水电解制氢方法所用的设备简单、运行稳定可靠、操作方便、生产无污染，制得的氢气纯度高、杂质含量少、适用于各种用氢场所，因而被广泛采用。但相对而言，其规模较小，一般产量在 1 000m³/h 以下。

我国水电解制氢技术的发展经历了从仿制到自行设计生产、从单极式到双极式、从常压到加压型电解槽，规格从 2m³/h 到 1 000m³/h 的过程。水电解制氢的主要工业生产装置是电解槽。为改善水的导电性能、降低电耗，通常电解槽内的液体不是纯水，而是一定浓度的氢氧化钾（KOH）水溶液。

哈尔滨机联机械厂和原六机部七院第七一八所是我国最早生产制造水电解制氢设备的企业，主要产品为 30m³/h 以下的小型常压型制氢设备，而后开始研发加压碱性水电解装置。

20 世纪 80 年代中期，我国水电解制氢技术取得了快速发展，开发了加压型水电解装置。该装置与常压型水电解槽相比，具有单位耗电量低、节约原材料、节省检修费、设备投资少、占地面积小、运行稳定和适用性强等优点。从此，常压型水电解制氢装置逐渐退出了市场。

1966 年，六机部第七一八研究所（现为中国船舶集团有限公司第七一八研究所）成立，主要从事高能化学、制氢及氢能源的开发以及特种气体、精细化工、辐射探测、环境工程、气体分析、工控节能、核电安全、空气净化及医用制氧等方面的专业研究设计，是我国水电解制氢设备的主要研制单位。

1993 年，苏州竞立制氢设备有限公司在苏州吴县经济技术开发区成立，先后开发研制出七大系列、28 种型号产品，设备主要技术指标都达到或接近先进国家的标准，并取得了电解槽、气液分离器、隔膜垫片等多项国家专利和 CE 认证。该公司于 1995 年研制成功国内第一套 200m³/h 微机控制型制氢设备；2005 年，研制成功了当时国内最大的 375m³/h 微机控制特大型水制氢设备，填补了国内空白；2010 年，研制成功了当时国内最大的 500m³/h 微机控制特大型制氢设备；2016 年，研发出了当时全球单台产量最大的 1 000m³/h 水电解制氢设备，并具备了生产单台 1 500m³/h 水电解制氢设备的能力。

1994 年，天津市制氢设备公司成立，后更名为天津市大陆制氢设备有限公司。1995 年，该公司生产了我国第一台 200m³/h 加压水电解制氢设备，填补了我国大型加压电解槽产品的空白。该套装置成功投入工业应用，标志着我国水电解制氢技术上了一个新的台阶，使我国成为继德国之后世界上第二个能够生产产氢量为200m³/h的大型压力水电解制氢装置的国家。该公司于2006年、2008年、2012年与2016年先后研制出FDQ-350/1.6型水电解制氢设备、FDQ-400/1.6水电解制氢设备、FDQ-600/1.6型加压水电解制氢设备、FDQ-1000/1.6型加压水电解制氢设备，并投入工业使用。整套系统结构紧凑、流程简单、操作方便、性能先进，各项性能达到国外同类产品的先进水平，填补了我国大型加压水电解制氢设备的空白，并出口到芬兰、俄罗斯、朝鲜、越南、印度尼西亚、孟加拉国、印度、伊朗、阿尔及利亚、丹麦、冰岛等国家，出口额已占销售总额的40%。

2000年以后，哈尔滨机联机械厂破产重组，退出气体分离设备行业。

近年来，我国水电解制氢技术得到很大发展，研制出350~1 000m³/h的加压水电解制氢设备，同时采用了无石棉隔膜。在电极的研制方面也有新的突破，提升了我国水电解制氢装置在国际市场上的竞争力。

随着氢能源的开发利用，水电解制氢技术也必将得到快速发展。如：研制高效水电解制氢技术，进一步降低能耗，对水电解制氢设备未来的广泛应用具有重要意义；研制氢气纯度≥99.999 99%的超高纯7N水电解制氢设备，用于电子加工、尖端科技领域；研制与风能、太阳能利用结合的水电解制氢设备，用于新能源的开发与利用。

9. 气体膜分离设备兴起

20世纪七八十年代，气体膜分离技术作为当时一种新兴的分离技术实现了商业化应用。当时主要的应用范围局限于合成氨驰放气氢回收以及合成气中氢气/一氧化碳气体的比例调节。与传统分离技术相比，气体膜分离技术具有节能、高效、操作简单、使用方便、不产生二次污染等优点，故该技术开始广泛应用于空气分离富氧、富氮技术，甲醇行业的氢气回收，炼厂气氢气回收，天然气领域的二氧化碳分离及脱水，有机蒸汽领域的轻烃回收或油气回收等领域。当前主要的气体膜分离设备有膜分离制氮、制氧设备，氮氢混合气体分离设备等。膜气体分离技术逐渐走向成熟，渗透膜的技术寿命已突破8年。膜分离设备具有结构简单、运行稳定可靠、启动快等特点，特别适合用于一些纯度要求不高的场合，如水泥、玻璃炉窑的节能。

我国已形成了以中国科学院大连化学物理研究所为技术主体的一批制造企业，产品每小时产氧气量从家庭用的几升到工业用的几千立方米，氮气产量为每小时几百立方米。值得一提的是，我国的进藏列车用上了膜分离制氧设备。当前也有一些企业购买国外的膜组件，组装制造膜分离设备。

氢气分离是膜分离技术最早实现工业应用的领域，主要包括合成氨、合成甲醇以及炼油厂的膜分离氢回收。1985 年，大连化学物理研究所研制的中空纤维氮气/氢气膜分离器在上海吴泾化工厂通过鉴定验收，1986 年起在合成氨驰放气氢回收领域推广应用。

1999 年，由中国科学院大连化学物理研究所天邦公司（简称大连天邦）开发的柴油加氢膜分离氢回收装置在安庆石化开车成功。这是我国国产膜分离装置首次应用于炼厂氢气回收。此后，国产膜分离装置迅速在炼厂氢气回收领域推广应用，与美国气体化工产品公司等形成有力竞争。当前，几乎每个合成氨和甲醇厂都有一套膜分离氢回收装置，装置的处理能力为 $100 \sim 10$ 万 m^3/h，产出的氢气纯度可以达到 90% ~ 98%，氢气的回收率可以达到 90% 以上。该类装置均采用中空纤维膜结构形式，该形式的气体分离膜在国内仅天邦膜技术国家工程研究中心有限责任公司能够规模化生产，在国内有 400 多套装置在运行。

2012 年，大连天邦开发的局部富氧助燃技术先后应用于多种窑炉、加热炉及供暖炉，均取得了良好的节能减排效果。2000 年，由大连天邦开发的国产移动式制氮系统，打破了国外公司的垄断。以 $900m^3/h$、35MPa 的移动制氮装置为例，市场价格由原来的 1 000 多万元降至当前的 600 万元以内。特别是天邦公司于 2007 年推出的电驱动移动制氮装置，更加适应灵活多变的市场需求，当前运行的制氮设备已有 40 多套。

2003 年，大连天邦推出的煤矿井下氮气防灭火装置，用于具有爆炸性危险气体（甲烷）和煤尘的矿井中煤层的防火和灭火，极大地提高了煤矿的生产安全性。

2006 年，膜法富氮技术应用于气调和控温相结合的现代气调储粮技术，解决了我国粮库储藏保鲜的难题，从提高加工品质和食用品质等多方面保证了粮食的最佳用途。2008 年，行业内制定了低氧防治储粮害虫工艺标准。

近年来，气体膜分离技术越来越得到人们的重视，相关从业人员不断增多，共同推动新的膜材料研制、制膜工艺及应用技术开发工作的进步。

第 3 章

气体分离设备的应用
领域和战略地位

3.1　气体分离设备的应用领域

气体分离设备广泛应用于冶金、钢铁、石油、化工、电子、医疗、环保、建材、建筑、食品和机械等国民经济的基础行业。在氦检漏、煤矿灭火、煤气化和煤液化、耐火材料、啤酒保鲜、火箭燃料、超导材料、光纤、农业、畜牧业、渔业、废水处理、纸浆漂白、垃圾焚烧、粉碎废旧轮胎、气象、文物保护、体育运动、公安破案、医疗中的冷刀、重危病人吸氧、高压氧治疗、人体器官冷藏、麻醉及氧吧、固体氮等领域，以及燃料电池、磁性材料、超细加工低温粉碎、压缩天然气汽车、氢能汽车等新兴分散市场，也有广泛的应用。

3.1.1　低温法气体分离设备

1. 空气分离设备

空气分离设备是冶金工业必不可少的重要装备，为现代高品质冶炼工艺提供了氧气、氮气和氩气等不可或缺的工艺气体。

1952 年，奥地利发明了氧气转炉顶吹炼钢法（LD 法）。该方法利用吹入的高纯氧气，使钢中的碳、磷、硫、硅等杂质氧化，不仅降低了钢的碳含量，清除了磷、硫、硅等杂质，而且氧化过程产生的反应热足以维持炼钢过程所需的温度。氧气纯度大于 99.2% 的纯氧吹炼大大缩短了冶炼时间，并且提高了钢的质量。之后，美国和日本也相继采用该法。我国首钢率先在国内自行设计的 30T 转炉中采用了氧气转炉顶吹炼钢，配套采用了当时杭氧制造的国内第一套和第二套 $3\ 350\text{m}^3/\text{h}$ 空分设备。转炉纯氧顶吹或底吹炼钢、电弧炉炼钢和平炉炼钢是吹氧炼钢的主要方式。电弧炉炼钢时吹氧可以加速炉料熔化和杂质氧化，提高生产能力，提高特种钢的质量，节约电能消耗，逐渐成为固定的氧气用户。转炉炼钢每吨钢耗氧 $50\sim60\text{m}^3$，电弧炉炼钢每吨钢耗氧 $10\sim25\text{m}^3$，平炉炼钢每吨钢耗氧 $20\sim40\text{m}^3$。高炉富氧喷煤炼铁采用富氧鼓风可以加大煤粉的喷吹量，提高利用系数，降低焦比。虽然富氧的纯度不高，氧含量仅为 $24\%\sim25\%$，但是，由于鼓风量很大，氧气消耗量也相当可观，接近炼钢用氧的 1/3。熔融还原（如一氧化碳 Corex 工艺）炼铁技术用氧量更大，每吨铁耗氧 $550\sim700\text{m}^3$。随着钢铁工业的大发展，炼钢用氧纯度要求已达到 99.6%，氧气的需求量也急剧增加，作为应用最为广泛的大规模制氧装置，空气分离设备也获得了飞跃式发展。

在有色金属冶炼方面，铜、铅、锌、镍、钴、锑、汞等有色金属的冶炼以火法冶炼为主，除靠硫和铁氧化放热外，还需要靠燃料燃烧提供热量。为了强化冶炼过程，提高熔炼速度，降低能耗，减少有害烟气排放，采用富氧代替空气进行熔炼，提高设备的生产能力。一般熔炼每吨有色金属耗氧 $300 \sim 2\,000\mathrm{m}^3$。年产 20 万 t 的有色冶炼工厂需配置约 $30\,000\mathrm{m}^3/\mathrm{h}$（$\mathrm{O}_2$）空分设备。

空气分离设备除了制取氧气产品外，还副产大量高纯氮产品。氮气是钢铁厂主要的保护气，轧钢、镀锌、镀铬、热处理、连续铸造等都要用其作保护气，而且氮气纯度要求在 99.99% 以上，有些要求达到 99.999% 以上。

氩等稀有气体是无色、无嗅、无味、高密度、低导热性的惰性气体，既不燃烧，也不助燃，化学性质稳定。空气是生产氩等稀有气体的主要原料之一，空气分离也是生产氩的重要方法。高碳钢和特殊钢等在熔化过程中，需要吹氩进行气体置换，以防止大气中的氧气、氢气、一氧化碳和氮气被熔钢吸收，并除掉溶解在钢水中的氢、氧、氮等杂质，使成分均匀、钢液净化，提高钢材的质量。吹氩还可以取消还原期，缩短冶炼时间，提高产量，降低电耗。当前，炼铁、炼钢、轧钢综合每吨钢耗氩 $3 \sim 4\mathrm{m}^3$。在不锈钢精炼时，顶部吹氧、底部吹氩可减少铬的氧化飞溅，减少铬的损失。每吨钢吹氩用量为 $10 \sim 40\mathrm{m}^3$。

在金属切割和焊接工艺中，氧气作为乙炔的助燃剂，以产生高温火焰，使金属熔化。氮气则在光亮退火、光亮淬火等热处理工艺过程中为工业炉提供保护气与安全气，以防止产品的氧化。氩气是焊接工艺中常见的保护气，被广泛用于电弧焊接及金属切割，以防止金属被空气氧化或氮化。等离子切割是利用离解能小的氮或氩 - 氢混合气体（氩 +5% 氢气、氩 +10% 氢气或氩 +30% 氢气）来切割不锈钢、高合金钢、轻金属及铜、黄铜等不能用燃烧切割的金属。

空气分离设备不仅在冶金行业有大规模应用，同时也是化工行业必备的供气设备。随着近几年大化工项目的集约化和规模化发展，大规模空分设备的需求也逐年增加，国内最大的空分设备等级已经超过 10 万 m^3/h。

在大化肥工业中，氧气用于重油的高温裂化、煤粉的气化等工序，以强化工艺过程，提高化肥产量。合成氨的原料（煤、石油、天然气）生产每吨氨的耗氧量为 $250 \sim 900\mathrm{m}^3$，其中用煤气化的生产方法，每吨氨的耗氧量最高，为 $500 \sim 900\mathrm{m}^3$。大化肥装置最主要的原料是氮气，用以生成合成氨、尿素等。

我国是煤炭依赖大国。近年来，以煤为原料，经过化学加工使煤转化为各种化工产品的行业，如煤制油、煤制天然气、煤制甲醇、煤制烯烃等崛起并迅猛发展，特别是 2000 年以后，我国成为世界上煤化工行业最热的国家。而煤化工行业对氧气的需求量非常大，如煤制甲醇，每吨甲醇耗氧量为 750 ～ 900m³。神华宁煤 400 万 t/a 煤炭间接液化项目共需 12 套 10.15 万 m³/h 空分设备，每吨油耗氧量约为 2 200m³。

在建材工业中，空分设备为各种炉窑的节能提供富氧，为浮法玻璃生产提供氮气保护。

在国防工业中，空分设备制取的液氧产品常作为火箭燃料的助燃剂。可燃物质浸泡液氧后具有强烈的爆炸性，可制作液氧炸药。在医疗部门，氧气是病人急救和辅助治疗不可缺少的物质。

氩的化学惰性被用于特种金属的冶炼。锂、铍、铀、钚、钍、钛、锆、铪、铌、钽等原子核及空间工业方面所需的稀有金属进行还原反应时，要用氩气作环境气体。在电光源工业中，氩、氖、氦、氪、氙等气体都是不可缺少的重要原料。以上气体都可以通过空分设备制取。

此外，空分设备的产品还广泛应用于电子工业中，高纯度的氧、氮、氩等气体是半导体、电子器件、集成电路生产工艺中必不可少的原料气，其纯度直接影响产品质量和成品率，因此被普遍采用。

2. 乙烯冷箱

乙烯是合成纤维、合成橡胶、合成塑料等行业的基础原料，其产品占石化产品的 75% 以上，其生产能力是国际上衡量一个国家化工能力的重要标志。

乙烯装置通过裂解得到富含乙烯的裂解气，其原料路线多样，可分为乙烷裂解、LPG 裂解、石脑油裂解和煤制烯烃。根据裂解原料的不同，采用不同的裂解方法得到裂解气，然后对裂解气逐步进行净化、分离、精馏，得到相应的合格产品。

在所有的乙烯装置工艺流程中，必须采用低温分离法才能达到分离目的，而低温分离的关键设备之一便是乙烯冷箱。"九五"之前，我国的乙烯成套装置几乎全部是从国外引进的，"九五""十五""十一五"期间，乙烯冷箱均被列入我国重大科技攻关计划或科技支撑计划，是石化装备的重中之重。1992 年，杭氧突破技术难关，为扬子石化设计制造了规模为 3 000mm×400mm×556mm、设计压力为 4.3MPa 的大型乙烯冷箱备件。1999 年，在燕山石化总公司的支持下，杭氧承担了 66 万 t/a 乙烯冷箱国产化的任务。该冷箱是当时国内规模最大的乙烯冷箱。2000 年以来，杭氧乙烯冷箱的研制等级已从 40 万 t/a 提升至超过

100 万 t/a。其中，为浙江石化提供的 140 万 t/a 乙烯冷箱是当前国内最大等级的乙烯冷箱，其性能指标和技术水平都达到了同类产品的国际先进水平。杭氧在国内乙烯冷箱市场的占有率已超过 98%。

3. 液氮洗冷箱

当前，合成氨由大型合成氨装置生产，均应用了液氮洗涤工艺。该工艺于 20 世纪 60 年代由德国林德公司开发，并使之与低温甲醇洗工艺有机结合。2002 年以前，我国合成氨装置配套用液氮洗设备技术一直被林德、鲁奇等国外公司垄断。2007 年，法液空收购鲁奇，成功跻身世界液氮洗设备研发和制造行业。

"十五"期间，液氮洗设备被列入"十五"国家重大技术装备攻关研制项目"大型化肥成套设备研制"19 个专题之一。该专题以华鲁恒升 30 万 t/a 合成氨项目为依托工程，由华鲁恒升、杭氧和中国寰球工程公司合作攻关、共同研制。

随着国内合成氨工业的蓬勃发展，市场对液氮洗设备的需求大幅增加。近年来，以煤为原料的合成氨工艺应用最为广泛，该工艺的原料气是通过煤气化工艺来制取的。典型的大型煤气化工艺主要包括固定床碎煤加压气化工艺、水煤浆加压气化工艺以及干粉煤加压气化工艺。采用不同工艺制备的合成氨原料气的组分、压力均有所不同，用于净化原料气的液氮洗技术原理相同，但具体工艺和设备组成各有不同。因此，适合各种类型的合成氨原料气制备工艺的液氮洗设备也相继被开发出来。

当前，杭氧具有 18 万～ 60 万 t/a 合成氨项目液氮洗设备成套工艺包设计能力和全套核心设备（包括分子筛吸附系统中的吸附器、管壳式换热器、液氮洗冷箱中的高压板翅式换热器和氮洗塔等）的设计、制造能力。中国寰球工程公司、杭氧、上海国际化建工程咨询公司、大连理工大学等都相继开发了各自的液氮洗工艺包。当前，杭氧研制的国产液氮洗设备已成功应用在 60 万 t/a 的合成氨项目中。国产液氮洗设备以其与国外相当的技术性能以及价格优势，逐渐在国内市场占据主导地位，为我国现代合成氨产业的发展做出了积极贡献。

4. 烷烃脱氢设备冷箱分离系统

丙烯和异丁烯是重要的有机化工原料，下游产品为塑料、合成橡胶和合成纤维三大合成材料。我国对丙烯和异丁烯的需求量巨大，其中一条技术线是通过相应烷烃脱氢而获得异丁烯或丙烯。该工艺由于工艺链短、建设期短，得到迅速发展，以填补催化裂化装置和蒸汽裂解装置两类装置副产丙烯和异丁烯的市场需求缺口。

冷箱分离系统是烷烃脱氢制烯烃装置中最重要的关键系统（单元）之一，技术含量高。当前具有制造烷烃脱氢设备冷箱分离系统能力的有杭氧、德国林德和美国查特3家企业。

"十二五"以来，我国有近30套大型烷烃脱氢制烯烃设备布局在沿海、沿江一带，快速解决了我国丙烯、异丁烯不足的问题。国内单套最大烷烃脱氢设备的产能为75万t/a。所有UOP公司的Oleflex工艺的脱氢设备配套的冷箱分离系统中，除福建美德石化有限公司为德国林德公司的产品外，其他均为杭氧成套提供。

5. 氢气/一氧化碳深冷分离设备

合成气以一氧化碳和氢气为主要组分，可用作化工原料的原料气。合成气的原料范围很广，可由煤或焦炭等固体燃料气化产生，也可由天然气和石脑油等轻质烃类制取，还可由重油经部分氧化法生产。氢气/一氧化碳分离设备是化工装置合成气中一氧化碳和氢气分离提纯的关键设备。氢气/一氧化碳分离方法有膜分离法、吸附法和深冷分离法。膜分离法存在设备费用高、处理量小、分离膜使用寿命短及运行成本高等缺点。吸附法存在处理规模小、占地面积大、能耗高、投资高、使用年限短、吸附剂使用寿命短、产品纯度低及经济性差等缺点，仅适用于对一氧化碳产品纯度要求不高的10万t/a以下规模的煤制乙二醇项目。

随着煤化工装置的规模不断扩大，膜分离法和变压吸附法的不足逐渐凸显出来。对于大规模的氢气/一氧化碳分离提纯装置而言，采用深冷分离法的经济性及适用性就更加突出。因此，一氧化碳深冷分离法是煤制乙二醇的关键技术，具有非常大的应用市场。

当前，我国企业已掌握了氢气/一氧化碳深冷分离设备工艺技术及制造技术，且技术已成熟，可与国外企业同台竞争。杭氧与大唐集团签订的一氧化碳深冷分离项目，处理气量达41万 m^3/h。该项目是国内一氧化碳深冷分离装置中规模等级较大的项目之一。

6. 化工尾气低温分离回收设备

石油化工生产装置排放的尾气含有较多的氢气、氨气、二氧化碳和烃类气体等，可以通过低温分离设备处理，既能更大程度地发挥其工业价值，又能取得良好的环境效益。

焦炉煤气低温分离设备能够回收尾气中的甲烷，制取液化天然气。液化后的氮氢尾气用于制液氨，充分利用了焦炉煤气中每种组分。该工艺已经成为焦炉煤气制液化天然气的一种新模式。

合成氨尾气是合成氨驰放气及储罐气的总称，是一种典型的工业含氢尾气，氢气含量达 60% ~ 65%。合成氨尾气回收设备采用低温精馏法生产天然气和富氢气，并且可以进一步分离提纯出氩产品。国内外从 20 世纪 60 年代起，先后建立了几十座用深冷分离法回收合成氨尾气的装置。

聚乙烯装置生产过程中产生的排放气还留有约 20% 的 C2 及 C2+ 以上组分的气体。采用无动力深冷分离设备回收尾气，尾气中的烃类组分被很好地回收，1-丁烯、异戊烷等高沸点组分几乎被回收殆尽，乙烯的回收率也高达 90% 以上，消除了尾气长期排放至火炬系统燃烧的现象，实现了清洁生产的目标。

轻烃回收技术以低温分离法为主，并以节能降耗、提高轻烃收率为目的，在膨胀制冷法流程和冷剂制冷法流程的基础上加以改进而发展起来许多新工艺。

二氧化碳主要用于化工、机械、食品、农业、医药和烟草等行业。食品添加剂二氧化碳作为一种直接食用的工业产品，除了对二氧化碳有最低浓度要求之外，必须对有害物质最高浓度加以限制。经济、高效的二氧化碳脱硫脱烃设备是食品级二氧化碳生产工艺的关键设备。利用催化氧化反应脱烃，同时采用新型的复合型提纯塔，无需外供热源，可实现无外加动力自动回流，降低能耗。

煤化工低温甲醇洗工段的含硫酸性气基本上都用来生产硫黄和硫酸，导致硫酸和硫黄产品供大于求，而硫回收装置的附加值降低。硫化氢低温精馏回收装置不仅可以降低尾气中的含硫量，而且生产的高纯硫化氢气体的产品纯度可达 99% 以上，总烃含量控制在 $300×10^{-6}$ 以内，为生产蛋氨酸、β-巯基乙醇、硫脲、二甲基二硫和硫化物等提供了原料，提高了产品的附加值。

甲醇制烯烃（MTO）技术以煤或天然气合成的甲醇为原料生产低碳烯烃，是发展非石油资源生产乙烯、丙烯等产品的核心技术。MTO 工业化技术研发成功，实现了以甲醇为原料生产乙烯、丙烯等烯烃和醇、醚、醛、酸等含氧化合物，再进一步加工成各种石油化工产品，从而使烯烃价格摆脱了石油价格的影响。因此，对我国来说，用 MTO 技术生产乙烯和丙烯比以石油为原料的路线更具有市场竞争力。这对于减少我国石油进口、开辟我国烯烃产业新途径、促进石油化工产品的发展，具有十分重要的战略意义，同时也标志着我国甲醇加工能力将由万吨级装置一举跨越到百万吨级大型装置。

2010 年 9 月，具有自主知识产权的甲醇制烯烃技术 DMTO 成功应用于世界上首套煤制烯烃工业项目。国家示范工程神华包头 180 万 t/a 甲醇制取 60 万 t/a 烯烃装置是世界上第一套以煤为原料、经由甲醇制取烯烃的装置。在所有的 MTO 设备中，实现低温分离的核心设备之一 MTO 冷箱是关键设备，通过满足工艺需求的板翅式换热器来实现复杂的热交换，实现设备中各单元的流体达到目标温度，有效循环利用冷量和热量，以实现整个设备的节能。

3.1.2　吸附法气体分离设备

吸附分离设备是利用吸附剂对不同吸附质的吸附能力不同，实现不同组分相互分离的纯化装置。对气体分离而言，根据再生方法不同，可分为变压吸附设备和变温吸附设备。变压吸附气体分离装置一般按照产品气和处理对象的不同，分为制氢、脱碳、制/脱二氧化碳、制/脱一氧化碳、制氧、制氮等分离设备，在各个领域得到广泛应用。变温吸附设备再生彻底、产品回收率高，但存在循环周期长、投资较大、能耗高等特点。

1. 从富含氢气的混合气中回收氢气

随着石油炼制工业及以三大合成材料为中心的石油化学工业的飞速发展，氢气的消耗量也在迅速增加，加之电子、冶金、现代大型煤化工等领域也需要大量氢气，因此，扩大氢气生产资源、开发新的制氢工艺以及改进现有制氢工艺受到人们的普遍关注。除了化石燃料转化制氢外，扩大氢气来源的一条重要途径就是从许多工业副产的含氢废气中回收氢气。变压吸附技术是从工业废气中回收氢气的重要方法之一。

变压吸附设备通过多床变压吸附流程及改变吸附塔内吸附剂的种类和配比，可适用于几乎所有的富氢气源，如轻烃转化气、氨厂变换气、精炼气及焦炉煤气等，回收的氢气纯度达到 95% ～ 99.999%。

随着油品质量升级，炼厂氢气消耗量也在迅速增加。炼厂氢气主要来自烃类水蒸气转化制氢，以及从生产过程副产气中回收，如催化加氢尾气、重整副产气、催化裂化干气、焦化裂化干气及裂解副产氢气等。

烃类转化制氢包括脱硫、转化、变换、变压吸附等过程，最终获得纯度为99.9% 及以上的氢气。采用变压吸附设备对粗氢气进行吸附分离纯化是较为简便易行的手段。变压吸附工艺比传统工艺成本更低，得到的产品氢气纯度高，用于加氢过程能减少排空量，降低后续加氢工艺的能耗。当前，变压吸附设备在炼厂烃类转化供氢系统中占据重要地位。

重整尾气中氢气含量只有 85% ～ 93%，用于加氢过程导致尾气排空量大、重整过程能耗高。由于吸附剂的改进，省去了变温吸附预处理，采用变压吸附设备一步即可获得纯度为 99% 以上的氢气。

催化干气中除含有氢气及烃类组分外，还含有 0.5% ～ 1.2% 的氧气，也可用变压吸附设备提纯其中的氢气。

煤、天然气、轻烃等化石燃料经过反应、转化、变换等工艺步骤制备含氢混合气。混合气经除酸后，进入变压吸附设备进一步纯化，得到高纯氢气。一些情况下，也可以从变换气经变压吸附设备获得纯氢气。

2. 从富含二氧化碳的气源中回收二氧化碳

在煤炭、石油和碳酸盐的加工及燃烧过程中，会产生富含二氧化碳的气体。这些气体中二氧化碳含量低的约 20%，高的则达到 99%。这些富含二氧化碳的气体大多数直接排入大气，既破坏了生态环境，又浪费了二氧化碳资源。随着现代经济的不断发展，二氧化碳的应用领域从过去的化工合成、焊接保护、食品添加剂、消防行业逐渐扩大到了医药、烟草、农业、环境保护等诸多行业，其用量也在不断增加。变压吸附技术已经成为一种经济高效的分离并回收二氧化碳的方法，变压吸附设备也成为回收二氧化碳的重要装置之一。可利用的典型气源有油田伴生气、石灰窑气、合成氨变换气、甲醇裂解气、氨厂脱碳尾气及烟道气等。这些气源中，除水、硫化物、氮氧化物等组分外，二氧化碳也是一种强吸附质，在吸附过程中，它被吸附存留在吸附床内，因此，变压吸附法回收二氧化碳与制氢工艺不同，是从吸附相获得产品。为了制取纯净的二氧化碳产品，必须首先除去硫化物、水分等。与制氢工艺相比，变压吸附提纯二氧化碳工艺中增加了置换步骤，目的是让少量产品二氧化碳返回吸附床中，将残留在床内的氢气、氮气、一氧化碳等杂质置换出来，提高床层内二氧化碳的浓度。

二氧化碳变压吸附设备分离回收二氧化碳适宜的压力为 0.5 ～ 3.0MPa，产品二氧化碳纯度为 99.5% ～ 99.999%。原料气中有害杂质预先净化后，最终产品可作为食品添加剂。

3. 从变换气中脱除二氧化碳

变换气脱碳是合成氨原料气净化的一个重要工序。按照传统的合成氨工艺，我国多数氮肥企业采用碳化工艺，即合成氨几乎全部返回碳化工序，用于脱除变换气中的二氧化碳，同时得到产品碳酸氢铵。变压吸附技术用于合成氨变换气脱碳，是脱碳工艺的一次拓展。由于变压吸附设备采用干法脱碳，克服了湿法脱碳中操作复杂、费用高、设备腐蚀严重等缺点，同时使液氨产量大大提高，在碳酸氢铵滞销时可为工厂带来较高的经济效益。因此，自 1993 年以来，该工艺在全国得到广泛的应用。

根据合成氨厂的不同需要，变压吸附脱碳又分为三种工艺：一种是以增产液氨为目的，即脱碳后的净化气中二氧化碳含量小于 0.2%，直接进精炼工序。该工艺在脱除二氧化碳的同时，大部分甲烷、一氧化碳、硫化物等杂质也能脱除。另一种是用于与联醇生产配套的，考虑到甲醇合成催化剂寿命、合成氨铜洗工段的负荷以及一氧化碳的收率问题，一般将脱碳后的净化气二氧化碳含量控制在 1% ~ 5% 的水平，使一氧化碳的收率在 90% 以上，同时将变换气中的硫化物、砷、氯、氨等有害杂质一并脱除。第三种是与尿素生产配套的，即在脱除变换气中二氧化碳获得氢、氮气的同时，得到纯度大于 98% 的产品二氧化碳气体，用于合成尿素。该工艺已逐渐成为合成氨厂碳酸氢铵改产尿素的一种经济、有效的方法。

4. 从富含一氧化碳的混合气中回收和提纯一氧化碳

一氧化碳是碳一化学重要的基础原料气，广泛用于甲酸、醋酸、草酸、光气、二甲基甲酰胺、二异氰酸酯等重要化工产品的合成。一氧化碳也是一种高热值的气体，可用作工业燃料。随着现代工业的发展，一氧化碳的工业需求量逐年增大，从而对一氧化碳的生产技术提出了更高的要求。一氧化碳的制备方法是从各种含一氧化碳的混合气中分离提取。

1993 年，我国的变压吸附分离一氧化碳技术已经完全实现了工业化，所用吸附剂为 5A 分子筛，为工业用高浓度一氧化碳的生产开辟了一条新的途径。当前，甲酸生产装置、甲苯二异氰酸酯（TDI）生产装置、二甲基甲酰胺（DMF）生产装置、乙二醇生产装置等羰基合成装置多数采用变压吸附设备提纯一氧化碳，主要采用分子筛、活性炭为载体的载铜吸附剂。分子筛载铜吸附剂一般在 80℃ 左右的温度下操作，活性炭载铜吸附剂则在常温下操作。

能用于变压吸附法分离回收一氧化碳的气源还有很多，如煤制合成气、天然气制合成气、轻油制合成气、铜洗再生气、羰基合成尾气，以及钢铁、有色金属、黄磷、电石、碳化硅、铁合金等领域的副产一氧化碳气体。回收工业副产气中的一氧化碳，对于资源合理利用和环境保护都有十分重要的意义。

5. 从天然气中脱除 C2 以上组分

天然气的主要成分是甲烷，但通常含有少量的氮气、二氧化碳和 0.5% ~ 3% 的甲烷同系物，如乙烷、丙烷、丁烷等，一般称 C2+ 烃类。这些烃类，经化学反应后将生成许多副产物。因此，在以天然气为原料生产氯代产品、硫氧化碳及氰化钠等的生产过程中，必须将天然气中的 C2+ 组分进行脱除。将变压吸附设备用于天然气净化，具有能耗低、净化度高的特点，甲烷收率一般为 50% ~ 70%。因此，在确定方案时还应考虑解吸气的综合利用问题。

6. 从煤矿瓦斯气中浓缩甲烷

瓦斯气的甲烷含量变化幅度很大，典型的是甲烷含量约 30%。瓦斯气是一种易燃易爆的混合气体，在回收过程中必须保证安全。采用变压吸附设备回收利用其中的甲烷，可变废为宝，提高煤矿的综合效益，减少环境污染。1993 年，该技术实现了工业化，可将瓦斯气中甲烷的浓度从 20% ～ 40% 浓缩到 80% ～ 90%，甲烷回收率在 90% 以上。采用变压吸附技术从煤矿瓦斯气中浓缩甲烷工艺与前述的变压吸附回收二氧化碳技术类似。

7. 利用变压吸附技术制富氧

许多场合（如化工造气、金属冶炼、富氧燃烧、环境保护、军事及医疗供氧等）需要的氧气纯度并不是很高，且对氧气的需求量也不大，因此，人们企图寻找一种比深冷法简便的获得富氧的方法。5A 型分子筛会优先吸附空气中的氮，这就使变压吸附法空分制富氧成为可能。

变压吸附制氧设备技术已全部实现国产化，其中大型变压吸附制氧设备主要应用于冶金工业的富氧燃烧、冶炼。大型联合钢铁企业和有色冶炼企业都配置了大型的深冷空分制氧、制氮装置，而对于一些中小企业，在深冷空分设备量不足或能耗很高的老设备更换、改造以及新工艺技术应用时，都可以考虑工艺流程简单、运行能耗低、操作简单、弹性大、运行费用低的变压吸附制氧工艺，既可降低原材料消耗和电耗，提高冶炼效率，还可减少烟气和氮氧化物的排放量，达到国家规定的大气污染物排放标准。

变压吸附医疗保健微型制氧机是变压吸附制氧技术的很好应用。随着人们生活水平的提高，人们对氧疗和保健的需求增长，经过几十年的技术研发和市场培育，医疗保健用小型制氧方法得到快速发展。微型变压吸附制氧机以空气为原料，不需要更换气瓶，不用购买制氧剂，体积小，通电 3 ～ 5min 即可输出体积分数为 90% 的氧气，噪声低于 46dB，满足家庭用氧的需求，使用非常方便。微型变压吸附制氧机巨大的市场潜力逐渐显现出来，产氧能力 ≤ 16L/min 的微型制氧机的配套能力迅速发展起来。通过加强行业协作、开发培育市场、强化技术创新、完善服务功能和体系，微型变压吸附制氧机也将发展壮大，当前在医疗保健、家庭氧疗、高原补氧、科研氧源及养殖业用氧等方面已有应用。

8. 利用变压吸附技术制氮气

氮气是一种惰性气体，在工农业中主要用作保护气氛。最早的氮气都是采用空分深冷装置生产的。近年来，由于碳分子筛制备和变压吸附技术的发展，中小型制氮装置因投资低、操作费用低而具有了广阔的发展前景。利用变压吸附设备制氮有两种不同的分离工艺，分别采用沸石分子筛 ZMS 和碳分子筛 CSM 作为吸附剂。采用碳分子筛的制氮工艺，产品氮气纯度可达到 99.9% 以上，加上后续精制系统，可获得 99.999% 以上的高纯度氮气。

9. 从富含乙烯的混合气中回收乙烯

乙烯作为最基本的石油化工原料，主要来源于轻油裂化，我国在 20 世纪 90 年代后期开始以油田气为原料生产乙烯，生产过程中要消耗大量的轻油或油田气。由于我国乙烯产量低，生产的乙烯远远不能满足需要，回收利用乙烯混合气中的乙烯就非常重要。

炼油行业将催化干气或焦化干气中的乙烯、乙烷、丙烷等作为乙烯装置的一种优质原料，回收轻烃可以提升炼厂资源的综合利用水平，降低乙烯的生产能耗。对于含有乙烯工段的炼厂，先采用一套变压吸附装置脱除氢气、氧气、氮气、甲烷、一氧化碳和二氧化碳后，浓缩的 C2+ 气体经低温精馏后可获得乙烯、丙烯等高附加值产品，再串联一套变压吸附装置，获得高纯度氢气。

变压吸附装置主要用于 C2+ 等轻烃组分与氢气、氧气、氮气、甲烷、一氧化碳、二氧化碳的初步分离，浓缩后的 C2 等轻烃组分经过精脱硫、湿法精脱碳、催化脱氧及深度干燥后，再进入预分馏等工序。根据实际工况要求，对于变压吸附分离、净化、预分馏、精馏等工序可进行选择性组合，使回收的轻烃能顺利进入乙烯装置。

聚乙烯聚合和储运过程中会产生大量尾气，其中含乙烯约 10.5%。以 30 万 t/a 聚乙烯装置为例，每年排放乙烯等轻烃约 1 100t，氮气约 4 500t。通过变压吸附技术可对聚合装置尾气进行回收利用，回收纯度达 99.5% 的氮气可以返回脱气仓循环使用，乙烯等轻烃回收率接近 100%，实现近零排放。

10. 变压吸附提氦

在我国，贫氦天然气采用变压吸附法提氦经济性很好。对于低温过程，商业生产的低浓度阈值大约是 0.3%，而通过变压吸附法可把含氦 0.05% 的天然气中的氦气提取出来。印度的 Kuthalam 集气站就是采用吸附法提氦的很好案例。根据使用要求，可将 99% 的氦气进一步纯化。当前，变压吸附法在 3 家美国的氦工厂使用，氦浓度为 1% ~ 5%。我国氦气资源紧缺，每年从国外进口大量氦气，用于医疗、科学研究等领域。采用变压吸附法从天然气中提取氦，虽然投资成本略高于低温工厂，但经营成本将大大降低。

11. 氯乙烯尾气回收

氯乙烯尾气的特点是原料气压力低，原料组分除氯乙烯外，还有氮气、氢气和乙炔等。氯乙烯被吸附的能力比氮气、氢气和乙炔大得多，使用的特殊吸附剂在真空状态下容易解吸。利用此性质，在较高的压力下，含氯乙烯尾气的气体通过装有特殊吸附剂的床层，可以将氯乙烯和乙炔几乎完全吸附回收，再通过抽真空的过程获得氯乙烯，使吸附剂获得再生。采用变压吸附技术可使尾气中氯乙烯、乙炔的回收率均大于99.99%，排放尾气达到国家排放标准。排放气中的氢气还可通过变压吸附技术回收，解决了多年来一直困扰电石乙炔法制PVC的环保难题，也取得了良好的经济效益和环保效益。

12. 有机硅尾气回收

我国在很多地区都面临有机硅合成尾气回收的问题，其中的氯甲烷等可利用变压吸附技术回收。该技术不需要使用溶剂，生产成本低，不会造成二次污染。通过变压吸附技术，氯甲烷回收率可达到90%以上。有机硅分馏尾气中的甲基氯硅烷等有机硅单体，可用吸附分离技术回收利用，既可解决当前有机硅尾气处理的成本和环境污染问题，又能使尾气资源化利用创造经济效益，具有重要的研究意义和广阔的应用前景。

13. 多晶硅尾气回收

以三氯化硅或硅烷为原料的多晶硅尾气中含有未反应的原料和反应副产物，特别是以三氯化硅为原料的多晶硅尾气中含有大量氢气、三氯化硅和反应副产物硅烷、氯化氢、二氯化硅，将其回收利用是降低多晶硅生产成本的主要措施之一，且对进一步降低光伏组件成本、推动光伏发电平价上网和光伏产业的健康发展具有重要意义。

三氯化硅尾气气体组分相对稳定，一旦外漏却极易污染环境。同时，三氯化硅和空气中的微量水反应后水解成氧化硅和盐酸，会加速阀门的损坏，影响现场装置和人员的安全。当前开发的三氯化硅尾气回收装置采用吸附法，能有效分离附加值高的氢气，并利用氯硅烷低沸点的特性回收氯硅烷。通过工艺优化配置，还可回收其中的氯化氢。

14. 硝酸工业尾气处理

硝酸工业排放的主要大气污染物为氮氧化物NO_x，国家对于硝酸工业的氮氧化物排放有明确的要求。根据尾气中的NO_x在专用吸附剂上的吸附能力与其他组分的差异，可实现 NO_x 的分离。在常温下，尾气中 NO_x 浓度为 0.04% ~ 0.8%，NO_x 被吸附剂吸附，净化气中 NO_x 浓度可控制在 200×10^{-6} 以下排空，解吸气中 NO_x 被浓缩并返回系统增产硝酸。

吸附法处理硝酸尾气有以下特点：被吸附的 NO_x 返回吸收塔能提高硝酸生产率 2% ~ 5%；不需要预处理还原剂的设备和副产品加工设备；工艺较为简单，操作方便，整个装置的运行可自动控制；专用吸附剂具有抗酸能力，吸附过程是物理过程，操作费用低，可以直接利用硝酸尾气的压力，不需要布设加压设备。该技术已在硝酸厂推广使用，使硝酸产量提高，NO_x 排放达标。

15. 丙烷脱氢尾气回收

丙烷脱氢（PDH）装置副产氢含量达 93% 的氢气，一部分氢气作为再生剂返回利用，富余部分可送到变压吸附氢气净化系统提纯氢气。丙烷脱氢尾气在 2.6MPa、20 ~ 40℃ 的状况下进入变压吸附氢气提纯装置，得到纯度大于 99.99% 的产品氢气。该过程中氢气压力损失小，消耗少量仪表空气和电量，生产费用和碳排放量都很低。由于丙烷脱氢过程副产的氢气含量高，有害杂质的含量低。国内已经建成的几套 PDH 尾气变压吸附提氢装置投入运行，技术成熟可靠。

16. 氯碱尾气回收

近几年，我国烧碱装置年产量基本稳定在 3 000 万~ 3 500 万 t，副产氢气为 75 万~ 87.5 万 t。氯碱尾气成熟的利用途径有燃气燃烧、双氧水生产、甲醇合成等，但其氢气净化要求较低，一般仅包含碱洗脱除氯、初脱氧、粗脱水等步骤，再进一步利用变压吸附技术脱除水、氮气等组分后，可生产高纯度氢气。利用该技术已建成氢气纯度为 99.999% 的工业化装置。

17. 冶炼副产一氧化碳气

在我国，黄磷的生产已有 60 多年的历史，当前绝大多数厂家都使用电炉法生产黄磷，黄磷尾气污染日趋严重。

黄磷尾气成分复杂，回收利用难度大且投资多，因此，大部分企业往往直接将尾气燃烧放空。这一方面造成了能源、资源浪费，另一方面污染了环境，不符合国家节能环保、发展循环经济的要求。自 2009 年实施黄磷行业准入条件以来，国家明确规定黄磷尾气不能直接燃烧，必须实行资源化合理利用，新建装置的尾气综合利用率要达到 90% 以上。因此，黄磷尾气的回收与利用被提到了前所未有的高度。

黄磷尾气除富含一氧化碳外，还含有硫、磷、砷、氟、碳等多种杂质。通过变压吸附技术，可在净化脱除微量硫化物、磷化物、砷化物、氟化物等杂质的同时提纯一氧化碳，一氧化碳浓度可达 99% 以上。采用吸附法处理黄磷尾气，净化效果较好，再生容易，各种杂质脱除率高，净化程度高。其流程简单、操作方便、投资小，在黄磷尾气的净化领域有非常好的应用前景，已投入工业应用。

18. 挥发性有机物 VOCs 回收净化

挥发性有机物 VOCs 具有种类多、成分复杂、对人体危害大、处理难度大等特点，而吸附分离技术具有效率高、设备简单、操作方便、能有效去除低浓度有害 VOCs 等优点，已得到广泛应用。

变压吸附技术在 VOCs 治理领域主要使用颗粒活性炭、沸石分子筛、活性炭纤维等吸附材料。根据不同的 VOCs 组成，使用的吸附剂在选择性和吸附量两方面应有较好的性能。在一定的温度和压力下，这些吸附剂可以吸附有机废气中的有机成分。通过一定的工序使吸附剂再生，进而可让吸附剂再次投入使用。重复上述步骤工序，完成有机废气的净化过程。

近年来，该 VOCs 废气处理技术开始在工业生产中应用，其主要优势有近等温条件下操作、能源消耗少、成本比较低、工序操作自动化，分离净化后混合物纯度比较高、对环境污染小。该技术对于回收和处理有一定价值的气体效果良好，市场发展前景广阔。将该技术与其他处理技术有机结合将成为未来有机废气处理技术的发展方向。

3.1.3 膜法气体分离设备

膜法气体分离设备是利用混合气体中各组分透过分离膜时的渗透速率不同，从而实现混合气体分离纯化的装置，其核心组件是分离膜。根据分离膜的形态，可分为平板膜、中空纤维膜和螺旋卷式膜等。膜法气体分离设备在尾气回收氢、空气制氧/制氮、干燥除水等领域具有广泛的应用。

1. 膜法富氮技术

膜法富氮技术需要将洁净的空气送入膜分离器，从空气中将氮气与氧气同其他气体分离，具有操作简单、无运动部件、可连续稳定工作等优点。采用膜法富氮技术可以产出浓度为 95% ~ 99.99% 的氮气，这是最经济的适用范围，可用在不需要太高浓度氮气的场合。膜法富氮技术的应用情况见表 3-1。

表 3-1 膜法富氮技术的应用情况

应用领域	用途
石油天然气	石油、天然气钻井施工；天然气、煤层气开采；油罐和油槽密封；海上平台应用；石油库储存；油井保护
运输	易燃、易爆危险品运输时的保护气
化工、轻工	置换、吹扫、密封时的惰性保护；塑料、橡胶防氧化；玻璃保护气；干燥；化学品库房、危险品保护
冶金	粉末冶金、连铸、连轧、钢材退火保护气等
电子制造、通信	电子元件防潮、电子元件抗氧化、干燥除湿、电子器件生产过程中的保护气
热处理	退火、渗碳、淬火、碳氮共渗、焊接等保护气
农业、饮食	果品存储、蔬菜保鲜、粮食防虫害
煤炭、仓储	灭火、防爆；气态输送及包装过程中的保护气
医药	覆盖、氮封、气态输送及包装过程中的保护气
文物保护	文物库房防火、文物防氧化腐蚀
密闭空间	配电房、档案资料库、电缆夹层保护气

2. 膜法富氧技术

膜法富氧技术的工作流程与膜法富氮技术类似，不过一般采取在进气高压侧使用鼓风机、在渗透气低压侧抽真空的运行方式。膜法富氧技术的应用范围同样非常广泛，可以用于玻璃窑、水泥窑、陶瓷窑、工业锅炉、加热炉、冶炼炉等的富氧助燃，水处理的氧化反应、生物发酵，富氧医疗及富氧保健空调等。随着国家对环保要求的不断提高，治理雾霾的需求越来越大，膜法富氧技术的应用会越来越广阔。

3. 空气干燥膜分离技术

在很多工业应用中需要使用干燥空气，采用膜法可以安静、无振动并连续稳态地产出干燥空气，同时，设备占地面积小，无需冷冻剂和吸附剂。采用高选择性的水蒸气渗透膜时，可以产出露点低于 -40℃ 的干燥空气。当前商业化应用的膜材料主要是玻璃态的聚砜、聚酰亚胺等。市场上主要的空气干燥膜分离设备分离出的干燥空气的最大产量可以达到 $2.3m^3/h$，露点可以达到 -40℃，压力为 $0.275 \sim 2.05MPa$。产出的干燥空气可以应用于低露点仪表、电子橱柜和环境室、空气轴承、机床配件、喷漆、医疗、干粉涂料、空气逻辑电路、臭氧发生器及特种化工制造业等领域。

4. 膜法回收合成氨厂的氢

在我国，几乎每个合成氨厂都有一套膜分离氢回收装置，装置的处理能力为 $100 \sim 5$ 万 m^3/h，产出的氢气纯度可以达到 90% ~ 98%，氢气的回收率可以达到 90% 以上。

适用于氢回收的主要膜材料为玻璃态的高分子聚合物如聚砜、聚酰亚胺，其耐受的压力差分别可以达到 11MPa 和 10MPa。聚砜耐受氨的能力较好，所以合成氨厂的膜分离氢回收装置大多选用聚砜材料的膜产品。当前我国应用于合成氨厂的膜分离氢回收装置主要使用天邦膜，在国内有 400 多套装置在运行。

5. 膜法回收甲醇合成厂的氢

甲醇合成厂的膜分离氢回收装置与合成氨厂的类似，其流程也基本相同，但由于其进气中不含有氨，聚酰亚胺材料的膜产品得到了更多应用。当前甲醇合成厂的膜分离氢回收装置最大处理能力可以达到 10 万 m^3/h。

6. 膜法回收炼油厂的氢

石油炼制行业的用氢量仅次于合成氨和合成甲醇工业。在石油的炼制过程中产生了大量的含氢尾气，主要有石脑油重整尾气、加氢裂化干气、甲苯加氢脱烷基化尾气、乙烯脱甲烷尾气、催化与焦化混合气等。膜分离法作为一种有效和经济的分离方法，主要优点如下：在压力下操作，以膜两侧的分压差作为膜分离的推动力；无运动部件，维修费用低；操作弹性大，适应性强；操作和安装都比较容易；质量轻，体积小，占地面积少；不污染环境。

炼油厂的膜分离氢回收装置操作压力为 $1.1 \sim 20.1MPa$，最大处理气量为 30 万 m^3/h，产出的氢气纯度为 90% ~ 99.5%，氢气的回收率为 80% ~ 98%。

7. 膜法脱除天然气中的酸性气体

天然气中含有二氧化碳、硫化氢和二氧化硫等酸性气体，其中二氧化碳的含量最高。二氧化碳的存在降低了天然气的热值，同时二氧化碳与水形成的碳酸会对长距离输送天然气的管道造成腐蚀，因此，必须脱除天然气中的二氧化碳。当前，最常用的酸性气体脱除方法是胺吸收法。该方法操作复杂，不适用于偏远地区或者海上平台，且甲烷的损耗较高。

膜法脱除天然气中酸性气体的装置最大处理能力可以达到 83 万 m^3/h。当前膜材料的酸性气体渗透系数与甲烷相比不够高，因此采用二级膜回收法来降低甲烷的损耗。对于通过膜法处理后的天然气，二氧化碳含量一般可低于 2%，甲烷的回收率为 95%，硫化氢的含量为 $4 \times 10^{-6} \sim 100 \times 10^{-6}$。

采用膜分离法脱除天然气中的酸性气体操作简单，设备占地面积小、质量轻，非常适用于偏远地区的天然气处理及海上天然气平台。将膜分离法与胺吸收法相结合，比单纯用膜法或胺吸收法更经济，适用于大型天然气厂。

8. 膜法在天然气领域的其他应用

天然气及类似气体领域还有很多场合可以用到气体膜分离法，如天然气脱除轻烃、煤层气脱除二氧化碳、生物沼气脱除二氧化碳、油田分离回收二氧化碳进行三次采油以及从天然气中提氦等。此外，气液膜接触器法分离二氧化碳和甲烷是比较新型的天然气脱除酸性气体的方法，不过当前还没有大规模的商业化应用。

9. 膜法在其他领域的应用

有机蒸汽膜分离技术由于其材料的自身特性，除了前述的应用领域外，还可应用于有价值的有机单体回收，如聚丙烯过程的丙烯单体回收、聚乙烯过程的异戊烷和1-丁烯的回收、乙二醇过程的乙烯回收、PVC生产过程中VCM单体回收以及有机硅行业的氯甲烷回收等。此外，有机蒸汽膜分离技术还可以应用于加油站、油库的油气回收等方面。

3.1.4 液化设备

液化设备有利于被液化气体的远距离运输，有利于边远地区的气体回收，降低气体的储存成本，有利于气体应用中的调峰。

对于有低温法空气分离设备的用户，如果产出的氧气和氮气有富余，可以利用氧氮液化设备，将富余的氧气和氮气液化后储存起来，以做调峰用。

围绕液化天然气工业链，天然气液化设备的应用领域主要包括天然气液化、储存、运输、接收终端等。基本负荷性天然气液化设备规模大，主要应用在天然气消费远小于天然气开采量的地区。为调节负荷或补充冬季燃料供应，通常将低峰负荷时过剩的天然气液化储存，在高峰时或紧急情况下再汽化使用。该设备具有液化能力小、储存能量大的特点，应用于边远小型气田和零散气装置。近年来，化工尾气、焦炉气等甲烷的提取和液化设备在国内煤化工装置中得到应用。近年来浮式液化天然气（FLNG）设备是天然气液化设备的一个热点，有几套FLNG设备在投运，掀起了海上天然气的利用热潮。

液氢便于储存，运输费用低，热值较高（为汽油热值的3倍），汽化时膨胀倍率大。液氢是一种优质的干净能源，是氢能应用过程中的关键。随着火箭技术、超导技术和原子能技术的高速发展，对工作温度更低的氢、氦液化设备的需求逐渐旺盛。同时，对红外技术和航空飞行器的低温设备的安全性和小巧轻便提出了更高的要求。

液氦是沸点最低的制冷剂，主要用于宇宙空间技术、超导技术和高能物理等方面的制冷。在宇宙空间技术方面，液氦主要用于液氢火箭燃料的加压及发动机的预冷。液氦冷凝吸附泵能产生大空间的超高真空，可以获得 10^{-13}Pa 的高真空，可做空间地面模拟试验使用。在高能物理领域也经常需要用液氦对系统进行冷却，例如国际热核聚变试验 ITER、欧洲自由电子激光 EuroXFEL 等。此外，氦气经过液化后，便于远距离运输。当前，世界上运行的氦液化装置的液化规模从每小时几十升到数千升。最大的氦液化装置建在美国的费米国家加速器实验室，生产量达到 4 900L/h。

3.1.5　液化储能设备

压缩空气储能设备、占地面积巨大，为了克服压缩空气储能技术方案的存储空间限制，提出了液化空气储能（LAES）系统和液态二氧化碳储能（LCES）系统。液化空气储能的成本相当于钠硫电池成本的 1/3，抽水蓄能成本的 1/2，与大型压缩空气储能成本相当，却是小型压缩空气储能成本的一半，且随着技术的成熟和设备的简化，还有一定的下降空间。

3.1.6　低温容器设备

大型空分设备一般配置多台大型液氮、液氧、液氩储槽。液化天然气的储槽规模从几千立方米至上万立方米。还有各种需要用到液体的场合都会用到低温容器，如低温风洞配有大型液氮储槽，火箭和载人飞船都装有液氢、液氧储箱，超导核磁共振成像仪需要配套液氦容器。

3.2　气体分离设备的战略地位

3.2.1　气体分离设备是现代工业的造血机

工业气体是现代工业的基础原材料，广泛应用于冶金、钢铁、石油、化工、电子、医疗、环保、建材、建筑、食品及机械等国民经济的基础行业，被喻为工业的"血液"。

我国的气体分离设备产业是新中国成立后才建立和发展起来的一门产业，尽管规模不大，但在国民经济中起到了重要的作用。伴随着我国社会主义现代化建设的发展进程，特别是改革开放 40 多年来，气体分离设备行业取得了突飞猛进的发展。气体分离设备行业的发展也为国民经济的不断增长做出了巨大贡献。

工业气体应用于制造业的各个细分行业，工业气体全球市场份额应当与整体制造业的市场份额相匹配。但我国工业气体全球占有率低于我国工业制造产值的全球市场份额。2017 年，我国工业制造产值占全球工业制造产值的 26.62%，而我国工业气体全球占有率仅为 15.84%。我国未来工业气体行业规模增长潜力较大。近年来，我国工业气体年均增长率始终保持在 12% 以上，我国气体行业被公认为世界上最有活力的市场。2018 年，我国工业气体年产值约 1 350 亿元，预计 2021 年工业气体产值将达到 1 800 亿元。庞大的市场需求给我国气体分离设备行业带来了巨大的发展空间，而我国也成为国外气体巨头的逐鹿场。

低温分离设备在钢铁冶金、化肥、煤化工等行业都有着广泛的应用。在我国，综合利用煤资源、大力发展煤化工产业是大势所趋，当前重点发展以煤制油、煤制天然气、煤制烯烃、煤制芳烃及煤制乙二醇为代表的现代新型煤化工。国家支持煤化工行业的集成化、大型化发展，提出了对大型和特大型空分分离设备和其他气体分离设备的需求。

吸附分离设备在氢能和清洁能源领域是不可或缺的单元，将是未来氢能经济产业链中氢气提纯环节的主要设备。从世界范围内已建成的氢能经济示范工程看，变压吸附制氢技术在煤层气回收甲烷、劣质天然气回收利用、页岩气净化回收、炼厂干气综合利用等领域已得到工业应用。在石油、煤炭的清洁高效利用领域，变压吸附技术也将为能源的清洁生产过程分离提纯工艺气体，并在二氧化碳的捕集回收中得到工业化推广。

鉴于我国天然气资源分布的非均匀性这一特点，天然气液化设备将发挥重要作用，利用其长距离、非管道运输的特点，近几年将会获得高速发展，成为我国能源链上不可或缺的重要环节。通过装备制造能力和对外投资的结合，可以更好地分享世界天然气资源。通过投资参股上游天然气资源开发，可以保证我国 LNG 长期、足量供应，这对我国的国家能源战略将起到重要推动作用。LNG 远洋运输的安全性、价格的相对稳定性及其环保价值，相对原油和成品油的进口将能发挥更独特的天然优势。

3.2.2　气体分离设备将工业废气变废为宝，实现绿色发展

当前，全世界每年向大气中排放的二氧化碳总量近 300 亿 t，而利用量仅为 1 亿 t，二氧化碳的捕集、回收、利用和封存（CCUS）技术需要工业化推广应用。我国冶炼、石化、燃烧窑炉等高能耗、重污染行业每年副产上千亿立方米焦炉煤气、数千亿立方米二氧化碳、数千亿立方米一氧化碳、几百亿立方米甲烷以及大量的有机废气等。受技术的制约等因素的影响，当前我国工业副产气利用率较低，

且以初级利用为主。这些工业副产气中有许多有回收价值的组分，如一氧化碳、二氧化碳、甲烷、氢气、有机物等尚未得到有效回收和利用，容易造成严重的资源浪费与环境污染。

利用气体分离回收技术回收利用化工企业排放的废气，回收高纯度的二氧化碳、一氧化碳、氢气、天然气、氯化氢、氯气、氨气和氦气等气体产品，供石化、冶金、化工、食品、轻工、电子及机械等工业生产使用，可实现"回收、资源化、再利用"的循环经济途径，达到节能减排、变废为宝的目的，符合国家环保、减排的发展规划，具有很好的社会效益和经济效益。未来，废气回收模式将会加速发展，有利于我国工业朝着低污染、高质量的方向发展。

3.2.3 气体分离设备节能降耗，助推行业产业链国产化发展

随着我国节能减排政策的推进和技术进步，传统产业出于节能降耗的目的，对气体分离设备提出了提高分离效率、降低消耗、降低设备投资和运行成本的要求。

气体分离设备国产化是促进能源行业科学发展的重要保障。能源行业的装备属性很强，能源装备国产化是能源科技进步的重要体现。要破解能源行业的深层次矛盾，必须加强科技创新，加快能源装备国产化。装备国产化是能源安全、经济安全的重要保障。只有坚持自主创新的战略导向，才能将国家安全的主动权把握在自己手中。装备国产化是降低工程建设成本的重要手段。实现国产化后的设备，其价格比国外同类的设备价格低，售后服务和备品备件价格会降低更多。

我国气体分离设备制造厂商及配套企业通过不懈努力，已实现了特大型空分设备、百万吨级乙烯冷箱、大规模 PSA 氢分离设备、低温石化分离装备及天然气液化设备等重大装备关键核心部机全面国产化。随着基础研发的投入，超大型压缩机组、透平膨胀机、低温液体泵、关键配套阀门、高效高压铝制板翅式换热器、吸附剂、超大型液体储槽、控制系统等关键配套部机和软件形成了较完整的产业链，也逐步实现精品化。

随着国家"十四五"规划的实施以及各行各业的发展，对气体分离设备的需求将持续增加。随着节能减排、绿色制造和环保要求的提高，气体分离设备的应用将越来越广。随着智能制造的不断推进，对气体分离设备的要求也将越来越高。

第 4 章

气体分离设备系列产品应用实例

我国在各种气体分离技术的应用过程中形成了较为完整的产业结构，产生了一系列有代表性的产品，也产生了一些具有里程碑意义的项目。通过这些产品和项目的实施，展示了我国气体分离技术在各个领域的应用水平，具有推广和借鉴意义。

4.1　低温法气体分离设备

4.1.1　空气分离设备

近年来，随着我国经济的高速发展，大中型气体分离设备得到了迅速发展和广泛的应用。特别是杭氧作为我国气体分离设备行业的龙头企业，为冶金、煤化工、化肥、炼化、电子等领域提供了许多优异的气体分离设备，很多大型设备还出口到国外。

1. 宝钢 3 万 m³/h 空分设备

（1）项目背景　20 世纪 80 年代中期，随着我国大型转炉炼钢工业的发展，对 3 万 m³/h 等级大型空分设备的需求急速增长。1987 年，机电部正式将 3 万 m³/h 等级成套空分设备技术攻关列入"七五"国家科技攻关计划，杭氧承担起了这个项目的研制攻关工作。

1989 年 9 月，受机电部第三装备司的邀请，来自使用、设计、制造方面的近百名专家在杭州召开了 3 万 m³/h 等级大型空分设备技术设计及设备成套研讨会。会上，专家们对技术方案进行了详细的审查与评议，一致通过了技术设计和配套方案，对科技攻关的初步成果表示认可。随后，杭氧通过不断努力，还完成了常温分子筛净化、增压膨胀机流程、规整填料精馏塔和全精馏无氢制氩的技术储备。1995 年，杭氧通过了 ISO 9001 质量管理体系和 ISO 10012 测量管理体系的认证。这些都为 3 万 m³/h 等级空分设备国产化攻关做好了充分准备。

1998 年 4 月，杭氧承接了宝钢 3 万 m³/h 等级空分设备改造合同，拉开了 3 万 m³/h 等级空分设备国产化的序幕。这套改造设备原由日本神户制钢所提供，采用板翅式换热器切换净化流程。为了解决日本设备不达产的问题，制定了将板翅式换热器切换净化流程改为分子筛净化流程的改造方案，即在空气进入冷箱前增设分子筛吸附器，以除去水分和二氧化碳，同时把改造前的切换式换热器作为主换热器使用，并取消液态空气和液氧吸附器，其他流程基本不变。这个改造项目由杭氧进行流程设计和工程总成套，并完成了空冷塔、分子筛吸附器、蒸汽加热器、主冷凝蒸发器等主要部机的设计制造。1998 年 5 月，改造工程开始施工，1998 年 10 月主体工程施工完毕，1998 年 11 月 9 日顺利出氧，1998 年 11 月 20 日试车通过。

2001 年，宝钢经过充分分析比较国内外空分设备制造厂家的设计和制造能力，与国内外制造厂家和设计院深入交流后，于 9 月 24 日与杭氧签订了 3 万 m^3/h 空分设备的订货合同。杭氧研发的新技术全部用到了宝钢 3 万 m^3/h 空分设备的设计中，流程设计采用了增压膨胀制冷、规整填料上塔及全精馏无氢制氩等先进技术，整套设备采用了可靠的模块设计软件，成套控制方面采用了先进的 DCS 控制技术。2002 年 2 月 15 日，经过 5 个月的努力，杭氧全面完成了设计任务。接着，仅用了 1 个月便完成了 3 万 m^3/h 空分设备的制造任务。设备经过安装调试，2002 年 12 月 14 日，3 万 m^3/h 空分设备联动开车，16 日顺利出氧，30 日通过性能考核，氧、氮、氩产品的产量和纯度均达到设计指标。

首套国产 3 万 m^3/h 空分设备顺利投产意义深远，它实现了几代中国制氧人 3 万 m^3/h 等级空分设备国产化的夙愿，表明我国空分设备行业完全有能力自行设计、制造 3 万 m^3/h 等级的大型空分设备，是国产空分设备发展的一个里程碑。宝钢 3 万 m^3/h 空分设备顺利开车，结束了我国 3 万 m^3/h 等级空分设备长期依赖进口的历史，打破了国际上少数几家公司在特大型空分设备技术上的垄断。

杭氧为宝钢制造的 3 万 m^3/h 空分设备见图 4-1。宝钢 3 万 m^3/h 空分设备产品规格见表 4-1。

图 4-1　杭氧为宝钢制造的 3 万 m^3/h 空分设备

表 4-1   宝钢 3 万 m^3/h 空分设备产品规格

介质	保证值产量 / (m^3/h)	设计值产量 / (m^3/h)	纯度	产品压力 /kPa
气氧	30 000	30 000	氧 ≥ 99.6%	21
液氧	500	600	氧 ≥ 99.6%	
气氮	40 000	40 000	氧 < $5×10^{-4}$%	8
液氮	500	500	氧 < $5×10^{-4}$%	
液氩	1 050	1 070	氧 < $2×10^{-4}$%，氮 < $3×10^{-4}$%	

（2）流程介绍   原料空气自吸入塔吸入，经空气过滤器除去灰尘及其他机械杂质。空气经过滤后，在离心式空气压缩机中经压缩至 0.61MPa。经空气冷却塔预冷，冷却水分段进入冷却塔内，空气自下而上穿过空气冷却塔，在实现冷却的同时又得到清洗。空气经空气冷却塔冷却后，温度降至 10℃，然后进入分子筛纯化系统。空气中的二氧化碳及残留的水蒸气在分子筛纯化系统中被吸附脱除。分子筛纯化系统由两个吸附单元组成，可切换使用。其中一个吸附单元工作时，另一个再生。分子筛纯化系统的切换周期约为 240min，可定时自动切换。

空气经净化后，由于分子筛工作时产生吸附热，温度升至 15℃。洁净空气分两路，一路空气直接进入分馏塔，而另一路经增压膨胀机增压后进入分馏塔。大部分空气在主换热器中与返流的纯氧、纯氮、污氮等气体换热，达到接近空气液化温度 -172.8℃时进入下塔精馏。23 600m^3/h 增压空气在主换热器内被返流冷气体冷却至 -103℃，抽出后进入膨胀机膨胀制冷，最后送入上塔，而一部分则被旁通。

在下塔中，空气被初步分离成氮和富氧液态空气。顶部气氮在主冷凝器中液化，同时主冷凝器的低压侧液氧被汽化。部分液氮作为下塔的精馏回流液，而另一部分液氮从下塔顶部引出，经过冷器被纯氮气和污氮气过冷并节流后送入上塔的辅塔顶部。

产品气氧从上塔底部引出，经主换热器复热后出冷箱，进入氧气压缩机，加压至 3.0MPa 后送往用户。

污氮气从上塔上部引出，在过冷器及主换热器中复热后送往分馏塔外，部分作为分子筛纯化系统的再生气体，其余进入水冷塔。产品氮气从上塔顶部引出，在过冷器及主换热器中复热后出冷箱，进入氮气管网。产品液氧、液氮分别送入各自的储槽。

从上塔相应部位抽出氩馏分气体约 34 290m³/h，氩含量为 8% ～ 10%，氮含量小于 0.008 6%。氩馏分直接从粗氩塔Ⅰ的底部导入，粗氩塔Ⅰ上部采用粗氩塔Ⅱ底部排出的粗液氩作为回流液。作为回流液的粗液氩经液氩泵加压到约 0.7MPa 后直接进入粗氩塔Ⅰ上部。粗氩自粗氩塔Ⅰ顶部排出，经粗氩塔Ⅱ底部导入。上升气体在粗氩冷凝器中液化，其中一部分为 1 085m³/h 的粗氩气，其氩含量为 98% ～ 99%，氧含量≤ 2×10⁻⁶，再导入粗氩冷凝器进行液化，然后进入纯氩塔中继续精馏。其余作为回流液进入粗氩塔Ⅱ。

粗液氩从纯氩塔中部进入。与此同时，在纯氩塔蒸发器的氮侧，利用下塔顶部来的压力氮气作为热源，促使纯氩塔底部的液氩蒸发成上升蒸汽，而氮气被冷凝成液氮后返回上塔。来自液氮过冷器并经节流的液氮进入纯氩冷凝器作为冷源，使纯氩塔顶部产生回流液，以保证塔内的精馏，使氩和氮分离，从而在纯氩塔底部得到纯液氩。

2. 北台钢铁 5 万 m³/h 空分设备和华鲁恒升 4.8 万 m³/h 空分设备

（1）北台钢铁 5 万 m³/h 空分设备　随着 3 万 m³/h 等级大型空分设备的国产化，我国空分设备的设计制造技术水平前进了一大步。2003 年 1 月 18 日，北台钢铁与杭氧签订了 5 万 m³/h 等级空分设备的合同。这是当时国内自行设计制造的最大等级的空分设备。

在该设备的流程和总体设计上，设计人员追求创新，最终确定了将上塔与下塔并列着地布置、采用流程泵将上塔底部的液体送到主冷凝蒸发器上部的设计方案。这种设计方案使冷箱的高度从超过 80m 降到了 50m。这不仅解决了液态空气、液氮不能从下塔自动节流到上塔去的问题，而且更有利于整套空分设备的稳定运行。同时，还开发了氧自增压流程，使得出冷箱的氧气压力自动提升。该设备于 2004 年 6 月 13 日开车成功。至今，5 万 m³/h 等级空分设备仍然是北台钢铁的主力设备，设备运行稳定可靠。杭氧为北台钢铁制造的 5 万 m³/h 空分设备见图 4-2。

图 4-2　杭氧为北台钢铁制造的 5 万 m³/h 空分设备

（2）华鲁恒升 4.8 万 m³/h 空分设备　随着 2000 年后我国煤化工行业的兴起，5 万 m³/h 等级化工型内压缩空分设备是大型化肥、大型冶金和大型煤化工等重大工程装置中必不可少的重大关键技术装备，其投资占工程总投资的 10%～20%，但是依赖进口。2005 年 6 月 16 日，华鲁恒升与杭氧签订了 4.8 万 m³/h 空分设备供货合同。这是继冶金型 5 万 m³/h 等级自增压空分设备国产化研制成功后实施的煤化工型 5 万 m³/h 等级内压缩流程空分设备，又是一次挑战。

大型高压内压缩流程空分设备是一种技术含量高、制造难度大的高科技产品，具有流程计算复杂、配套部件复杂等特点。在这一项目中，国际上首次将高压板翅式换热器应用到氧气压力为 8.7MPa 的空分设备中。之前，如此高压的空分设备均采用绕管式换热器，但其能耗高、占地面积大、投资高。应用了高压板翅式换热器后，工艺流程更优化，能耗更低。2006 年 12 月 16 日，华鲁恒升 4.8 万 m³/h 空分设备一次开车成功。2008 年 3 月 2—5 日，通过由机械工业气体分离与液化设备产品质量监督检测中心实施的稳定工况下连续运行 72h 的性能测试，表明 4.8 万 m³/h 空分设备各项主要技术性能指标达到或超过合同值。该套设备是第一套由国内企业自主研发、拥有自主知识产权并成功稳定运行的 5 万 m³/h 等级化工型高压内压缩流程空分设备，具有安全性能好、可靠性高、能耗低、操作运行稳定的特点，其主要性能指标达到了国际先进水平，被列为国内首台（套）产品。华鲁恒升 4.8 万 m^3/h 空分设备产品规格见表 4-2。

表 4-2　华鲁恒升 4.8 万 m^3/h 空分设备产品规格

产品名称	产量 /（m^3/h）	纯度	压力 /MPa	增压方式
高压氧气	48 000	氧＞ 99.6%	8.5	氧泵内压缩
高压氮气	31 500	氧≤ $5×10^{-4}$ %	5.9	氮外压缩
中压氮气	14 000	氧≤ $5×10^{-4}$ %	0.46	
液氮	400	氧≤ $5×10^{-4}$ %		
液氩	1 620	氧≤ $2×10^{-4}$ % 氮≤ $3×10^{-4}$ %		

　　该套设备采用空气预冷、分子筛净化、增压透平膨胀机、液氧泵内压缩、空气二段增压、规整填料上塔、全精馏无氢制氩的工艺流程，应用了当时最先进的空气分离技术。产品创新点：5 万 m^3/h 等级空分设备内压缩流程计算技术；5 万 m^3/h 高压内压缩空分设备工艺流程设计技术；大直径新型四溢流筛板塔设计技术；特大型分子筛吸附器设计制造技术。

　　华鲁恒升 4.8 万 m^3/h 空分设备采用的技术是当时国际最先进的特大型内压缩流程技术，该设备的研制成功填补了我国空分领域的一大空白，是我国空分史上的一个里程碑，进一步缩小了我国空分技术与国外同行的差距，同时为企业带来了可观的经济效益，为我国节约了大量外汇，实现了化工型 5 万 m^3/h 等级大型空分设备的国产化替代。

3. 宝钢 6 万 m^3/h 空分设备

　　宝钢 6 万 m^3/h 空分设备是宝钢股份公司"十一五"规划中的重要项目。经过多家国际知名空分设备制造商的国际化竞争，杭氧于 2006 年 8 月 8 日一举中标该项目并签订合同，2007 年 12 月完成设备的制造。2008 年 9 月 25 日，我国首套采用自主技术、自主集成的冶金型 6 万 m^3/h 等级空分设备在宝钢成功出氧，主要技术指标达到设计要求。杭氧为宝钢生产的 6 万 m^3/h 空分设备见图 4-3。

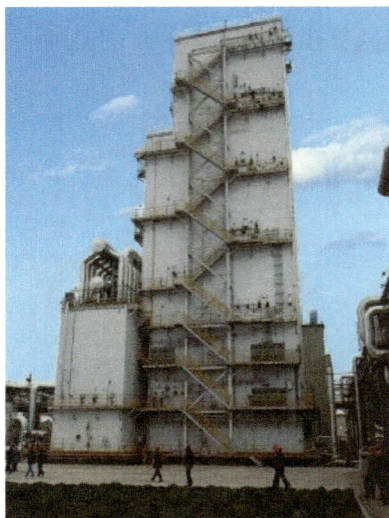

图 4-3　杭氧为宝钢生产的 6 万 m^3/h 空分设备

　　该套设备采用了具有杭氧自主知识产权的流程设计计算软件包，计算效率和精度极佳。据宝钢有关方面负责人介绍，该套设备拥有成套集成技术、控制技术、关键工序的工艺设计、关键设备国产化技术等自主知识产权，各项性能指标完全可以与国外知名公司同类设备相媲美。与前几期 6 万 m^3/h 等级的进口项目相比，这一期项目中宝钢直接节约投资 9 000 余万元。此次宝钢 6 万 m^3/h 空分设备开车成功，使我国成为继德国、法国、美国之后，可以制造特大型空分设备的国家。杭氧也成为当时国际上可以设计制造 6 万 m^3/h 等级特大型空分设备的企业之一，进一步提升了我国空分设备设计与制造水平，使大型空分设备国产化之路越走越宽。宝钢 6 万 m^3/h 空分设备产品规格见表 4-3。

表 4-3　宝钢 6 万 m^3/h 空分设备产品规格

产品名称	产量 / （m^3/h）	纯度	压力 /kPa	增压方式
低压氧气	60 000	氧＞99.6%	50	氧自增压
液氧	1 000	氧＞99.6%		
低压氮气	64 000	氧≤5×10^{-4}%	9	氮外压缩
液氮	1 000	氧≤5×10^{-4}%		
液氩	2 000	氧≤2×10^{-4}% 氮≤3×10^{-4}%		

该套空分设备采用分子筛净化、氧自增压、增压透平膨胀机制冷、规整填料上塔、四溢流筛板下塔及全精馏无氢制氩的工艺流程。整套装置的控制由 DCS 系统完成，共分 5 个工况。该设备具有以下特点：①采用上塔落地布置，降低了冷箱高度，减小了冷箱内的器件和管道的变形量，进而降低了器件和管道被破坏的风险，更好地杜绝了冷箱内泄漏问题，确保设备安全稳定运行。②多台主换热器的合理放置实现了合适的阻力搭配以及汇总管的优化走向。③冷箱内外管路一体化优化，大大提高了整套空分设备的总体性能；把液氧自增压流程的安全性问题作为重点，在设计过程中，把安全性关键部位从主冷凝蒸发器转移到液氧蒸发器，液氧蒸发器设有安全液氧排放。④将单元设备进行了优化。单元设备直接影响到成套空分设备的运行性能，该套空分设备采用的具有专利技术的溢流筛板下塔是当时国内直径最大的下塔。该下塔的结构也做了特殊的设计，为上塔留有足够的平衡空间，有利于上塔的氧氮精馏。

4. 大唐国际 5.8 万 m^3/h 空分设备和神华包头 6 万 m^3/h 空分设备

在化工领域，6 万 m^3/h 等级内压缩空分设备是为大型煤化工、大型煤制油工程等配套的不可缺少的关键装备。但 6 万 m^3/h 等级空分设备因对安全性、稳定性、节能性要求高，过去的技术成为 6 万 m^3/h 等级空分设备规模进一步发展的瓶颈。

（1）大唐国际 5.8 万 m^3/h 空分设备　大唐国际多伦年产 46 万 t 煤基烯烃制聚丙烯项目是一个以煤为原料，采用 SHELL 煤气化工艺技术，年产 46 万 t 聚丙烯的大型煤化工项目。它是国家级能源重化工项目，属于国家"十一五"规划重点鼓励类项目，是国内首个煤基烯烃项目及国家煤化工产业甲醇制丙烯（MTP）项目。该项目配套设置 3 套空分设备，生产氧气、氮气、工厂空气、仪表空气，同时副产液氮。氧气供下游工艺生产装置的煤气化工段使用，氮气供下游工艺生产装置的煤气化装置、甲醇装置、MTP 装置、PP 装置使用，工厂空气、仪表空气供下游工艺和动力车间生产装置使用。副产的液氮作为事故备用。空分设备单套制氧能力为 5.8 万 m^3/h。2006 年 3 月 23 日，大唐国际对空分设备进行国际招标。杭氧中标该项目，并与大唐国际签订了 3 套 5.8 万 m^3/h 空分设备采购合同。大唐国际多伦 5.8 万 m^3/h 内压缩空分设备是我国自行成套并投入运行的规模最大的内压缩流程空分设备。配套在这套空分设备上的增压机是当时世界上这个规模的首台（套）产品，集成难度非常大。

大唐国际多伦的空分设备于 2009 年 7 月 26 日开车，7 月 31 日，产出的氧气、氮气达产合格。其研制成功是我国空分设备行业一次质的飞跃，推动了我国空分设备行业上水平、上等级，提高了我国重大技术装备的整体水平。大唐国际 5.8 万 m³/h 空分设备产品规格见表 4-4。杭氧为大唐国际制造的 5.8 万 m³/h 空分设备见图 4-4。

表 4-4　大唐国际 5.8 万 m³/h 空分设备产品规格

产品名称	产量 /（m³/h）	纯度	压力 /MPa	增压方式
高压氧气	58 000	氧＞99.6%	4.7	氧泵内压缩
高压氮气	6 500	氧≤10×10⁻⁴%	8.2	氮泵内压缩
中压氮气	71 000	氧≤10×10⁻⁴%	0.5	压力氮增压
液氮	160	氧≤10×10⁻⁴%		
工厂空气	30 000		0.5	
仪表空气	11 000		0.8	

图 4-4　杭氧为大唐国际制造的 5.8 万 m³/h 空分设备

该空分设备采用空气增压、液氧液氮双泵内压缩流程及增效塔流程。鉴于中压氮气的产量远大于高压氧气的产量，则中压氮气采用外压缩增压的方式。原料空气压缩机与空气增压机由一台汽轮机拖动，布置紧凑，占地面积小。该压缩机采用单轴三级离心式；增压机为多轴齿轮型，采用五级压缩，其中第一级、第三级进口有进口导叶控制；汽轮机为双出轴、全凝式。整个机组采用集中润滑油站供油。原料空气压缩机还配备了叶轮在线清洗机构，既方便了叶轮的除垢清洗，又提高了机组等温压缩效率，使机组始终在高效状态下运行。考虑到水资源的紧缺，该 3 套空分设备的汽轮机乏汽冷凝装置是我国煤化工领域中大型、特大型空分设备最早配套空冷器的项目，为后续的一系列煤化工项目提供了经验。

该空分设备由杭氧总成，由五环科技股份有限公司完成工程设计，由中国化学工程第三建设公司（中化三建）完成安装。

该项目实施过程如下：

1）2005 年 3 月至 2006 年 1 月，进行可行性研究和前期技术准备工作。

2）2006 年 3 月，签订合同。

3）2006 年 1 月至 2006 年 4 月，流程详细计算。

4）2006 年 4 月至 2006 年 11 月，空分设备详细设计。

5）2006 年 11 月至 2007 年 4 月，开发制造工艺。

6）2006 年 4 月至 2006 年 10 月，制订运输路线勘测运输方案。

7）2007 年 1 月至 2008 年 7 月，陆续交货，工程实施。

8）2008 年 7 月至 2009 年 9 月，设备试运行。

9）2009 年 7 月至 2009 年 12 月，3 套空分设备相继考核。

（2）神华包头 6 万 m^3/h 空分设备　神华包头煤制烯烃项目是我国煤化工行业第一个特大型的示范性项目，也是神华集团实现煤炭资源集约化、具有开拓性的项目之一，是世界首套、全球最大煤制烯烃项目。该项目的实施对我国能源安全战略有着重要影响。其生产装置主要有：24 万 m^3/h（氧）空分设备、180 万 t/a 甲醇装置、60 万 t/a 甲醇制烯烃装置、30 万 t/a 聚乙烯装置、30 万 t/a 聚丙烯装置、10 万 kW 热电联产装置及其他辅助设施。该项目共需要配套 24 万 m^3/h（氧）空分设备，由 4 套空分设备组成，生产氧气、氮气，同时副产液氮、液氧。

2007 年，杭氧在多家国际知名公司参与的国际化招标中中标。2007 年 2 月 8 日，杭氧与神华签订了 4 套 6 万 m^3/h 成套空分设备合同。该 4 套空分设备是当时国内最大的化工型空分设备，也是 6 万 m^3/h 等级空分设备在我国大型煤化工示范项目中重大装备国产化的示范。2010 年 5 月 4 日，第一套空分设备开车成功。神华包头 6 万 m^3/h 空分设备产品规格见表 4-5。

表 4-5　神华包头 6 万 m³/h 空分设备产品规格

产品名称	产量 /（m³/h）	纯度	压力 /MPa	增压方式
高压氧气	60 000	氧＞ 99.6%	8.7	氧泵内压缩
液氧	1 000	氧＞ 99.6%		
中压氮气	17 000	氧≤ 10×10^{-4}%	0.9	压力氮增压
液氮	500	氧≤ 10×10^{-4}%		
液氩	2 000	氧≤ 2×10^{-4}% 氮≤ 3×10^{-4}%		

该套空分设备采用了空气增压、液氧泵单泵内压缩、中压氮气由压力氮外压缩的流程。这种针对性的设计不仅满足了使用单位的要求，而且使工艺流程更加优化。空气压缩机采用单轴四级离心式压缩机；增压机采用五级多轴齿轮式压缩机；汽轮机为全凝式，采用双出轴模式，两端分别拖动空气压缩机和增压机；空冷器采用改进后的防冻技术。该项目的成功示范为我国化工配套特大型空分设备提供了一个建设模板。

该项目由杭氧总成，中国天辰化学工程公司为总体设计院。考虑到 4 套空分设备同时安装，工程量很大，为保证煤制烯烃工程如期投产，4 套空分设备由中国化学工程第三建设公司（中化三建）和中冶天工集团有限公司（中冶天工）两个安装公司承建。项目监理是天津辰达工程监理有限公司。神华包头 6 万 m³/h 空分设备开车时间见表 4-6。

该项目实施过程如下：

1）2005 年 3 月至 2007 年 2 月，进行可行性研究和前期技术准备工作。

2）2007 年 2 月，签订合同。

3）2007 年 2 月至 2007 年 6 月，流程详细计算。

4）2007 年 3 月至 2007 年 12 月，详细设计。

5）2007 年 4 月至 2008 年 9 月，设备采购、制造与交付。

6）2007 年 12 月至 2009 年 2 月，工程实施。

7）2009 年 2 月至 2010 年 2 月，试运行。

8）2010 年 2 月至 2010 年 5 月，投产。

表 4-6　神华包头 6 万 m³/h 空分设备开车时间

序列	汽轮机冲转	空压机试车	增压机试车	向外送氧
A 套	2010 年 2 月 10 日	2010 年 2 月 27 日	2010 年 3 月 27 日	2010 年 5 月 25 日
B 套	2010 年 3 月 8 日	2010 年 3 月 25 日	2010 年 3 月 29 日	2010 年 7 月 4 日
C 套	2010 年 4 月 8 日	2010 年 4 月 14 日	2010 年 4 月 22 日	2010 年 6 月 16 日
D 套	2010 年 5 月 3 日	2010 年 5 月 10 日	2010 年 5 月 16 日	2010 年 8 月 14 日

　　我国通过大唐国际多伦 5.8 万 m³/h（氧）内压缩空分设备和神华包头 6 万 m³/h（氧）内压缩空分设备两个 6 万 m³/h 等级内压缩空分设备的研制和建设，完成了内压缩流程设计和优化计算技术、工艺系统成套集成技术、特大型空分设备综合能耗控制技术、大直径精馏塔研制、液氧内压缩流程自动化控制技术、冷箱安全技术、特大型空分设备制造工艺技术等一系列技术的开发工作，并在实际工程项目中取得了成功，填补了我国在 6 万 m³/h 等级内压缩空分设备上的空白，是我国空分设备行业一次质的飞跃，充分展示了我国特大型空分设备的设计和制造实力。

5. 广西盛隆 8 万 m³/h 空分设备

　　在炼钢领域，2011 年，杭氧投资建设了广西盛隆一套 8 万 m³/h 空分设备。该设备于 2013 年 8 月成功出氧，性能指标达到设计要求，工况变负荷范围为 50% ～ 100%，已连续运行至今。广西盛隆 8 万 m³/h 空分设备产品规格见表 4-7。

表 4-7　广西盛隆 8 万 m³/h 空分设备产品规格

产品名称	产量 /（m³/h）	纯度纯度	压力 /kPa	增压方式
低压氧气	80 000	氧 > 99.6%	50	氧泵内压缩
液氧	800	氧 > 99.6%		
低压氮气	150 000	氧 ≤ 5×10^{-4} %	9	
中压氮气	2 000	氧 ≤ 5×10^{-4} %	400	
液氩	2 550	氧 ≤ 2×10^{-4} % 氮 ≤ 3×10^{-4} %		

　　该套 8 万 m³/h 空分设备采用分子筛净化空气、带增压透平膨胀机、全精馏（无氢）制氩、氧自增压、氧气/氮气外压缩流程。整套装置的控制由 DCS 系统完成，共分 4 个工况，可在低负荷下运行，满足使用单位在各个时期的用气。由于钢厂用户用氧流量大、压力较高，为提高氧气压缩机的入口压力，从而减小氧气压缩机的压缩比，降低氧气压缩机的负荷，杭氧采用了液氧自增压流程。该空分设备

额外配置了贫氪氙稀有气体粗提取装置。广西盛隆 8 万 m³/h 空分设备见图 4-5。

图 4-5　广西盛隆 8 万 m³/h 空分设备

广西盛隆 8 万 m³/h 空分设备具有以下特点：

1）全提取流程的开发和应用。首次独立开发设计氧、氮、氩、氖、氦、氪、氙全提取流程。

2）特大型、全提取空分全填料精馏塔器的开发和应用。着重开发特大直径填料塔，用于气体、液体多股流混合一体式特大型分布器计算模型，并掌握特大直径的有色容器加工、焊接、组装技术，将特大直径填料下塔应用于特大型空分设备，进而解决空分设备特大型化之后带来的塔器直径大、精馏效率不够等问题。

3）多层液氧蒸发器的开发和应用。为满足工程设计布置上的要求，采用了立式多层结构，单元一次钎焊成型。

4）整体式主换热器与过冷器的开发和应用。简化了大直径接管的配管，使冷箱更加紧凑。减少了换热器的钎焊次数，降低了成本。

6. 神华宁煤 6 套 10 万 m³/h 空分设备

神华宁煤 400 万 t/a 煤炭间接液化项目是当前全球一次性建设规模最大的煤化工项目，项目总占地面积 815.23hm²，年转化煤炭 2 036 万 t，年产合成油品 405.2 万 t，是获得国家发展改革委核准的煤炭深加工示范项目。它承载着我国煤炭清洁化利用的重任，承担着"后石油时代"为我国能源装备制造提供技术战略储备的使命，是具有战略意义的世界级工程。

该煤化工项目总计需要配套 120 万 m³/h（氧）制氧能力的空分岛，这是世界上一次性建设规模最大、技术要求最高、性能水平最高的空分岛。该空分岛由 12 套 10 万 m³/h 空分设备组成，其运行情况直接影响整个煤化工工艺生产的稳定性。在 2013 年之前，我国尚无自行设计制造的 10 万 m³/h 空分设备，国际上也只有少数几套 10 万 m³/h 空分设备，这是我国首次建设的最大单体空分设备。

2012 年，杭氧与国外空分设备生产企业一起参加了该项目的国际化竞标，取得了第二标段 6 套 10 万 m³/h 空分设备的合同。第一标段由德国林德公司中标。两家企业进行了面对面建设，吸引了全球同行和用户的目光。这是空分设备行业历史上两家空分设备制造企业第一次在同一场合、同一工况、同一用户、同一时间下竞技。国产空分设备能否在这一平台上显示出性能优势，决定了我国能否从空分设备大国跨入空分设备强国的行列。神华宁煤 10 万 m³/h 空分设备产品规格见表 4-8。神华宁煤 6 套 10 万 m³/h 空分设备见图 4-6。

表 4-8 神华宁煤 10 万 m³/h 空分设备产品规格

产品名称	产量 /（m³/h）	纯度	压力 /MPa	增压方式
高压氧气	100 500	氧 ≥ 99.6%	5.9	氧泵内压缩
高压氮气	6 850	氧 ≤ 10×10^{-4}%	7.0	
低压氮气	69 500	氧 ≤ 10×10^{-4}%	1.0	压力氮增压
液氧	1 000	氧 ≥ 99.6%		
液氮	1 500	氧 ≤ 10×10^{-4}%		

图 4-6 神华宁煤 6 套 10 万 m³/h 空分设备

2017年3月至8月，杭氧承担的神华宁煤6套空分设备相继开车达产。该空分设备采用全低压分子筛吸附净化、空气增压、中压透平膨胀机＋液体膨胀机制冷、高压产品氧气和高压产品氮气内压缩、低压产品氮气外压缩、带增效塔、污氮中抽的工艺流程方案，具有安全性好、节能等特点。空气压缩机采用轴流＋离心方式，增压机采用多轴齿轮式结构，汽轮机采用双轴拖动。分子筛吸附系统采用最大规模的特殊径向流结构。该项目实现了压缩机、汽轮机、增压机、高压铝制板翅式换热器、填料、大口径阀门和空冷器的全国产化，实际运行结果优异。该项目为空分岛专门设计了氮气和氧气应急供应的零缝隙对接系统，保证空分岛的供气安全。同时，还考虑了环境条件对装置运行的影响，通过本质设计安全性、布局科学性等多种方法解决了二氧化碳和碳氢化合物排放对设备的干扰问题，实现了设备在恶劣环境下满负荷、稳定运行。设备的能耗、可靠性、长周期运行时间、恶劣环境满负荷运行等关键指标均优于进口产品，得到了行业专家、用户的高度评价。该设备改变了用户对国产重大装备不及进口设备的观念，在市场上实现了与国际巨头同价竞争的局面。

神华宁煤6套10万 m^3/h 空分设备具有以下特点：

1）它是国内首次开发的规模最大、能耗最优、国际领先的10万 m^3/h 空分设备。

2）开发了基于污氮气中抽免冷冻机、液体膨胀机、两段增压增效塔提效以及低压氮气外压、液氧液氮双泵增压先进内压缩流程的流程设计和计算技术。该方案不仅流程先进、降低能耗，还兼具运行可靠、操作方便等优点。

3）开发了大长径比且高效低阻的精馏塔、大截面高压铝制板翅式换热器、超大型立式径向流分子筛，还集成了国产10万 m^3/h 空分设备的空气压缩三大机组，实现了核心单元部机的国产化。

4）作为特大型空分设备集群，6套空分设备之间实现了控制一体化，相互协调性好、互补性强，实现了10万 m^3/h 空分设备的智能运行和隐屏操作。

该项目的实施实现了四大目标：

1）打破了国外公司在我国市场上的特大型空分设备规模壁垒。

2）实现了特大型空分设备复杂系统的国产化集成创新及关键技术的突破。

3）实现了关键部机的国产化研制及应用，为实现10万 m^3/h 空分设备的全面国产化配套夯实了基础。

4）完成了一次高定位、高水平的10万 m^3/h 空分设备国产化，实现了成套空分设备技术水平与国际巨头并跑甚至超越，实现了国产10万 m^3/h 空分设备的精品化。

在该项目中，杭氧负责空分设备的研制、冷箱 EPC 及项目管理。神华宁煤负责空分设备建设过程的协调工作和联合调试开车，中石化宁波工程有限公司负责空分设备项目的工程设计，中国化学工程第六建设公司承建 7～9 号空分设备的全部工程（包括冷箱安装），中化三建承建 10～12 号空分设备土建及除冷箱外的安装工程，中冶天工承建 10～12 号空分冷箱的安装工程，天津辰达工程监理有限公司负责整个项目的监理。神华宁煤 10 万 m^3/h 空分设备项目实施过程见表 4-9。

表 4-9　神华宁煤 10 万 m^3/h 空分设备项目实施过程

时间	项目实施过程
2010 年 1 月—2010 年 12 月	确立研发目标，分解目标并进行可行性研究、前期技术准备
2011 年 1 月—2011 年 12 月	概念设计、关键技术和单体验证
2012 年 1 月—2012 年 9 月	进行项目的针对性顶层设计和研究
2012 年 7 月—2013 年 5 月	流程优化、专题论证
2013 年 4 月	签订合同
2013 年 4 月—2014 年 12 月	空分设备详细设计、优化制造
2014 年 2 月—2015 年 10 月	土建施工
2014 年 7 月—2016 年 10 月	安装施工
2017 年 3 月—2017 年 08 月	6 套空分设备相继开车成功，完成性能测试

2018 年 4 月 15 日，"特大型空气分离设备关键技术开发及产业化"项目通过了中国机械工业联合会与中国通用机械工业协会共同组织的专家鉴定，鉴定意见为：该项目通过设计方法、制造工艺、技术装备等多方面的自主创新，实现了特大型空气分离设备设计制造技术的突破，总体技术达到国际领先水平。成果推广应用已经取得了显著的经济效益和社会效益，可满足大型冶金、煤化工、石油化工等工程对特大型空气分离设备的需求，建议尽快推广使用。

7. 浙江石化 4 套 8.3 万 m^3/h 空分设备

2016 年，浙江石化在浙江省舟山绿色石化基地舟山市岱山县大小鱼山岛上投资建设的 4 000 万 t/a 炼油化工一体化工程项目，是中国（浙江）自由贸易试验区建设的重大项目，是国家发展改革委重点规划发展的七大石化产业基地之一。项目的建成将提高我国石化产业集中度，促进相关产业的优化升级。项目分两期建设，总生产规模为 4 000 万 t/a 炼油、800 万 t/a 对二甲苯、280 万 t/a 乙烯。一期工程需配套 4 套 8.3 万 m^3/h（氧）空分设备。所需的空分设备主要为煤焦制氢装置提供正常生产所需的高压氧气，为乙二醇装置提供正常生产所需的中压氧气，为整个化工装置和炼油装置提供正常生产所需的高压氮气、中压氮气和低压氮气。该设备同时设置了液体后备储存蒸发系统，可保证停车工况下短时间内向外提供氧气和氮气产品。

2017 年 1 月，杭氧依靠自身先进的技术水平和优质服务，与国际空分巨头经过多轮比拼，最终获得了浙江石化 4 套 8.3 万 m^3/h 空分设备的设计、供货和服务合同。该项目的 4 套 8 万 m^3/h 等级空分设备采用冷箱整体撬装，以及车间卧式安装、现场整体起吊形式，是当前世界上单个模块体积最大、质量最大的整装空分设备。主冷箱体积约为 3 个标准游泳池大小。通过特大型整装空分设备项目的实施，我国特大型空分设备的冷箱整装技术实现了跨越式发展，不仅满足了国内沿海大型炼化一体项目的配套需求，也为进一步开拓特大型空分设备海外市场打下了坚固的基础。浙江石化 8.3 万 m^3/h 空分设备产品规格见表 4-10。浙江石化 4 套 8.3 万 m^3/h 空分设备见图 4-7。

表 4-10　浙江石化 8.3 万 m^3/h 空分设备产品规格

产品名称	单套产量 /（m^3/h）	总产量 /（m^3/h）	纯度	产品压力 /MPa	压缩形式
高压氧气	68 500	274 000	氧≥99.8%	8.2	内压缩
中压氧气	14 500	58 000	氧≥99.8%	3.0	内压缩
重整专线氮气	1 220	1 220	氧≤$5×10^{-4}$% 氮≥99.99% CO≤$1×10^{-4}$% CO_2≤$1×10^{-4}$%	1.3	压力氮外压缩
低压氮气	18 750	75 000	氧≤$5×10^{-4}$% 氮≥99.99% CO≤$1×10^{-4}$% CO_2≤$1×10^{-4}$%	0.9	压力氮外压缩
气提氮气	15 000	60 000	氧≤$5×10^{-4}$% 氮≥99.99% CO≤$1×10^{-4}$% CO_2≤$1×10^{-4}$%	0.4	直接抽取

产品名称	单套产量 /（m³/h）	总产量 /（m³/h）	纯度	产品压力 /MPa	压缩形式
合成氨用氮气	6 000	24 000	氧≤5×10⁻⁴% 氮≥99.99% CO≤1×10⁻⁴% CO₂≤1×10⁻⁴%	0.4	直接抽取
仪表空气	20 000	80 000	常压露点<-40℃，无油、无尘	0.9	增压机一级抽取
液氧	1 000	4 000	氧≥99.8%		
液氮	1 500	6 000	氧≤5×10⁻⁴% 氮≥99.99% CO≤1×10⁻⁴% CO₂≤1×10⁻⁴%		

图 4-7　浙江石化 4 套 8.3 万 m³/h 空分设备

2019 年年底，4 套空分设备相继出氧。该空分设备采用分子筛净化空气、空气增压、高压氧气内压缩、低压氮气下塔抽取压力氮外压缩、带增压透平膨胀机和液体膨胀机、膨胀空气进下塔、规整填料塔及增效塔工艺流程，具有运行可靠、低能耗、操作方便等优点。

此前，空分设备冷箱大多采用现场立式安装方式，特别是特大型空分设备，为数不多的几套整装空分设备冷箱的尺寸和质量也不大，各方面经验积累十分有限。浙江石化 8 万 m³/h 等级空分设备最大的特点就是整装冷箱，采用工厂内整装冷箱形式可极大地缩短现场安装时间，有效提高安装质量，为空分设备的安全稳定、高性能运行提供了保障。该项目地理位置特殊，处于高湿度、高盐雾、风力大的海岛环境，对整装冷箱也提出了更高的要求。该项目的实施特点如下：

1）针对卧式安装，同时考虑冷箱内单元设备、阀门及管道在卧式常温安装阶段与立式低温运行阶段的不同状态。

2）针对运输过程，采用滚装车整体装载上船模式＋立式运输模式，提出竖撑与斜撑相结合的运输固定方案。

3）针对吊装，采用中心非对称性的超大型方形冷箱的起吊技术。

4）针对海岛环境，解决台风带来的极端恶劣气候条件和高盐雾环境条件产生的问题。

8. 安徽昊源 7 万 m^3/h 空分设备

空分设备是大型化肥工业不可缺少的关键装置，可为化肥工业提供不同压力等级的氧气、氮气、液氧和液氮。近年来，随着我国化肥工业装置普遍趋于大型化，为之配套的空分设备规模也日趋大型化，且对设备的能耗提出了挑战。

2015 年 11 月，杭氧中标安徽昊源 7 万 m^3/h 空分设备。该空分设备配套安徽昊源化工集团有限公司年产 50 万 t 合成氨项目。该空分设备已于 2018 年 5 月顺利投产运行。安徽昊源 7 万 m^3/h 空分设备见图 4-8。安徽昊源 7 万 m^3/h 空分设备产品规格见表 4-11。

图 4-8　安徽昊源 7 万 m^3/h 空分设备

表 4-11　安徽昊源 7 万 m³/h 空分设备产品规格

产品名称	产量 / (m³/h)	纯度	产品压力 /MPa	压缩形式
高压氧气	70 000	氧≥99.6%	5.1	内压缩
中压氮气	34 500	氧≤10×10⁻⁴%	0.50	直接抽取
低压氮气	55 500	氧≤10×10⁻⁴%	0.005	直接抽取
液氧	800	氧≥99.6%		
液氮	1 000	氧≤10×10⁻⁴%		
仪表空气	6 000	干燥、无油、无尘，常压露点 -50℃	>0.7	增压机一级叶轮后抽取

该空分设备采用分子筛净化空气、空气循环增压、液氧泵内压缩、下塔抽取压力氮流程，以及新型的节能流程。经考核，它是现今运行能耗最低的特大型空分设备。

9. 12 万 m³/h 空分设备

2012 年，杭氧中标 12 万 m³/h 特大型成套空分设备。该设备应用于天然气制甲醇项目，空气处理量达到 61 万 m³/h，是当时世界上单台制氧能力最大的空分设备。设备于 2018 年成功开车，产出合格的氧气。12 万 m³/h 空分设备产品规格见表 4-12。12 万 m³/h 空分设备见图 4-9。

该空分设备采用分子筛净化空气、空气增压、高压氧气内压缩、低压氮气上塔顶部抽取、带增压透平膨胀机、膨胀空气进下塔、全精馏制氩工艺流程。该空分设备实现了 5.7m 直径规整填料精馏塔的设计制造和大跨度分子筛吸附器的设计制造，并应用了杭氧制造的换热器、高压膨胀机、氧气阀门等重要核心部件。空气压缩机采用双吸式的齿轮式四级压缩机。

表 4-12　12 万 m³/h 空分设备产品规格

产品名称	产量 / (m³/h)	纯度	压力 /MPa	增压方式
高压氧气	120 000	氧>99.6%	4.55	氧内压缩
液氧	6 000	氧>99.6%		
低压氮气	120 000	氧≤10×10⁻⁴%	9	氮外压缩
液氮	6 000	氧≤10×10⁻⁴%		
液氩	4 480	氧≤2×10⁻⁴% 氮≤3×10⁻⁴%	0.5	

图 4-9　12 万 m³/h 空分设备

10. 大马联合钢铁 3 套 2 万 m³/h 空分设备

马中关丹产业园项目被列入国家"一带一路"重大项目和跨境国际产能合作示范项目。联合钢铁（大马）集团公司年产 350 万 t 钢铁项目是作为马中关丹产业园引入的最大入园项目，而空分设备又是大马联合钢铁投产的公辅头部设备，需要第一时间投用。2016 年 11 月，杭氧中标 3 套 2 万 m³/h 空分设备，是我国出口到海外的最大等级整装冷箱空分设备。该项目根据发运沿途地理条件的特殊性和复杂性，采用模块化整装冷箱，在一年半内完成安装并投入使用，受到了用户的好评。大马联合钢铁 3 套 2 万 m³/h 空分设备见图 4-10。

大马联合钢铁 2 万 m³/h 空分设备项目在实施过程中有以下特点：

1）整装冷箱采用单独的四段模块化分段冷箱设计。

2）采用可活动矫正冷箱结构设计，大大缩短了制造时间，降低了制造成本。

3）采用单腔式多层主冷技术，可降低能耗。

4）采用 ASME 标准设计，通过马来西亚 DOSH 认证，并获授权认证系列码，对出口到马来西亚的项目具有很大的借鉴意义。

图 4-10　大马联合钢铁 3 套 2 万 m³/h 空分设备

4.1.2　乙烯冷箱

在广东惠州大亚湾石化产业园区建设的惠州炼化二期是我国当时建设规模最大的炼化一体化工程项目，项目总投资达 466 亿元。中海油在惠州石化 1200 万 t/a 炼油工程的基础上，新建二期 1000 万 t/a 炼油和 120 万 t/a 乙烯工程。中海油在 120 万 t/a 乙烯工程中成功引入荷兰壳牌公司资本，由中海油与荷兰壳牌各持股 50% 的合资企业中海壳牌拥有并负责运营。在与壳牌公司前期合作的基础上，120 万 t/a 乙烯工程实现了由"壳牌为引领"向"海油为主导"的巨大转变。该项目大力推进重大设备、材料国产化，炼油工程国产化率达到 90%。

为中海油惠州炼化 2200 万 t/a 炼油项目配套的 120 万 t/a 中海壳牌二期乙烯装置是我国该规模等级的首台装置，与一期 100 万 t/a 乙烯装置一起形成了国内最大的乙烯生产装置。杭氧为之配套的 120 万 t/a 乙烯冷箱是当时国内单套生产规模最大的乙烯冷箱，共包含 5 台整体冷箱，采用了 SW 工艺乙烯流程，将不同位号的换热器优化组合。该项目首次将精馏塔尾气冷凝器国产化，首次将氢气换热器与精馏塔尾气冷凝器置于同一个冷箱中，减少了氢气管道的法兰接口数量，降低了气化率。

中海油惠州石化 120 万 t/a 乙烯冷箱的原料气压力为 3.7MPa，流量为 208242kg/h，组分中氢、甲烷、乙烯、乙烷、丙烷含量分别为 22.5%、31%、33.5%、6.5%、6%。中海油惠州炼化 120 万 t/a 乙烯装置配套乙烯冷箱规格见表 4-13。中海油惠州石化 120 万 t/a 乙烯冷箱见图 4-11。

表 4-13 中海油惠州炼化 120 万 t/a 乙烯装置配套乙烯冷箱规格

产品名称	产量 /（kg/h）	纯度	压力 /MPa
富氢气	2 190	氢 95%，甲烷 4.5%	3.5
低压甲烷	8 536	氢 9%，甲烷 91%	0.4
高压甲烷	21 466	氢 4%，甲烷 95.5%	0.6

图 4-11 中海油惠州石化 120 万 t/a 乙烯冷箱

该项目于 2014 年 9 月签订合同，2015 年年底交付给用户，2017 年 11 月现场一次试车成功，2018 年 5 月正式投产，并产出合格的乙烯产品。该 120 万 t/a 乙烯冷箱的研制成功，是我国乙烯冷箱技术水平达到国际先进水平的又一见证，实现了乙烯冷箱相关技术的不断创新和可持续发展，更加经济地促进了我国石化行业的发展。

4.1.3 液氮洗设备

我国的合成氨产量位居世界第一位。我国现已掌握了以焦炭、无烟煤、焦炉气、天然气及油田伴生气和液态烃为原料的多种原料合成氨的技术，形成了特有的煤、石油、天然气原料并存和大、中、小生产规模并存的生产格局。

以煤或渣油为原料的合成氨工艺中，合成氨的原料气氢气中除含氮气外，尚含一氧化碳、二氧化碳等碳氧化合物以及氩、硫化物等杂质。一氧化碳会使氨气合成催化剂中毒，必须彻底脱除。氩气和甲烷会降低合成氨的合成率并增加能耗，也应清除。利用低温液氮洗冷箱脱除合成气中的一氧化碳、氩气以及甲烷等残留杂质是当今世界上以煤、重油为原料生产合成氨的大型合成氨技术中所采用的先进净化方法。当前，世界上绝大多数正在运行的合成氨装置均采用了这种净化方法。该方法的特点是精制气纯度高，能有效提高合成氨催化剂的工作效率，降低合成压力，降低氨合成过程中的驰放气量，特别适合装置规模的大型化。

大型化肥成套设备研制被列为"十五"国家重大技术装备攻关研制项目，液氮洗设备专题是 19 个专题之一，以华鲁恒升 30 万 t/a 合成氨项目为依托工程，由华鲁恒升、杭氧和中国寰球工程公司联合攻关、研制，核心设备液氮洗冷箱由杭氧设计、制造。经过一年多的时间，在克服了生产周期短、技术要求高、制造难度大等困难后，液氮洗冷箱于 2004 年 11 月一次开车成功。2005 年 6 月，该项目通过国家有关部门的鉴定。鉴定结果表明：该项目液氮洗设备的设计和制造技术具有自主知识产权，达到国际先进技术水平，并具有良好的社会效益和经济效益。该具有自主知识产权的液氮洗冷箱的成功应用，使大型化肥成套设备的国产化率得到了提高，实现了首套以煤为原料的年产 30 万 t 合成氨装置自主化，改写了大化肥装置依靠进口设备的历史，为促进氮肥行业原料结构调整和中、小氮肥企业技术改造，降低能耗，保护环境，提高行业技术与装备水平提供了工程示范和技术支持，同时带动和促进了相关产业的发展。华鲁恒升 30 万 t/a 液氮洗冷箱见图 4-12。

图 4-12 华鲁恒升 30 万 t/a 液氮洗冷箱

该液氮洗冷箱由多流股板翅式换热器和氮洗塔组成。为了减少冷量损失，低温设备安装在冷箱内。从甲醇洗工序来的粗原料气首先进入分子筛吸附器，将二氧化碳、甲醇和水等杂质除去后，进入 1 号原料气冷却器，与氮洗塔顶部出来的净化气、塔底尾液及其闪蒸气回收氢逆流换热，冷却到一定温度后进入 2 号原料气冷却器继续冷却换热。换热后，气体进入氮洗塔底部。在塔中，原料气用液氮洗涤，气体中的一氧化碳、甲烷和氩气等杂质被液氮溶解后得到精制气，从氮洗塔顶部出来，经 2 号原料气冷却器换热后，用比例调节方式对其进行粗配氮，之后，进入 1 号原料气冷却器回收冷量。精制气复热到一定温度后分为两路，一路去甲醇洗工序，另一路则经高压氮气冷却器复热后，与从甲醇洗工序回来的另一路汇合，送往合成压缩机，经压缩后去合成氨。

从空分设备来的高压氮气被分成两路，一路根据氢氮比对冷箱来的精制气最终配氮；另一路依次进入高压氮气冷却器与 1 号原料气冷却器，冷却后再次分成两路，一路对精制气粗配氮和补充冷量，另一路进入 2 号原料气冷却器，冷却成液氮进入氮洗塔作为洗涤液。氮洗塔底富甲烷与原料气部分冷凝液分别节流后混合，并经换热器复热以回收冷量，从氮洗塔来的燃料气经换热器复热以回收冷量。需要补充部分液氮，为系统提供冷量，经换热器回收冷量，温度升高至常温，去甲醇洗工段。

4.1.4　烷烃脱氢设备冷箱分离系统

丙烯和异丁烯是重要的有机化工原料。之前，在我国，这两种原料一直是催化裂化装置和蒸汽裂解装置的副产物，其产量受我国炼油能力的整体影响。随着我国对丙烯和异丁烯的需求急剧上升，传统装置的生产能力无法满足市场需求，烷烃脱氢技术的出现刚好能够填补市场需求缺口。

冷箱分离系统是烷烃脱氢制烯烃装置工艺流程中的关键系统之一。当前，国内市场上绝大部分烷烃脱氢制烯烃装置都采用 Oleflex 工艺技术，具有很好的经济性。杭氧是国内唯一一家可以提供 Oleflex 工艺技术 PDH 冷箱分离系统的厂家。

卫星能源 45 万 t/a 丙烷脱氢制丙烯装置冷箱分离系统是国内第一套 Oleflex 工艺包技术丙烷脱氢制丙烯装置。2014 年 9 月，该装置开车成功，并产出合格产品。2012 年 4 月，杭氧与浙江三锦石化有限公司签订了 45 万 t/a 丙烷脱氢设备冷箱分离系统；2012 年 10 月，与东华能源签订了张家港扬子江石化有限公司66 万 t/a 丙烷脱氢设备冷箱分离系统；2012 年 11 月，与万华化学集团有限公司签订了万华烟台化工园区 75 万 t/a 丙烷脱氢设备冷箱分离系统；2013 年、2014年陆续签订 9 套异丁烷脱氢设备、混合烷烃脱氢设备冷箱分离系统。当前，国际上参与烷烃脱氢设备冷箱分离系统设计和制造的厂家有杭氧、德国林德公司、美国查特公司。从国内市场来看，杭氧占据绝对的市场份额，市场占有率高达93%。万华化学75万 t/a 丙烷烃脱氢设备的冷箱分离系统见图 4-13。

图 4-13 万华化学 75 万 t/a 丙烷烃脱氢设备的冷箱分离系统

杭氧已开发并在运行的各类烷烃脱氢设备冷箱分离系统包括丙烷脱氢、混合烷烃脱氢、异丁烷脱氢装置，还设计了乙烷脱氢装置。

1. 丙烷脱氢、混合烷烃脱氢装置

该类装置冷箱分离系统的主要技术性能指标要符合下述要求：

1）液体产品：主要包含来自反应器流出物的丙烯以及比其更重的烃类，设计中应使 C3 及以上的产品能够最大限度地分离出来。要求丙烷 + 丙烯回收率 ≥ 99.9%，压力 ≥ 4.1MPa。

2）干气产品：氢摩尔分数 ≥ 92.5%，C3 及以上烯烃总量摩尔分数 ≤ 0.1%；压力 ≥ 0.69MPa。

3）联合进料：包含新鲜丙烷进料和循环气。温度为 36～39℃，压力 ≥ 0.45MPa。

4）冷箱分离系统按照可在正常操作工况、降氢气 /HCBN 比操作工况、低负荷操作 60% 工况下稳定运行。

2. 异丁烷脱氢装置

该类装置冷箱分离系统的主要技术性能指标要符合下述要求：

1）液体产品：主要包含来自反应器流出物的丙烯以及比其更重的烃类，设计中应使 C4 及以上的产品能够最大限度地分离出来。要求异丁烷 + 异丁烯回收

率 ≥ 99.9%，压力 ≥ 0.906MPa。

2）干气产品：氢摩尔分数 ≥ 90%，C4+ 烯烃总量摩尔分数 ≤ 0.03%，压力 ≥ 0.58MPa。

3）联合进料：包含新鲜异丁烷进料和循环气。温度为35℃，压力 ≥ 0.364MPa。

4）冷箱分离系统按照可在正常操作工况、降氢气/HCBN 比操作工况、低负荷操作 60% 工况下稳定运行。

4.1.5 氢／一氧化碳深冷分离设备

2016 年 7 月，杭氧为阳煤集团寿阳化工 20 万 t/a 煤制乙二醇项目配套的三塔流程氢/一氧化碳深冷分离设备一次开车成功。该设备打破了国外的技术封锁，达到国际先进水平。

该氢/一氧化碳深冷分离设备是针对煤制合成气生产乙二醇工艺流程特点，利用各种气体组分的沸点差异，首次采用三塔分离流程。其中：脱氢塔将原料气中的氢气进行脱除，得到副产品富氢气（可进一步送去 PSA 装置提纯高纯氢气）；脱氮塔将原料气中的氮气进行脱除，得到副产品富氮气；脱甲烷塔将原料气中的甲烷进行脱除，得到副产品粗甲烷气。实际运行获得一氧化碳纯度 ≥ 99.3% 的一氧化碳产品，其中，氢气含量 ≤ 10×10^{-6}，甲烷含量 ≤ 10×10^{-6}。氮气的脱除减少了后续合成装置驰放气的排放，起到节能减耗的作用。甲烷的脱除减少了后续装置有机物的累积，避免了爆炸的风险。氢/一氧化碳深冷分离设备见图 4-14。

图 4-14　氢／一氧化碳深冷分离设备

该氢/一氧化碳深冷分离设备由净化单元、冷箱分离单元、安全排放系统三部分组成。净化单元主要设备包括分子筛吸附器2台、再生气加热器1台、再生气冷却器1台；冷箱分离单元主要设备包括主板翅式换热器2组、再沸器2台、冷凝器1台、分离塔3台、分离罐1台、分离器3台、虹吸罐2台、一氧化碳压缩机1台、循环氮气压缩机1台；安全排放系统包括火炬气加热器1台、冷液体缓冲罐1台。

该设备能够满足多种产品的工艺要求，整体紧凑，占地面积小，运行成本低，在大规模装置上使用时有很好的经济性。该项目突破了6项关键技术，工艺包设计、设备设计、装置安全设计都得到了很大的提升，提高了工艺流程优化能力，以及工厂的板翅式换热器、精馏塔、气液分离罐的制造能力，促进了国内深冷分离设备行业的发展，提高了国内深冷分离设备的性价比，降低了类似装置的投资成本，节省了外汇。同时，促进了国产的板翅式换热器、压缩机、低温阀和常温阀的发展。

4.1.6　化工尾气低温分离回收设备

当前，国内外化工尾气的处理方法有两类：一类是破坏性方法，如焚烧法和催化燃烧法；另一类是非破坏性方法，即回收法，常用的回收方法有炭吸附法、冷凝法和膜分离法。用焚烧法等破坏性方法会造成原料浪费，有害物质无法完全除去或造成二次污染，不能达到环保要求。石油化工装置排放的尾气含有较多的氢气、氮气、二氧化碳和烃类气体等，可以通过低温分离设备进行回收，既能更大程度地发挥这些气体的工业价值，又能取得良好的环境效益。

1. 乙烯装置等尾气低温分离回收轻烃设备

中国石化中原石油化工有限责任公司（简称中原石化）12万t/a聚乙烯装置采用美国Unipol气相流化床聚合工艺，于1996年投料试车成功。2000年，对聚乙烯装置进行扩能改造，其尾气回收设备采用压缩冷凝工艺，将产能提高到20万t/a。2006年3月，膜分离装置开车投入使用，膜分离装置位于高压冷凝器后、缓冲罐前，该装置在压缩冷凝工艺的基础上进一步回收了排放气中剩余的丁烯和异戊烷，可降低部分排放。但丁烯和异戊烷总脱除率只有83%，而且不能回收乙烯和乙烷。2011年，回收设备进行了第二轮扩能改造，改造后的产能达到26万t/a。改造意味着会产生更多的排放气，虽然对回收系统一并进行了改进，但尾气缓冲罐中仍有大量尾气排放至火炬系统，造成了大量的浪费。为了节能减排，防止环境污染，在对比各种技术方案并经过论证后，中原石化决定采用深冷分离技术回收尾气，这也是深冷分离技术首次应用于聚烯烃尾气回收。

中原石化采用无动力深冷分离技术。从脱气仓来的尾气经压缩冷凝装置、膜分离装置进入深冷分离装置，经换热器组逐级冷却，温度逐渐降低。由各个气液分离器分离出的液态混合烃经减压节流后返回换热器组，回收冷量后出换热器组，成为气液混合烃产品，再经气液分离器分离。其中的液相组分进入反应器循环利用，气相组分在 0.15 ～ 0.2MPa 压力下返回上游裂解单元进行回收。由最后一级气液分离器出来的分烃尾气进入换热器组，经过复热回收冷量后，进入膨胀机组膨胀制冷。膨胀后的低温气体进入换热器组，为系统提供冷量，最后送往燃烧系统。

2012 年 11 月，无动力深冷分离回收烯烃装置投入使用。从运行效果来看，尾气中的烃类组分被很好地回收，1- 丁烯、异戊烷等高沸点组分几乎被回收殆尽，乙烯的回收率也高达 90% 以上，而且高沸点烃与低沸点烃因为发生闪蒸而分离开来，按照需要，前者作为冷凝剂重复使用，后者可送去裂解装置。分烃尾气中氮气纯度高，可送去脱气仓吹扫，作为氮气的补充。深冷分离回收设备取得了良好的效果，消除了尾气长期排放至火炬系统燃烧的现象，实现了清洁生产的目标，而且回收设备不需要额外输入动力，经济效益好，有着较高的推广价值。

2. 二氧化碳低温分离回收设备

根据各应用领域对二氧化碳浓度的要求，可以将二氧化碳产品划分成五类品级。其中，制药、电子、生物和超临界萃取对二氧化碳浓度要求最高，该品级被定义为高纯级，浓度要求不低于 99.99%；食品级二氧化碳要求浓度不低于 99.95%，可以应用于啤酒饮料罐装、干冰食品储运和医药储藏；合成级二氧化碳要求浓度不低于 99.9%，可以应用于尿素、纯碱和碳酸氢铵等合成；工业级二氧化碳要求浓度不低于 99.5%，可以应用于金属保护焊接和机械铸模等；普通级二氧化碳浓度要求为 95% ～ 98%，可以应用于油田注气采油、农业气肥和硼砂碳解等。

食品添加剂二氧化碳作为一种直接食用的工业产品，除了对二氧化碳有最低浓度要求之外，必须对有害物质的最高浓度加以限制。当前，我国在食品添加剂二氧化碳产品的检测及质量监控领域执行的新标准 GB 1886.228—2016 规定总硫含量≤ 0.1×10⁻⁶V/V，二氧化硫含量≤ 1.0×10⁻⁶V/V，苯含量≤ 0.02×10⁻⁶V/V。
这些苛刻的要求增加了工艺的难度，从而增加了生产成本。开发更加经济、高效的脱硫脱烃等净化技术成为食品级二氧化碳生产工艺的热点和难点。

对于食品级二氧化碳，质量安全对工艺考评结果起决定作用。在烃类物质等有害物质脱除程度上，催化氧化反应的脱烃效果最好，无再生时的二次污染。同时采用新型的复合型提纯塔，无须外供热源，实现无外加动力自动回流，降低了能耗。

如一套 20 万 t/a 液体二氧化碳生产工艺，采用贵金属 Pt 催化剂催化脱烃的净化技术，中压法液化生产液体二氧化碳，在生产工业级液体二氧化碳的同时还可以联产食品级液体二氧化碳，并可以根据市场的需求调整其生产比例。工艺原料气为 PSA 脱碳装置的解析气，通过压缩、脱硫、脱烃、除湿干燥、液化和提纯等处理，得到符合 GB/T 6052—2011 标准的工业级液体二氧化碳产品和符合 GB 1886.228—2016 标准的食品级二氧化碳产品。

该项目流程工艺具有以下几个优点：

1）采用干法常温水解精脱硫工艺，有机硫水解热源采用压缩机的气体热量回收，从而降低了蒸汽的消耗。

2）分子筛采用空气再生，与用二氧化碳气体再生方式相比，原料气利用率提高，再生能耗仅为二氧化碳气体再生能耗的 50%。

3）将系统中的能量加以综合利用，提纯塔放空尾气用于原料气的冷却，气态氨余冷得到充分利用。回收煤制氢中 PSA 脱碳装置的解析气，生产满足食品级添加剂的液体二氧化碳，不仅减少了温室气体的排放，减少了环境污染，同时创造了显著的经济价值，符合国家的产业政策。

3. 硫化氢低温精馏提纯设备

在国内的煤化工装置中，低温甲醇洗装置含硫酸性气中除了硫的氧化物外，还含有一定量的硫化氢，含量为 0.5% ~ 15%。利用副产品进行提纯制硫化氢，可以降低尾气中的硫含量，得到高纯硫化氢，具有重要的现实意义。

硫化氢低温精馏提纯设备在满足对产品高要求、保持较高的硫化氢回收率的同时，还具有运行成本低，整体设备占地面积小、使用寿命长、易损件少等优点，尤其是应用在大规模装置上有很好的经济性。广汇 2 000m³/h 硫化氢提纯设备见图 4-15。

图 4-15　广汇 2 000m³/h 硫化氢提纯设备

杭氧为广汇建造的 2 200m³/h 硫化氢低温精馏装置于 2017 年一次开车成功，硫化氢产品纯度 ≥ 99%，总烃含量 ≤ 300×10⁻⁶，达到了设计指标，得到了用户的认可。该项目也是当前国际上首套采用低温精馏回收硫化氢的装置，具有环保价值。

4. 甲醇制烯烃（MTO）冷箱设备

近年来，国内甲醇制烯烃技术有了巨大的进步，已实现了工业化。2010 年 9 月，甲醇制烯烃国家工程实验室与合作单位研发的具有自主知识产权的甲醇制烯烃技术 DMTO 成功应用于神华包头煤制 60 万 t/a 烯烃项目。该项目是世界首套煤制烯烃工业项目，也是国家示范工程，通过制取 80 万 t/a 甲醇从而制取 60 万 t/a 烯烃。其甲醇单程转化率达到 100%，乙烯加丙烯选择性大于 80%，技术指标达到国际领先水平。

MTO 冷箱是甲醇制烯烃设备中的关键设备，能同步实现设备中各单元的流体达到目标温度，有效循环利用冷量和热量，从而实现整个设备的节能。当前国内建成开车的甲醇制烯烃设备中，核心设备 MTO 冷箱的设计和制造均由杭氧完成。

蒲城渭北煤化工园区 70 万 t/a DMTO 冷箱装置于 2014 年 12 月 21 日投料

试车成功。该装置采用蒲城清洁能源化工有限责任公司具有自主知识产权的 DMTO-Ⅱ技术，以陕煤集团公司神南矿区烟煤为原料，实现一次能源产品向资源的深加工和就地转化跃升，可高效、清洁地生产国内紧缺的烯烃产品。该项目采用 DMTO-Ⅱ技术，在第一代 DMTO 技术的基础上增加了 C4+ 裂解技术，大幅度提高了乙烯和丙烯的产率；采用等压甲醇合成技术，属于国际首创，能显著降低装置能耗；采用长距离煤浆输送技术，属于国内首创的清洁煤炭输送方式。

冷箱可以同时满足开车工况、正常工况和最大运行工况的要求，其正常操作是由热物流循环丙烷复热冷物流乙烷、丙烷、尾气等至环境温度。冷箱在环境温度下投入运行，降温速率应为每小时不超过 15℃。在冷箱任何位置，两相物流最大允许温差小于 20℃。

4.2 变压吸附分离设备

除了低温分离技术在我国工业领域大规模应用之外，变压吸附分离技术在我国工业领域也有广泛应用，如大型的二氧化碳脱除设备、一氧化碳提纯设备、大宗量高纯氢气的制备、天然气净化、烷烃和烯烃的分离等。

4.2.1 变压吸附脱二氧化碳装置

变换气脱碳是合成氨原料气净化的一个重要工序。在合成氨生产的变换气中，二氧化碳含量一般为 20% ～ 28%，在进合成工序之前必须将其除去，所得合成气含氢气和氮气，供生产合成氨。

我国大多数合成氨装置脱除二氧化碳的传统方法是湿法脱碳，其主要缺点是操作费用高，尤其是蒸汽耗量特别大。20 世纪 90 年代开始用变压吸附法脱碳。2001 年后，国内开发出两段法双高脱碳新技术，成功用于大型工业脱碳装置。两段法工艺技术的实施使二氧化碳浓度达到 98%，变压吸附脱碳用于尿素生产获得成功。其操作简便、运行稳定、维修量少，不但克服了湿法脱碳蒸汽耗量大、操作费用高的缺点，也克服了原变压吸附脱碳工艺氢、氮和一氧化碳回收率低的缺点。

变压吸附脱碳双高工艺装置由两套变压吸附装置构成，将脱除、回收、提纯二氧化碳的 PSA 和净化精制合成气的 PSA 串联起来。第一段 PSA 逆放或抽空所获得的纯度 ≥ 98% 的二氧化碳用于尿素生产，第二段逆放气/抽空气放入中间缓冲罐，然后用于第一段充压或冲洗。

两段法变压吸附技术与现有湿法脱碳相比，具有操作简便、弹性大、运行费用低、自动化程度高等优势。用两段法变压吸附取代湿法脱碳，不到 3 年即可收回全部投资。因此，该两段法脱碳被迅速推广应用。其主要特点是：第一段变压吸附和第二段变压吸附为两个基本独立的系统，各自完成吸附、多次均压、抽空解吸等步骤。在吸附过程中，第二段以第一段出口气为原料，进一步完成净化精制任务；在解吸过程中，由中间缓冲罐回收第二段吸附塔均压结束后塔内的有效气体返回到第一段吸附塔加以利用，无须压缩机循环，使氢气、氮气损失减小。当前，单套装置处理变换气能力已达 20 万 m^3/h。

4.2.2　变压吸附提纯一氧化碳装置

一氧化碳作为重要的基础化工原料，广泛用于羰基合成等化工过程。工业用一氧化碳是从各种含一氧化碳的混合气中分离提取的，这些混合气还含有氢、氮、甲烷、二氧化碳及水气等气体以及其他杂质，组分较为复杂，需要采用高效、经济的一氧化碳分离技术。变压吸附技术由于工艺流程简单、操作方便、自动化程度高、环境友好等特点，应用日益广泛。

根据一氧化碳分离工序所使用的吸附剂，现有变压吸附分离一氧化碳工艺可分为两类：采用 5A 分子筛的工艺和采用负载 Cu 吸附剂的工艺。采用 5A 分子筛的工艺早期应用较多，由于技术的进步，当前还在一些工况下使用。采用负载 Cu 吸附剂的工艺在国内外均已有工业化装置，具有较好的发展潜力。

随着煤制乙二醇技术工业化的成功，大型变压吸附提纯一氧化碳装置得到迅速发展和推广。如 40 万 t/a 乙二醇装置需要配套工程 PSA-CO_2/H_2/CO 装置，其中体积分数不低于 98% 的一氧化碳生产能力为 4.4 万 m^3/h，体积分数不低于99.9% 的氢气生产能力为 8.4 万 m^3/h。PSA-CO_2/H_2/CO 工艺流程图见图 4-16。

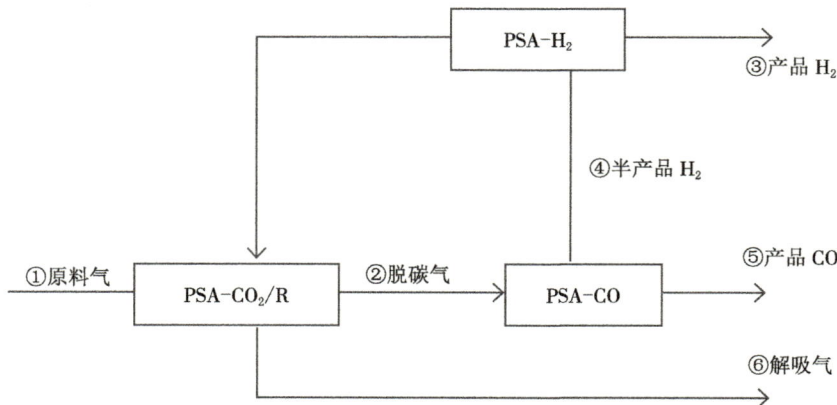

图 4-16　PSA-CO_2/H_2/CO 工艺流程图
注：①、③、⑤、⑥间为本装置界区范围。

经过初步净化的原料气首先进入 PSA-CO$_2$/R 工序，主要脱去二氧化碳及少量其他杂质。PSA-CO$_2$/R 工序由多台吸附器及一系列程序控制阀门构成。任一时刻总是有吸附器处于吸附步骤，原料由入口端通入，在出口端获得除去部分杂质的脱碳气。每台吸附器在不同时间依次经历吸附（A）、压力均衡降（ED）、逆向放压（D）、冲洗（P）、压力均衡升（ER）和最终升压（FR）。吸附器的压力均衡降都用于其他吸附器的压力均衡升，以充分回收吸附器中残留的一氧化碳气。逆放步骤排出了吸附器中吸留的大部分杂质组分，剩余的杂质通过抽空冲洗步骤进一步解吸。PSA-CO$_2$/R 工序的冲洗气来自后工段废气。解吸气初步稳压后送出界区。

脱碳气进入 PSA-CO 工段，氢气、氮气、氧气及部分甲烷等杂质从吸附塔顶部排出，得到吸附置换废气，作为 PSA-H$_2$ 的原料。一氧化碳及少量杂质经逆放和抽空步骤从吸附塔底部输出，进入产品一氧化碳逆放缓冲罐和产品一氧化碳混合罐，作为一氧化碳产品送出界区。PSA-CO 工序由多台吸附器及一系列程序控制阀门构成。任一时刻总是有吸附器处于吸附步骤，由入口端通入脱碳，吸附废气由出口端输出送往 PSA-H$_2$ 工序作为原料，在吸附入口端通过逆放及抽真空步骤获得产品气。每台吸附器在不同时间依次经历吸附（A）、压力均衡降（ED）、逆向放压（D）、抽真空（V）、压力均衡升（ER）、充压（R）。产品一氧化碳气经稳压后，在较为稳定的流量和压力下输出，送往用户。

来自 PSA-CO 工序的粗氢气进入 PSA-H$_2$ 工序的吸附塔，脱除杂质后在出口得到合格的氢气产品，向后工段输出。PSA-H$_2$ 工序由多台吸附器及一系列程序控制阀门构成。任一时刻总是有吸附器处于吸附步骤，由入口端通入粗氢气，在出口端得到产品氢气。每台吸附器在不同时间依次经历吸附（A）、压力均衡降（ED）、顺向放压（PP）、逆向放压（D）、冲洗（P）、压力均衡升（ER）、充压（R）。被吸附的杂质通过逆放和冲洗实现脱附，作为 PSA-CO$_2$/R 工序的冲洗气。

4.2.3 变压吸附提纯氢气装置

1. 十床常压解吸变压吸附提取纯氢装置

上海赛科石油化工有限责任公司 55 000m^3/h 从乙烯氢气和重整气混合气中提纯氢气设备、中石油四川石化 9 万 m^3/h 从重整气中提纯氢气设备、中海油大榭石化 6 万 m³/h 从中变气中提纯氢气设备、云南石化 12 万 m³/h 从变换气中提纯氢气设备采用的均是十床常压解吸变压吸附工艺。十床常压解吸变压吸附提取纯氢流程见图 4-17。

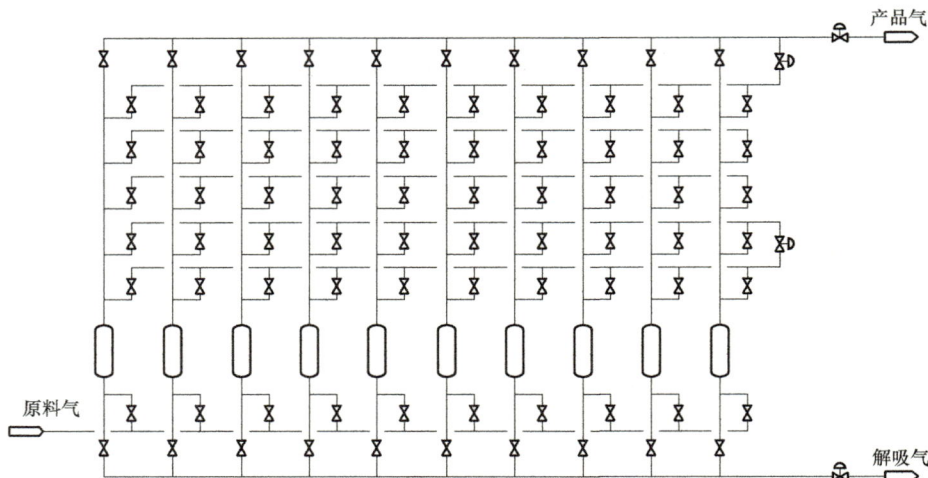

图 4-17   十床常压解吸变压吸附提取纯氢流程

该流程性能特点如下：

1）操作压力（表压）可以达到 5.0Pa，产品量可以达到 20 万 m³/h，采用了 3～6 次均压的方法，2～4 个吸附床处于吸附状态。

2）在主流程故障状态时，辅助流程有九床、八床、七床、六床及五床等方式运行。

2. 十二床负压解吸变压吸附提取纯氢装置

山东尚能实业有限公司提供的 3 万 m³/h 甲醇裂解制氢气设备、宁夏宁鲁石化 5 000m³/h 甲醇裂解制氢气设备、青海盐湖工业股份有限公司 14 万 m³/h 从焦炉煤气提纯氢气设备等采用的均是负压解吸变压吸附工艺。十二床负压解吸变压吸附提取纯氢流程见图 4-18。

该流程性能特点如下：

1）操作压力（表压）可以达到 6.0Pa，产品量可以达到 50 万 m³/h，采用了 5～8 次均压的方法，2～5 个吸附床处于吸附状态。

2）在主流程处于故障状态时，有十一床、十床、九床、八床、七床及六床等辅助流程运行。

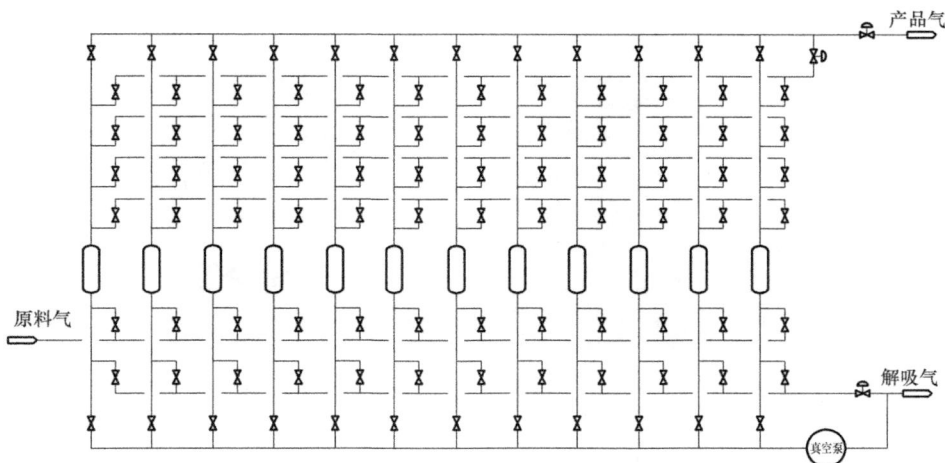

图 4-18　十二床负压解吸变压吸附提取纯氢流程

3. 恒逸（文莱）PMB 炼化 22.3 万 m³/h 特大型变压吸附提纯氢气装置

大型 PSA 提纯氢气装置是现代炼油厂的核心装置之一。恒逸实业（文莱）800 万 t/a 炼油化工项目（简称恒逸（文莱）PMB 炼化项目）配套的 22.3 万 m³/h 特大型变压吸附提纯氢气成套装置由西南化工研究设计院提供工艺包、详细工程设计、专家系统、所有设备及吸附剂，是当前我国出口海外的最大的变压吸附成套装置。

2013 年，该特大型 PSA 成套装置进行国际招标，西南化工研究设计院在激烈的竞争中成功中标，于 2013 年 12 月签订该成套装置的设计、采购、供货总承包合同，2016 年完成该装置的基础设计，2017 年完成详细工程设计，2018 年 5 月在上海罗泾港如期完成所有设备 FOB 交货。2019 年 7 月，该 PSA 提纯氢气装置建成中交，2019 年 10 月一次投料开车成功。

该装置处理原料气为连续重整装置重整气、加氢装置低分气和歧化装置富氢尾气的混合气。原料气量为 22.3 万 m³/h，产品氢气量为 18.6 万 m³/h，氢气回收率为 92%。恒逸（文莱）PMB 炼化项目是我国"一带一路"建设项目中的标杆项目，该项目的成功合作是对西南化工研究设计院 PSA 技术的重大肯定。恒逸（文莱）PMB 炼化项目一期工程见图 4-19。

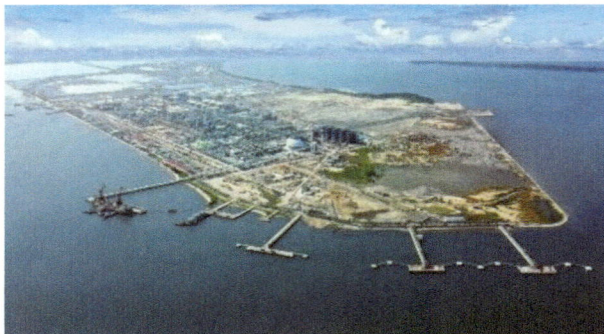

图 4-19　恒逸（文莱）PMB 炼化项目一期工程

4. 神华鄂尔多斯煤制油分公司 34 万 m^3/h 煤制气变压吸附提氢装置

神华鄂尔多斯煤制油分公司煤直接液化项目煤制氢装置 34 万 m^3/h 变压吸附氢气提纯单元由西南化工研究设计院提供全套工程设计、核心专利技术、专家系统、所有设备、材料及吸附剂，是当前世界上规模最大的变压吸附氢气提纯装置。

2005 年，西南化工研究设计院在神华集团全球国际招投标中击败其他国际知名竞争对手，成功中标该装置。2006 年，完成装置设计并进行工程建设。2007 年，装置建设竣工。2008 年 6 月，装置一次性投料成功，产品氢气质量优于性能保证指标。

PSA 装置的原料处理气是以粉煤为原料的壳牌炉转化气，西南化工研究设计院针对其气源流量大、压力高等特点，在设计中采用了拥有自主知识产权、技术处于国际领先水平的 PSA 双顺放罐工艺，通过 3 套 PSA 装置串并联相结合，最大限度地提高产品气回收率。PSA 原料进气量为 34 万 m^3/h，单系列原料进气量为 16.9 万 m^3/h，产品氢气量为 29.4 万 m^3/h，操作压力为 3.1MPa，氢气总回收率为 98%。氢气质量要求：氢气含量 ≥ 99.5%，一氧化碳 + 二氧化碳含量 ≤ $20×10^{-6}$。

该装置是 PSA 提纯氢气技术在石油化工领域大型化装置上应用的样板工程，充分体现了西南化工研究设计院 PSA 技术在世界上的领先优势。随着大型煤气化技术的发展，对 PSA 氢气提纯装置在规模大型化、装置高压化、流程高效化、研究深入化、应用多元化等方面提出了更高的要求。西南化工研究设计院作为全球主要的 PSA 技术供应商，拥有完全自主知识产权，并且充分利用研发、工程开发、关键装备设计与制造、现场技术及售后服务的一条龙研产销体系优势，不断进行技术创新，积极拓展海内外市场，已成为世界一流的 PSA 技术供应商。

4.3 膜分离设备

2005 年，大连大化新建一套年产 30 万 t 的甲醇系统，采用天邦公司膜分离技术，回收甲醇合成放空气中的氢气。其原始设计参数及指标见表 4-14。

表 4-14　大连大化 30 万 t/a 甲醇项目原始设计参数及指标

项目		放空气	产品气指标要求	模拟计算结果（保守值）
组成（%）	H_2	65.46	＞80	81.57
	CO	11.47		6.05
	CO_2	2.93		3.05
	N_2	17.71		7.54
	CH_4	0.23		0.06
	CH_3OH	0.57		0.7
	Ar	1.62		1.02
	H_2O	0.01		0.01
压力 /MPa		7.4	＞3.4	3.4
温度 /℃		40	60	60
流量 /（m^3/h）		6 300		4 329
氢气回收率（%）			＞85	85.6

该项目中，膜是由有机高分子材料制成的，在压力推动下，利用不同种类的气体在有机高分子膜中具有不同的渗透率而实现混合气的分离。在合成甲醇放空气的气体组分中，氢气渗透率高于一氧化碳、甲烷和氮气的渗透率。膜分离装置以甲醇驰放气的原有压力为推动力，使氢气等快气在低压侧富集，称为渗透气，返回循环压缩机入口。慢气在膜的高压侧富集，称为尾气，其压力基本不降低。

原料气先通过气液分离器除去气体中夹带的液滴和固体颗粒，再经加热器加热到 60℃后进入膜分离器。膜分离器采用并联形式连接，每个分离器均可用阀门切断或接通，根据不同的处理量改变回收氢气纯度和回收率。经过膜分离，在低压侧得到氢浓度较高的渗透气，作为产品气返回合成甲醇系统；而在高压侧得到贫氢尾气，经过减压可并入用户的燃料气管网。自控系统采用 DCS 控制，渗透气压力、放空气排量及加热温度等均实行自控操作，同时对超温等实行自动报警与联锁停车。

该膜分离装置每小时回收氢气量折合纯氢为 3 530m³，可生产甲醇 1.5t，年运行时间为 8 000h，经济效益显著。

4.4 液化设备

4.4.1 氧氮液化设备

杭氧近年来有多套液化设备实例，如宝钢 300t/d、湘钢梅塞尔 230t/d、西班牙梅塞尔 470t/d 氮液化设备等。其中，2018 年 3 月中标的湘钢梅塞尔 800t/d 液化设备为当前国内最大的液化设备。

空气分离装置生产出的氧气和氮气产品，如果使用不完，可将氧气和氮气液化后储存在低温液体储槽内，通常采用带增压透平膨胀机的低温液化流程。该装置兼顾氧、氮同时生产或切换生产。

生产液氮时，原料氮气经原料氮气压缩机压缩后，与高、低温膨胀机返流气体汇合，经循环氮气透平压缩机压缩后分为两股。一股气体进入主换热器冷却，再进入高温膨胀机，膨胀后经主换热器复热后出冷箱，与原料氮气压缩机压缩后的气体汇合。另一股气体经高温膨胀机和低温膨胀机增压端增压后进入主换热器，一部分冷却后进入低温膨胀机，膨胀后经主换热器复热出冷箱，与原料氮气压缩机压缩后的气体汇合，一部分继续在主换热器中冷却后经节流得到液氮，液氮在液氮过冷器中过冷，经减压后，作为产品液氮进入储存系统。

生产液氧时，原料氮气经原料氮气压缩机压缩后，与液化装置的返流气体汇合，经循环氮气透平压缩机压缩后分为两股。一股气体进入主换热器冷却后进入高温膨胀机，膨胀后经主换热器复热后出冷箱，回到循环氮气透平压缩机进口位置。另一股气体经高温膨胀机和低温膨胀机的增压端增压后进入主换热器，一部分直接在主换热器内被液化，另一部分冷却后进入低温膨胀机，膨胀后经主换热器复热后出冷箱，回到循环氮气透平压缩机进口位置。液氮被节流后进入氧氮转换器。原料氧气在氧氮转换器中被液氮冷却液化，经液氧泵加压后送去液氧储槽，液氮被汽化、复热后回到原料氮气压缩机进口位置。

4.4.2 天然气液化设备

1. 哈尔滨黎明气体有限公司 MRC 天然气液化设备

哈尔滨黎明气体有限公司建设的一套 7 万 m^3/d 的液化天然气及轻烃联合生产设备于 2008 年 12 月一次试车成功并顺利投产。该设备工艺流程中的制冷部分采用国际上广泛使用的混合工质制冷流程（MRC），具有能耗低、流程简单、操作弹性大、操作维护方便等特点，为我国首套具有自主知识产权的采用混合工质制冷流程（MRC）的天然气液化设备。

2. 亚马尔天然气及液化天然气一体化项目

中国石油集团参与建设的俄罗斯北极亚马尔天然气及液化天然气一期项目，创造了人类在北极这一极寒和环境敏感地区勘探、开发、加工、外运、销售天然气新的纪录。该项目总投资近 200 亿美元，设计建设年产 1 650 万 t 液化天然气和 100 万 t 凝析油。2017 年 12 月 8 日投产的一期工程为首条液化天然气生产线，每条线的年生产能力为 550 万 t 液化天然气，其中 400 万 t，对应 60 亿 m^3 天然气销往中国市场。该超大型天然气及液化天然气一体化项目位于俄罗斯北极亚马尔地区，拥有天然气储量 1.3 万亿 m^3 和凝析油 6 000 万 t，采用的 C3MR 液化工艺为成熟的应用技术，关键设备为大型基荷型液化天然气工厂主流设备。亚马尔天然气及液化天然气一体化项目见图 4-20。

图 4-20 亚马尔天然气及液化天然气一体化项目

3. 液化天然气接收站（接收能力 630 万 t/a）

该项目是我国第一个完全由国内企业自主引进、建设、管理的大型液化天然气项目，是当前国内存储能力最大的液化天然气接收站。该项目于 2009 年 2 月投入商业运营，液化天然气处理规模为 630 万 t/a。福建液化天然气接收站见图 4-21。

图 4-21　福建液化天然气接收站

　　该项目主要设备包括：接收站一期工程的 4 个 16 万 m^3 的液化天然气储罐；一座可停泊 8 ～ 21.5 万 m^3 液化天然气船的泊位和工作船码头，345.5m 长的栈桥；7 套液化天然气汽化装置和其他辅助装置。输气干线一期工程管线总长 361km，沿线共设 14 个分输站、18 个阀室。接收站新建工程新增建设 5 号、6 号储罐及配套设施。输气干线二期工程分批建设总长约 1 100km 管线及配套分输站、阀室。

4.4.3　氢液化设备

　　液氢便于储存，运输费用低，热值较高（为汽油热值的 3 倍），汽化时膨胀倍率大，故液氢是一种优质的干净能源，是氢能应用过程中的关键环节。氢能利用方式主要有：直接燃烧产生热能、燃料电池产生电能、热核反应产生核能。液氢是优良的火箭推进剂。在各种组合推进剂中，液氢、液氧推进剂的比推力达 391s，液氢、液氟推进剂的比推力达 410s。用液氢做推进剂的核子火箭发动机的比推力可达 1 000s 以上。液氢在超声速飞机和远程洲际客机上作为动力能源的研究已进行多年，当前已进入样机试飞阶段。在交通运输方面，日本等国已推出以液氢作为燃料的新能源汽车，并多次进行了道路运行试验。试验证明，以氢为燃料的汽车在经济性、适应性和安全性方面均有良好的前景，但因当前液氢供应设备费用高昂，其推广应用受到限制。

　　自 1898 年英国杜瓦用负压液态空气预冷后的节流效应使氢液化得到 20K 的液氢后，近半个世纪的研究工作还只停留在实验室应用阶段，液氢装置的产量为 4 ～ 20L/h。20 世纪 50 年代初，随着航天技术的迅猛发展，液氢生产逐步发展到工业生产规模。1952 年，美国建成产量为 320L/h 的中型液氢装置，此后相继建成吨级日产量的大型氢气液化装置。从当前的市场应用来看，美国占据了全球 85% 的液氢生产和应用市场，其中，美国 AP 和 Praxair 两大集团占据了美国 90% 的液氢市场。

我国从 20 世纪 60 年代开始研制氢液化设备，1960 年完成第一台 8L/h 氢液化设备制造。1961 年 10 月，该设备在杭州制氧机研究所试验工场调试成功。100L/h 氢液化设备于 1969 年正式投产，生产出液氢。2014 年，世界上最大的氦循环氢液化装置在海南文昌航天发射场一次试车成功，每小时产液氢 $1.5m^3$，液氢产品纯度达到 99.999 8%。

英戈尔施塔特（Ingolstadt）的氢液化装置曾是德国最大的氢液化系统。原料氢气来源于天然气的蒸汽重整，在液化前需要经过纯化。压缩到 2.1MPa 的原料气经过 PSA 纯化器初步除杂，再在位于液氮温区的低温吸附器中进一步纯化，然后送入液化系统进行液化。在液化的过程中进行正仲氢转换，最后生产出含有 95% 以上仲氢的液氢送往储罐储存。该工厂的液氢单耗达到 13.6kW·h/kg。2007 年 9 月，洛伊纳（Leuna）建成了德国第二个氢液化工厂。该工厂的氢液化装置比 Ingolstadt 的氢液化装置更加高效，液氢制备单耗达到 10kW·h/kg。两个氢液化装置的差别主要在于：Leuna 的原料氢气的纯化过程在位于液氮温区的吸附器中完成；膨胀机的布置方式不同；正仲氢转换器全部置于换热器内部。

4.4.4　氦液化设备

氦气的沸点（4.2K）极低，所以氦气是所有气体中最难液化的。1908 年，莱顿大学的卡末林·昂内斯首次实现氦液化。他使高压氦气经过液氮和减压后的液氢预冷到约 14K，节流得到了液氦。此后近 30 年，液氦技术发展十分缓慢。直到 1934 年，卡皮查首次建造了带膨胀机的氦液化装置。20 世纪 50 年代以后，随着空间技术、高能物理、低温超导等领域的发展，对低温液氦技术的要求也日益升高，氦液化技术也得到了迅猛发展。当前世界上运行的氦液化装置液化量为每小时几十升到数千升。最大的氦液化装置建在美国的费米国家加速器实验室，生产量达到 4 900L/h。最大的氦低温系统建在瑞士的欧洲核子中心，拥有 8 台 18kW/4.5K 的氦制冷机、8 台与 4.5K 制冷机连接的 2.4kW/1.8K 的制冷单元，以及部分小容量的氦制冷机。

4.4.5　液化储能系统

由于化石燃料的大量燃烧使用，引发了一系列环境污染问题，如温室效应、臭氧层空洞和酸雨等。为此，亟需建立一个更加安全、可持续和环保的能源供应体系，即可再生能源体系。经过几十年的发展，可再生能源发电量占全球总发电量的 3.4%（不包括水力发电，约占全球发电量的 15%）。各国也出台了很多可再生能源开发及利用的政策和计划。英国政府设置了从 4.6% 增长到 2020 年的 20% 的可再生能源电力生产目标。欧盟提出到 2020 年可再生能源的使用要达到 30% ～ 40% 的增长。我国在《能源生产和消费革命战略（2016—2030）》中提出，到 2030 年，非化石能源占一次能源消费总量比重要达到 20%，非化石能源发电量比重力争达到 50%，二氧化碳排放达到峰值。

但是，可再生能源发电依然存在着一些问题，限制了它的推广和应用。可再生能源尤其是风能和太阳能是间歇性的能源，具有不持续性、不确定性等缺点，这会严重影响电网的安全与稳定，增加对电网系统控制的复杂性。部分可再生能源（如海洋能、风能等）还会受到地理环境、天气因素等影响。同时，随着传统电力峰谷差值的增长，电网的稳定与安全问题日益突出，储能技术是解决这些问题的重要途径。

1. 液化空气储能（LAES）技术

压缩空气储能（CAES）技术推广过程中遇到的一个大问题是大规模压缩空气储能系统需要很大并能承受高压的存储空间。如德国 Huntorf 压缩空气储能电站的发电能力为 321MW，用于储存高压空气的储气室有两个，总容积达 31 万 m^3 左右，耐压为 7MPa 以上。美国 McIntosh 压缩空气储能电站发电能力为 110MW，储气洞的容积为 56 万 m^3 左右，耐压为 7MPa 以上。克服大规模压缩空气储能系统对大型储气室依赖的有效办法是对工质进行液化。液化空气储能（LAES）系统可实现低温储能，具体流程包括液化过程、能量存储过程和电力恢复过程。液化空气储能原理图见图 4-22。

液化空气储能的介质是随处易得的空气，储能的整个过程不需要化石燃料作为补充。当空气通过液化设备冷却到约 -196℃ 时变为液体，一般 700m^3 空气可变为约 1m^3 液态空气。液态空气作为储能介质，具有较高的储能密度，每单位体积的有效能可达 660MJ/m^3。

2. 液态二氧化碳储能（LCES）系统

液态二氧化碳储能（LCES）系统也是基于传统 CAES 系统需要大型的储气室的限制提出的。与 CAES 系统相比，LCES 系统的能量密度高，单位储罐体积发电量高。如图 4-23 所示，通过和 ORC 制冷系统相结合，可以充分回收透平出口处二氧化碳气体的余热，利用这部分余热，通过 ORC 系统再发出更多的电能。

与 ORC 系统匹配后，LCES 系统的循环效率可以达到 56.64%。液态二氧化碳储能系统流程图见图 4-23。

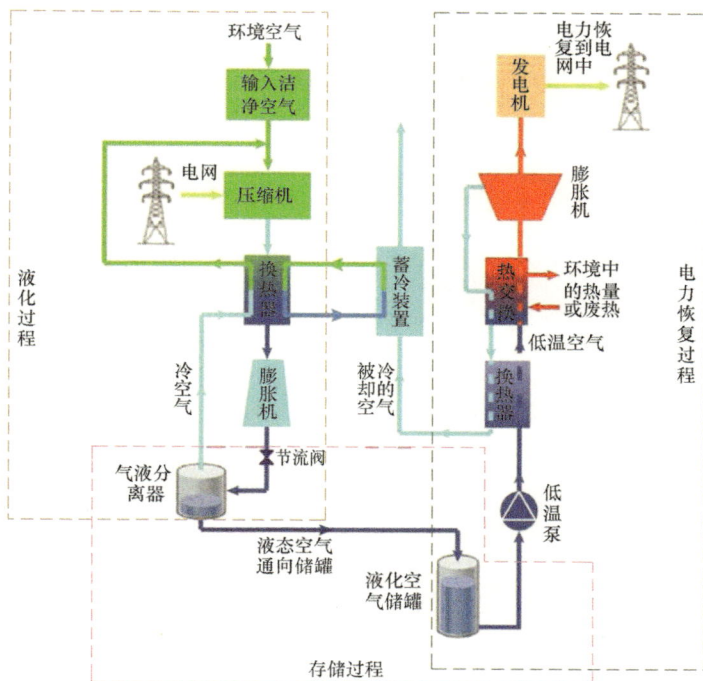

图 4-22　液化空气储能原理图

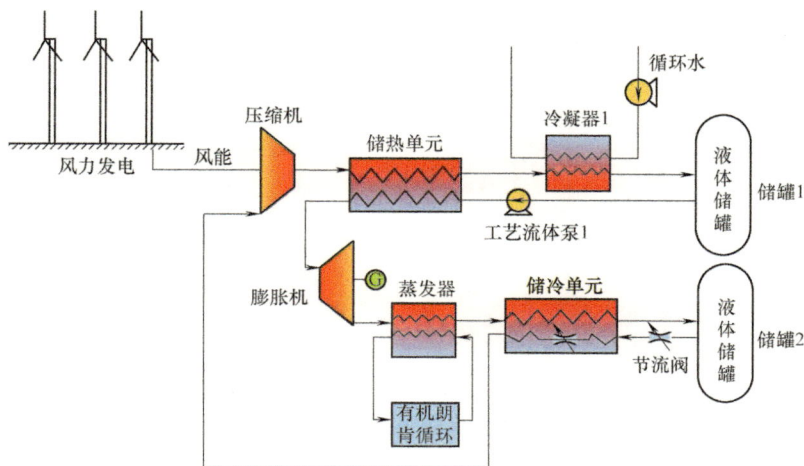

图 4-23　液态二氧化碳储能系统流程图

第 5 章

我国气体分离设备成套能力及配套设备、机组水平

5.1　我国气体分离设备成套能力

当前，我国气体分离设备行业可根据用户不同的需求设计制造成套空气分离设备及其他混合气体分离设备，其成套产品的有些板块技术已达到世界一流水平，而有些板块的技术和国际先进水平尚有差距。我国低温气体分离设备制造龙头企业杭氧的产品已达到国际领先水平，变压吸附气体分离设备龙头企业天科股份的产品已达到国际先进水平。但是在膜分离、大型液化天然气、特种气体制备领域，还需奋起直追国际先进水平。

5.1.1　我国低温分离设备的成套能力

1. 我国空分设备流程全、规模大，技术达国际领先水平

在空分设备制造领域，杭氧、林德、法液空是特大型空分设备重大项目国际招标中最主要的竞标企业，代表着空分设备制造的最高水平。四川空分、开封空分等企业的产品也达到了先进水平。我国生产的大型、特大型空分设备除在国内市场使用外，还远销国际市场，出口到德国、西班牙、瑞士、塞尔维亚、俄罗斯、土耳其、墨西哥、美国、印度、马来西亚及韩国等国家。特别是杭氧的 8 万 m^3/h、12 万 m^3/h 空分设备已在海外稳定运行，这是我国空分设备制造业的一大进步。

随着冶金、石化、煤化工等产业迅速发展，特别是煤炭深加工行业的快速发展，对空分设备大型化、特大型化的需求日益增加，以杭氧、四川空分、开封空分等为代表的国产品牌空分设备制造企业也迅速适应市场，空分设备实现了大型化、特大型化，主要的标志性产品如下：

2010 年 10 月 21 日，由杭氧研制的 6 万 m^3/h 等级内压缩流程空分设备顺利通过中国机械工业联合会组织的鉴定。

2011—2012 年，杭氧先后取得了广西杭氧盛隆气体有限公司 8 万 m^3/h 和 12 万 m^3/h 成套空分设备的合同订单。

2013 年，杭氧获得了神华宁煤 400 万 t/a 煤制油项目中的 6 套 10 万 m^3/h 空分设备订单。自 2017 年 3 月起，设备先后投入运行。经过 3 年多的运行表明，国产 10 万 m^3/h 空分设备在运行能耗、长周期运行、极端气候达产、可靠性、智能化等关键性能指标上优于同台竞技的国外品牌空分设备。为此，中国机械工业联合会与中国通用机械工业协会于 2018 年 4 月组织了专家鉴定，鉴定结论认为总体技术水平世界领先。"10 万 m³/h 等级空气分离设备关键技术及产业化"项目获得了 2018 年度中国机械工业科学技术奖特等奖。2018 年之后，杭氧签订了神华榆林项目 3 套 10 万 m³/h、宁夏宝丰 2 套 10 万 m³/h、浙江石化 4 套 10 万 m³/h 等 20 多套特大型空分设备合同。

迄今，国产 6 万 m³/h 等级及以上特大型空分设备已有 80 多套，大部分是由杭氧设计制造的。

2. 低温石化分离设备品类全、发展快、业绩多，技术达国际先进水平

（1）乙烯冷箱　当前大型乙烯冷箱的设计制造厂商有 6 家，分别是杭氧、林德、查特、法孚、神户制钢和住友。杭氧是国内唯一可研发、设计、制造大型乙烯冷箱的厂商，是国内乙烯冷箱国产化基地，已有 30 多套成套乙烯冷箱业绩。单套乙烯冷箱最大规模达 180 万 t/a，其业绩涉及 LUMMUS、S-W、KBR、SEI、HQEC 等国内外传统乙烯工艺包厂商设计的工艺流程。

杭氧在 100 万 t/a 乙烯冷箱的成果基础上，成功研制出 120 万 t/a 乙烯冷箱，并在惠州乙烯项目中得到应用。当前，杭氧为美国埃克森美孚公司设计的 180 万 t/a 乙烯冷箱正在制造过程中，得到了埃克森美孚公司的传热专家的认可。经过几十年的努力，我国生产的乙烯冷箱无论是规模还是技术水平，均已达到国际先进水平，形成了可以与国外厂商抗衡的态势，实现了乙烯冷箱相关技术创新和可持续发展，促进了我国石化行业的发展。我国乙烯冷箱业绩情况见表 5-1。

表 5-1　我国乙烯冷箱业绩情况

序号	用户名称	项目名称	最高设计压力 /MPa
1	燕山石化	66 万 t/a 乙烯改造	4.47
2	中原石化	20 万 t/a 乙烯改造	4.4
3	天津联化	20 万 t/a 乙烯改造	5.2
4	辽阳化纤	22 万 t/a 乙烯改造	4.9
5	上海石化	70 万 t/a 乙烯改造	4.75
6	兰州石化	32 万 t/a 乙烯改造	4.1
7	广州石化	20 万 t/a 乙烯改造	4.15
8	扬子石化	66 万 t/a 乙烯改造	5.16

（续）

序号	用户名称	项目名称	最高设计压力 /MPa
9	齐鲁石化	72 万 t/a 乙烯改造	3.94
10	茂名石化	100 万 t/a 乙烯改造	3.96
11	福建炼化	80 万 t/a 乙烯新建	5.4
12	镇海炼化	100 万 t/a 乙烯新建	6.0
13	天津石化	100 万 t/a 乙烯新建	5.4
14	沈阳石蜡	20 万 t/a 乙烯新建	4.78
15	上海赛科	120 万 t/a 乙烯改造	8.0
16	抚顺石化	80 万 t/a 乙烯新建	4.05
17	四川石化	80 万 t/a 乙烯新建	4.05
18	武汉石化	80 万 t/a 乙烯新建	4.05
19	沈阳石蜡	20 万 t/a 乙烯改造	4.78
20	扬子石化	44 万 t/a 乙烯新增	5.16
21	延长靖边	150 t/a 催化裂解 DCC 制乙烯	5.0
22	兰州石化	20 万 t/a 乙烯改造	4.1
23	福建炼化	99 万 t/a 乙烯改造	4.95
24	大庆石化	120 万 t/a 乙烯改造	4.5
25	天津联化	2 套 20 万 t/a 乙烯改造	4.35
26	中海石油惠州	120 万 t/a 乙烯新建	4.55
27	神华宁煤	60 万 t/a 催化裂解制乙烯装置	4.5
28	山东玉皇	100 万 t/a 轻烃利用乙烯装置新建	4.5
29	延安能源化工	40 万 t/a 轻油利用	5.4
30	浙江石化	140 万 t/a 乙烯新建	4.5
31	盛虹石化	140 万 t/a 乙烯新建	4.5
32	GCGV	180 万 t/a 乙烯新建	3.52
33	辽宁宝来	100 万 t/a 乙烯新建	4.55
34	烟台万华	100 万 t/a 乙烯新建	4.5
35	宁波华泰	60 万 t/a 乙烯新建	4.2
36	中科炼化	80 万 t/a 乙烯新建	4.5

序号	用户名称	项目名称	最高设计压力/MPa
37	大庆石化	35 万 t/a 乙烯更换	4.6
38	中韩武汉石化	110 万 t/a 乙烯改造	3.8
39	兰州石化	24 万 t/a 乙烯改造	4.5
40	龙油石化	45 万 t/a 乙烯新建	4.2
41	鲁清石化	120 万 t/a 轻烃利用乙烯装置	4.5
42	连云港石化	125×2 万 t/a 乙烯新建	5.14
43	浙江石化二期	2# 3#140 万 t/a 乙烯装置	4.5
44	福建古雷	80 万 t/a 乙烯新建	5.1
45	乌兹别克斯坦 SGCCUP	28.5 万 t/a 乙烯冷箱改扩建	7.0
46	山东齐旺达	30 万 t/a 乙烯新建	6.0
47	利华益	20 万 t/a 乙烯新建	6.5
48	兰州石化（长庆）	80 万 t/a 乙烯新建	3.8
49	塔里木油田	60 万 t/a 乙烯新建	3.8
50	天津联化	20 万 t/a 冷箱更换	5.2

（2）液氮洗冷箱　1997 年由杭氧为山西天脊煤化工集团有限公司设计制造的液氮洗换热器，安全运行多年，其运行指标超过原进口换热器性能指标。中国寰球工程公司、杭氧、上海国际化建工程咨询公司、大连理工大学等都相继开发了各自的液氮洗工艺包。杭氧对液氮洗技术不断优化升级，液氮洗设备订单纷至沓来，供货范围也从单纯的液氮洗冷箱扩展到液氮洗系统的所有设备和配套控制阀。虽然用于净化原料气的液氮洗技术原理相同，但因不同工艺制备的合成氨原料气的组分、压力均有所不同，故具体工艺和设备组成各有不同。杭氧已根据实际的原料气组分和工况分别开发了相应的液氮洗设备成套工艺包，并设计、制造了全套液氮洗核心设备。当前，杭氧已拥有年产 18 万～ 60 万 t 合成氨项目液氮洗设备成套工艺包设计和全套核心设备业绩。

国产液氮洗设备以其与国外相当的技术性能及经济性优势，当前在国内市场占据绝对主导的地位。我国部分国产成套供货液氮洗设备情况见表 5-2。

表 5-2　我国部分国产成套供货液氮洗设备情况

序号	用户名称	项目名称	最高设计压力/MPa
1	华鲁恒升	30 万 t/a 合成氨液氮洗冷箱	6.5
2	安徽淮化	30 万 t/a 合成氨液氮洗冷箱	6.5
3	延长兴化	30 万 t/a 合成氨液氮洗装置（含工艺包／分子筛系统）	6.5
4	贵州金赤	30 万 t/a 合成氨液氮洗冷箱	6.5
5	陕化股份	30 万 t/a 合成氨液氮洗装置（含工艺包／分子筛系统）	6.5
6	国电赤峰	30 万 t/a 合成氨液氮洗装置（含工艺包／分子筛系统）	3.6
7	鲁西化工	30 万 t/a 合成氨液氮洗装置（含工艺包／分子筛系统）	4.0
8	陕化股份	30 万 t/a 合成氨液氮洗装置（含工艺包／分子筛系统）	6.5
9	兖矿新疆	30 万 t/a 合成氨液氮洗装置（含工艺包／分子筛系统）	6.5
10	六国化工	30 万 t/a 合成氨液氮洗冷箱（含工艺包／分子筛系统）	6.7
11	中盐红四方	30 万 t/a 合成氨液氮洗冷箱（含工艺包／分子筛系统）	7.0
12	安阳盈德	40 万 t/a 合成氨液氮洗冷箱	6.4
13	亿鼎煤化	合成氨尿素乙二醇项目	4.4
14	华鹤煤化	30 万 t/a 合成氨、52 万 t/a 大颗粒尿素装置	6.8
15	阳煤太化	40 万 t/a 合成氨液氮洗装置（含工艺包）	6.0
16	石家庄盈鼎	30 万 t/a 合成氨	6.0
17	江苏华昌	30 万 t/a 合成氨、52 万 t/a 大颗粒尿素装置	6.5
18	新疆中能	30 万 t/a 合成氨液氮洗冷箱（含工艺包／分子筛系统）	4.0

序号	用户名称	项目名称	最高设计压力/MPa
19	东乌旗	18万t/a合成氨液氮洗冷箱（含工艺包/分子筛系统）	4.0
20	鲁西化工	50万t/a合成氨液氮洗装置（含工艺包/分子筛系统）	4.5
21	浙江智海	30万t/a合成氨装置	6.0
22	七台河泓泰兴	18万t/a合成氨装置	3.8
23	宜昌星兴蓝天	40万t/a合成氨液氮洗装置（含工艺包）	6.7
24	湖北宜化	45万t/a合成氨液氮洗装置（含工艺包）	6.2
25	华鲁恒升	40万t/a合成氨液氮洗装置（含工艺包）	6.8
26	江苏华昌	30万t/a合成氨、52万t/a大颗粒尿素装置	6.5
27	山东阿斯德	30万t/a合成氨 52万t/a大颗粒尿素装置	6.5
28	江苏海力	10万t/a己内酰胺装置	6.7
29	福化天辰	40万t/a合成氨	6.8
30	福建申远	40万t/a合成氨	4.1

（3）烷烃脱氢冷箱分离系统　我国自2011年开始进行烷烃脱氢冷箱分离系统的研制。杭氧研制出了卫星能源45万t/a丙烷脱氢制丙烯装置冷箱分离系统的工艺流程及设备。该装置是国内第一套UOP工艺包技术丙烷脱氢制丙烯装置，于2014年9月开车成功。

在此基础上，杭氧对工艺流程、核心设备进行了进一步研发，从而推动了国内烷烃脱氢制烯烃设备冷箱分离系统的发展。我国大部分烷烃脱氢冷箱采用UOP的Oleflex工艺，除福建美德石化有限公司的冷箱分离系统为德国林德公司产品外，其他均由杭氧成套提供。其中，丙烷脱氢设备11套、异丁烷脱氢设备6套、混合烷烃脱氢设备5套。采用Lummus的Catofin工艺的丙烷脱氢设备有8套。国内单套最大烷烃脱氢设备产能为90万t/a。我国已投产和在建的脱氢设备见表5-3。

表 5-3　我国已投产和在建的脱氢设备

序号	用户名称	产品方案	生产能力/（万 t/a）
1	卫星能源	丙烷脱氢	45
2	绍兴三锦	丙烷脱氢	45
3	扬子江石化	丙烷脱氢	66
4	万华化学	丙烷脱氢	75
5	山东京博	混合烷烃脱氢	25
6	山东利津	异丁烷脱氢	20
7	黑龙江安瑞佳	异丁烷脱氢	20
8	山东桦超	异丁烷脱氢	20
9	山东鲁清	异丁烷脱氢	20
10	山东龙港	异丁烷脱氢	150
11	山东神驰	丙烷脱氢	20
12	河北海伟	丙烷脱氢	50
13	齐翔腾达	混合烷烃脱氢	40
14	宁波福基	丙烷脱氢	66
15	山东利源	混合烷烃脱氢	25
16	河北新欣园	异丁烷脱氢	20
17	东明前海	混合烷烃脱氢	30
18	山东玉皇	丁烷脱氢	20
19	天津渤化	丙烷脱氢	60
20	宁波海越	丙烷脱氢	60
21	卫星能源	丙烷脱氢	45
22	福建美德	丙烷脱氢	75
23	恒力石化	混合烷烃脱氢	40
24	陕西延长	混合烷烃脱氢	25
25	浙江石化	丙烷脱氢	60
26	东华能源	丙烷脱氢	66

序号	用户名称	产品方案	生产能力 /（万 t/a）
27	浙江华泓	丙烷脱氢	45
28	东莞巨正源	丙烷脱氢	60
29	金能科技	丙烷脱氢	90
30	淄博海益	丙烷脱氢	25
31	江苏三木	丙烷脱氢	45
32	山东天弘	丙烷脱氢	25
33	齐翔腾达	丙烷脱氢	70
34	江苏斯尔邦	丙烷脱氢	70
35	上海华谊	丙烷脱氢	75
36	山东睿泽	丙烷脱氢	30
37	宁夏润丰	丙烷脱氢	30

（4）氢/一氧化碳深冷分离设备　　在我国，氢/一氧化碳深冷分离技术随着国内煤制乙二醇装置蓬勃发展而取得了快速发展。2013 年，杭氧签订了河南开祥天源化工有限公司 22 万 t/a 乙二醇项目国内首套单塔流程一氧化碳深冷分离设备和内蒙古康乃尔化学工业有限公司 30 万 t/a 煤制乙二醇装置国内首套三塔复杂流程一氧化碳深冷分离设备的合同。

总体来看，我国掌握了氢/一氧化碳深冷分离设备工艺技术及制造技术，技术成熟，并开始与国外企业同台竞争。由国内自主研发、设计制造的阳煤集团深州化肥有限公司 22 万 t/a 乙二醇项目单塔流程、阳煤集团寿阳化工有限公司 20 万 t/a 乙二醇项目三塔复杂流程均开车成功，运行稳定，表明我国完全有能力自主研发、设计、制造氢/一氧化碳深冷分离设备。尤其是杭氧开发的三塔复杂流程运行成功，完全突破了国外的技术封锁，达到了国际先进水平。

2018 年，杭氧与大唐集团中新能化签约了一氧化碳深冷分离装置。深冷石化装置是煤制气合成乙二醇的关键装备，杭氧应用自主研发的技术，采用四塔流程，分别为两个项目提供处理气量达 41 万 m^3/h、分离一氧化碳量为 4.2 万 m^3/h 的大型石化气体分离装置。该项目是一氧化碳深冷分离装置中最大规模等级的项目之一。我国氢/一氧化碳深冷分离设备见表 5-4。

表 5-4 我国氢/一氧化碳深冷分离设备

序号	用户名称	项目名称	最高设计压力 /MPa
1	河南开祥	氢气/一氧化碳分离装置（含工艺包）	4.0
2	内蒙古康乃尔	氢气/一氧化碳分离装置（含工艺包）	3.8
3	阳煤寿阳	氢气/一氧化碳分离装置（含工艺包）	4.5
4	河南骏化	氢气/一氧化碳分离装置（含工艺包）	4.0
5	新疆胜沃	乙炔化工新工艺 40 万 t/a PE 多联产	4.2
6	乌海洪远	合成气制备装置 CO 深冷分离	4.1
7	福化天辰	大型煤气化项目 CO 深冷分离装置	6.5
8	大唐阜新	煤制天然气调峰	4.0
9	大唐克旗	煤制天然气调峰	4.0
10	安徽昊源	30 万 t/a 合成气制乙二醇装置	3.8
11	浙江石化	4 000 万 t/a 炼化一体化项目二期工程 CO 深冷分离装置	6.3
12	山西美锦	综合尾气制 30 万 t/a 乙二醇深冷分离装置	4.4
13	陕西榆林	120 万 t/a 煤制乙二醇一期、40 万 t/a 乙二醇深冷分离装置	4.2

5.1.2 我国变压吸附设备的成套能力

1. 变压吸附制氢设备达国际先进水平

在变压吸附制氢设备领域，天科股份变压吸附变换气提纯氢气装置技术已达到国际先进水平。它将变压吸附技术广泛应用到提纯氢气技术、提纯二氧化碳技术、甲醇裂解制氢装置、提纯一氧化碳技术、粗苯加氢精制装置、脱除乙烷以上烃类组分技术、二甲醚装置、脱除二氧化碳技术、煤造气制氢技术、PSA 脱碳同时回收二氧化碳双高技术、天然气转化制氢装置、空分富氧技术、提纯氮气技术、焦钢厂副产气综合利用技术及焦炉气制甲醇工业装置，取得了丰硕的成果。

天科股份提供全套工程设计和核心专利技术，在神华集团煤制油化工有限公司建成 28 万 m^3/h 煤制氢变压吸附装置，以及文莱 18.6 万 m^3/h 重整气制氢装置、中海油惠州炼油 20 万 m^3/h 制氢装置、云南石化 1 000 万 t/a 炼油项目 17 万 m^3/h 制氢联合装置等均属世界上最大规模等级的变压吸附制氢装备。2018 年，天科股份承担的大型石化重整气 PSA 提氢装置处理气量达 22.35 万 m^3/h，产氢量 ≥ 19 万 m^3/h。

与国外技术相比，我国变压吸附制氢技术具有以下优势：

1）变压吸附氢提纯技术和成套装置数量多，应用领域广，单套装置产能大。

2）自主开发能力强，装置性能高。国外公司的装置数量较少。在产品纯度相同的情况下，国内装置的回收率比国外同类装置的高2%。

2. 变压吸附制氧、制氮设备为世界单体规模最大

在变压吸附制氧设备领域，北大先锋研制的PSA成套制氧设备氧产量最大达4.07万m³/h，设备于2011年6月在贵州开磷集团息烽合成氨有限责任公司建成投产；成都华西研制开发的PSA成套制氧设备氧产量最大达3.5万m³/h，设备于2011年6月在阳谷祥光铜业有限公司建成投产。这两套设备均为世界上最大规模等级的变压吸附制氧设备。

在变压吸附制氮设备领域，上海瑞气研制开发的PSA成套制氮设备氮产量达2.5万m³/h，为国内最大的PSA制氮装置。

5.1.3 我国天然气液化设备成套能力

1. 小型天然气液化设备可以成套

当前，我国已建成近100套液化天然气生产装置。前期的装置建设大都是在引进国外技术的基础上，通过消化吸收与国内技术相结合完成。当前，我国已完全可以自行设计、安装调试液化天然气生产装置。天然气液化设备包括预处理和液化部分，由于我国天然气利用比较早，研制预处理设备没有难度，小型的天然气液化设备可以成套。

2012年，由中国石油寰球工程公司自主开发的双循环混合冷剂大型液化技术（DMR）在中国石油华气安塞200万m³/d液化天然气项目中成功应用，2014年在中国石油山东泰安60万t/a的液化天然气项目中成功应用。

2014年，由四川空分提供的内蒙古兴圣200万m³/d天然气液化设备投产。该设备采用单一混合冷剂三级节流制冷流程，是当前规模最大的国产化单一混合冷剂节流制冷的天然气液化设备。

中国石油集团工程设计有限责任公司西南分公司自主研发的大型天然气液化技术中的阶式制冷工艺在湖北黄冈500万m³/d天然气液化装置上得到应用。

单一混合冷剂制冷流程、双循环混合冷剂制冷流程和阶式制冷流程均在50万～100万t/a的成套装置上成功应用，C3-MR流程尚没有获得实际应用。

2. 天然气液化设备大部分可替代进口产品

我国天然气液化相关设备绝大部分可以替代进口产品，四川空分、杭氧等可以生产冷箱和膨胀机，沈鼓、陕鼓、杭氧等都能设计制造透平式和往复式压缩机。

我国的液化天然气工厂中有很多进口设备已被国产设备替代。2014年，沈鼓设计制造的天然气液化装置用压缩机组在中国石油山东泰安60万t/a的液化天然气项目中成功运行。该机组打破了国外技术垄断，达到国际先进水平。但不可否认的是，当前大型液化装置的关键设备仍然由查特和林德公司垄断，短期之内很难打破这一局面。国内的杰瑞天然气集团和张家港富瑞特种装备股份有限公司已开始生产小型的液化装备，存在进口替代空间。

5.1.4 我国膜分离设备的成套能力

经过几十年的发展，我国气体膜分离技术与国外的差距正在逐渐缩小。当前，已经涌现出一批具有开发应用价值、接近或达到国际水平的气体膜分离技术研发成果，主要包括：

1）中空纤维膜法提氢技术。该技术是从合成氨驰放气和石油炼厂气中回收氢气，气体处理量达1万 m^3/h，氢回收率大于85%，已在国内近60家企业推广应用。

2）大型卷式空气膜法富氧技术。该技术可用于各种工业窑炉和民用锅炉的燃烧节能、高原呼吸用氧和医疗保健，装置规模可达1万 m^3/h。国内的气体膜分离技术应用很多，但具有自主知识产权的产品很少，这主要与国内基础材料研究的缺失有关。

5.2 我国气体分离设备配套设备、机组水平

5.2.1 我国气体分离设备的整体制造能力分析

1. 不同板块的制造能力不平衡

我国的空气分离设备板块和低温石化分离设备板块总体制造能力最为突出，出口业绩较好。当前，我国从事变压吸附分离技术的企业有上百家，这些企业每年的市场供应能力总和在500套左右，但是出口业绩较差。天然气液化设备板块以制造小型液化设备为主，大型、特大型液化设备的成套和制造能力不足，当前出口产品以板式换热器等部件为主。由于市场容量和我国基础研究能力的原因，膜法气体分离设备板块制造能力较弱，当前主要以中空纤维膜法提氢设备为主，其他设备的核心膜件以进口为主。

2. 空气分离设备制造能力显著提高

随着我国国民经济的高速发展，气体分离设备行业也实现了飞速发展。1990年，气体分离设备行业工业总产值仅3.64亿元，空分设备制造量折合成制氧总

容量为 5 万 m³/h。而近几年来，行业工业总产值平均约 180 亿元，空分设备制造量折合制氧容量达 300 万 m³/h。2015—2019 年我国主要气体设备制造企业工业总产值见表 5-5。

表 5-5　2015—2019 年我国主要气体分离设备制造企业工业总产值

企业名称	工业总产值（亿元）				
	2015 年	2016 年	2017 年	2018 年	2019 年
杭州制氧机集团有限公司	71.18	60.72	81.30	96.94	108.52
四川空分设备（集团）有限责任公司	30.84	23.77	23.67	25.95	31.27
开封空分集团有限公司	12.22	9.76	11.08	14.19	15.03

当前，我国除了杭氧能和林德、法液空在深冷技术气体分离设备产品方面进行竞争外，其他企业尚无竞争能力。我国相当一部分企业生产的产品非常单一，产品研发能力薄弱，有特色的产品也不多。

3. 自主创新能力增强

气体分离设备的制造能力体现在成套设计与单元部机的设计制造方面。其中，成套设备的关键是成套的配置与设计，即气体分离过程中的工艺流程计算与设计。当前，我国已掌握了大、中、小型空气分离设备成套流程计算，可针对每个用户研发出不同类型、规格的气体分离设备。因此，掌握成套空气分离设备或其他气体分离设备流程设计技术、结构设计技术以及相应的制造工艺技术，是气体分离设备制造厂商必须具备的基本能力之一。

我国气体分离设备行业的产品研发已经实现从技术引进到自主创新的转变，部分技术处于国际领先水平。其中，杭氧的低温气体分离设备研发能力和大中型空分设备的成套设计技术同林德、法液空并驾齐驱。杭氧拥有国家级的企业技术中心，拥有特色基础研究平台、部件测试平台和现场运行验证平台为一体的三层次研发平台，具有核心配套部机的研发和工艺开发能力，关键技术迭代迅速，拥有自主知识产权和专有技术。除成套技术外，杭氧的核心部机也拥有了国际竞争力。

在变压吸附制氢设备方面，天科股份也能与 UOP 和林德同台竞技。天科股份拥有国家变压吸附工程技术推广研究中心重点实验室和国家碳一化学工程技术研究中心，在 PSA 专用吸附剂研究、PSA 工艺研究、PSA 控制研究、PSA 专用设备研究方面不断取得创新和进步，使我国的 PSA 技术拥有自主知识产权，技术水平保持与世界水平同步。其专用吸附剂的一些关键指标显示出优势，部分指标达到国际领先水平，其中一氧化碳专用吸附剂处于国际领先水平。

　　当然，国内制造厂商的设计技术水平也是参差不齐的，许多制造厂商的产品还停留在仅满足用户对产品产量、纯度的要求上，其成套设备的能耗、可靠性、安全性与先进水平还有一定的距离。

5.2.2　我国气体分离设备配套设备、机组能力分析

1. 空分设备配套产品的自主研发能力增强

　　当前，我国的气体分离设备制造成套厂商一般具备压力容器、塔器、冷箱的制造能力。成套空分设备中的分子筛吸附器、空气冷却塔、精馏塔、冷箱均由成套厂商自行设计与制造，其余部机（如空气过滤器、空气压缩机、分子筛、板翅式换热器、膨胀机、填料、低温液体储槽、汽化器、低温液体泵、氧/氮气体压缩机、仪控及电控系统等）可由专业制造厂商生产，有些由成套企业自制，均可实现国内配套。空分设备成套企业的产品自制情况见表 5-6。

表 5-6　空分设备成套企业的产品自制情况

产品名称	杭氧	四川空分	开封空分
分子筛系统	✓	✓	✓
板翅式换热器	✓	✓	✓
填料	✓		
膨胀机	✓	✓	✓
透平空压机	✓		
透平氧压机	✓		
透平氮压机	✓		✓
低温液体泵	✓	✓	
低温储槽	✓	✓	✓
专业阀门	✓	✓	✓

　　国内主要的几家公司成套设备的自制率比国外公司的要高。其中，杭氧的自主配套能力最强、产品最多、产业链最长，且具有配套产品的自主研发能力，填料、板翅式换热器、膨胀机、低温泵阀、氧气透平压缩机、低温储槽等都做成了精品。这些配套产品由专业子公司开发制造，既解决了过去大而全、但产品不精的问题，又解决了小企业生产灵活却能力不强的问题。我国企业成套设备的自制率比较高的原因是我国的气体分离成套设备在刚起步时配套能力不足，已有的配

套机器不能满足成套设备的要求,这就要求气体分离设备企业能够自主开发产品。前些年,我国各行各业均经历了高速发展过程,国内企业配套产品齐全的优势有助于气体分离设备市场的开拓。

2. 配套产品技术水平不断提高,逐步实现精品化

为气体分离设备配套的产品除行业厂家自制外,空气压缩机、增压机、天然气及其他石化气体压缩机、驱动用汽轮机、电动机、吸附用分子筛、冷冻机、板翅式换热器、膨胀机、填料、低温液体储槽、汽化器、低温液体泵、氧氮气体压缩机、仪控及电控系统可通过其他配套制造厂商提供。空分设备的主要配套商见表 5-7。

表 5-7　空分设备的主要配套商

配套产品	规格	国内企业	国外企业
空气压缩机组及增压机	特大型	沈鼓、陕鼓	西门子、曼透平
	大中型	沈鼓、陕鼓、杭氧	西门子、曼透平、阿特拉斯、德莱赛兰
	小型	杭氧	寿力、三星、英格索兰、耀星
汽轮机	特大、大中型	杭汽轮	西门子、曼透平
	小型	杭汽轮、青岛中能、陕鼓	
电动机	特大型	上海电机	ABB、西门子
	大、中、小型	上海电机、佳电股份、南防集团	
氧气透平压缩机		杭氧	西门子、曼透平、日立、神钢
氮气透平压缩机		杭氧、沈鼓、陕鼓	英格索兰、阿特拉斯、西门子、曼透平、寿力、三星、耀星
板翅式换热器	高压	杭氧	查特、诺顿
	中低压	杭氧、四川空分、开封空分	阿特拉斯、ACD、Cryostar
气体膨胀机	特大型	杭氧	
	大、中型	杭氧、四川空分	
	小型	江氧、苏氧	
液体膨胀机		杭氧、开封空分、四川空分	ACD、Cryostar、AP

（续）

配套产品	规格	国内企业	国外企业
液体泵	高压、大流量	杭氧	Cryostar、Cryomec、ACD、福斯
	中低压	杭氧、四川空分、开封空分、新亚	
低温液体储槽		杭氧、四川空分、圣达因	查特
仪控系统		浙江中控、和利时	福克斯波罗、霍尼韦尔、横河
分子筛专用阀		杭氧	Obinox、Metso
高压氧气阀		杭氧	Flowserve、SAMSON

　　大型、特大型空分设备配套的关键部机，如大型的空气压缩机、增压机、高效率中压膨胀机、液体膨胀机、大型离心式液体泵，已逐步摆脱依赖进口的局面。

　　（1）空压透平压缩机组　　大型空气压缩机组、空气增压机组投资额占成套空分设备总投资额的30%～40%。我国主要的空分设备配套机组制造商有沈鼓、陕鼓、杭氧透平等企业。

　　当前，国内大型空气压缩机组、空气增压机组的应用现状是：在1万～2万 m^3/h 国内成套空分设备配套中，国产机组的占有率超过70%；在3万 m^3/h 国内成套空分设备配套中，国产机组的占有率超过50%。特别是最近几年，杭氧透平实施精品化发展战略后，开发的3万 m^3/h 等级空分设备配套用节能型空气压缩机广受市场欢迎，其稳定性和能耗与进口同规模产品比肩，实现了大规模应用，使国产空气压缩机组的配套比例大大增加。而4万 m^3/h 及以上等级空分设备配套的压缩机组还是以西门子、曼透平、阿特拉斯为主。可喜的是，近些年，沈鼓和陕鼓在4万 m^3/h、5万 m^3/h 及以上等级空分设备配套的大型空气压缩机、增压机的大型化方面取得了良好的业绩。特别是在煤化工5万 m^3/h 等级空分设备上，国产压缩机组的配套率占70%，取得了用户的信任。而在冶金领域，进口机组的应用比例还是高于国产机组的应用比例。在6万 m^3/h 及以上特大型空分设备的配套上，沈鼓、陕鼓开发的大流量空气压缩机、增压机组也已成功投入运行，取得了运行业绩，性能稳定可靠。特别是沈鼓，在营口投资7亿多元，建设了特大型压缩机组的试验台位，见图5-1。该台位在国际上属领先水平。它开发的10万 m^3/h 等级空分设备配套的大流量空气压缩机成功实现国产化，打破了国外企业的垄断，机组性能比进口机组更稳定，运行效率也超过了国外早期的装置，已应用在神华宁煤 10 万 m³/h、宝丰 10 万 m³/h 等级空分设备中。当然，国外压缩机制造商在之前的机型上又提高了其运行效率，给国产特大型机组带来新的挑战。总体来看，国产压缩机组的整体性能和西门子、曼透平的产品差距已缩小，特大型空分设备配套的国产机组占比为10%。随着我国压缩机组技术的不断进步，市场对国产机组的认可度会越来越高。

图 5-1　沈鼓营口特大型压缩机组试验台位

（2）氧气透平压缩机　我国的氧气透平压缩机技术水平达到国际一流水平。10 年来，国内市场所有的氧气透平压缩机产品均由杭氧透平提供。国产氧气透平压缩机采用机壳内部流道，以及杭氧专有的铜处理技术、小流道叶轮金基钎焊技术及大量特殊材料，最大限度确保机组的安全性；叶轮方向的特殊布置、多腔自动差压密封控制可确保氧气纯度，有效降低氧气泄漏量和转子止推轴承耗功，提升机组的运行效率。当前我国可以生产最大流量为 10 万 m³/h、最高压力为 4.0MPa 的氧气透平压缩机。

（3）蒸汽轮机　杭汽轮作为我国最大的工业汽轮机制造厂，通过引进德国西门子技术，优化和完善了系列化、模块化的反动式工业汽轮机技术。

迄今，杭汽轮已经成功开发了用于 10 万 m³/h 特大型空分设备的双出轴驱动用汽轮机，其额定功率为 71 614kW、效率为 86.2%，长 8m、宽 6.1m、高 6.6m、轴承跨距为 5.9m，总质量达 190t，转子质量为 26.5t。杭汽轮为神华宁煤集团 400 万 t/a 煤炭间接液化项目 10 万 m³/h 等级空分装置配套汽轮机的三维外观见图 5-2。

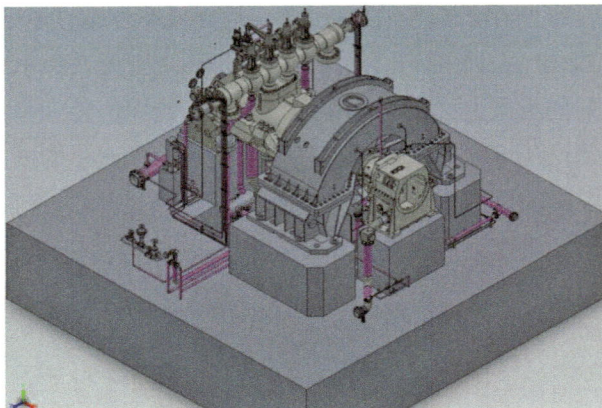

图 5-2   10 万 m³/h 等级空分装置配套汽轮机的三维外观

该机组整体性能指标达到国际同行业先进水平，是当前国内功率最大、性能最优的工业汽轮机。杭汽轮运用国际先进的"积木块"工业汽轮机设计制造技术，最大限度地满足客户对技术、效益和交货期的需求，产品完全符合 API612、NEMA、DIN 等国际标准。在这一领域，杭汽轮产品在国内的市场占有率长期稳定在 80% 以上，产品也已打入由少数几家国际著名公司控制的工业驱动汽轮机高端市场。杭汽轮的工业汽轮机技术指标见表 5-8。

表 5-8   杭汽轮的工业汽轮机技术指标

指标名称	原引进技术参数	开发后技术参数
转速 /（r/min）	3 000 ~ 15 000	2 200 ~ 16 000
功率 /kW	500 ~ 80 000	500 ~ 150 000
适用蒸汽	14MPa/540℃ 以下	14MPa/540℃ 以下
抽汽压力	4.5MPa 以下	5.5MPa 以下
排汽压力	4.5MPa 以下	5.5MPa 以下
技术组合机型	280 种	620 种

（4）透平膨胀机   透平膨胀机是空分设备的心脏部机之一，其效率的高低直接影响空分设备的能耗，其可靠性又直接影响空分设备的稳定运行。外压缩流程的空分设备已实现了全国产化配套。对于内压缩流程的空分设备来说，2010年以前，在 3 万 m³/h 及以上等级大型空分设备上配套一台进口中压透平膨胀机

组和一台国产中压透平膨胀机组。随着国产中压透平膨胀机加工工艺、结构设计、控制等技术的进步和精品化，特别是效率的提升，许多用户在使用的过程中发现，国产膨胀机的可靠性好，效率与进口产品的差距极微，效率差距从过去的3%～5%到现在的小于0.5%。由杭氧制造的高中压膨胀机已在8万m^3/h和12万m^3/h空分设备上长周期运行。总体而言，国内膨胀机技术因厂家而异，一些落后的产品拉低了我国膨胀机的整体品牌形象。随着国产膨胀机使用时间的加长和用户对其认识的加深，优秀的品牌得到了用户的认可，改变国产膨胀机的整体形象。随着空分设备流程的进步，国内开发了全液体膨胀机。之前，全球仅3家企业掌握该技术，当前，杭氧、四川空分、开封空分均开发了全液体膨胀机。其中，杭氧开发的全液体膨胀机已经进入多年的长周期运行中，实测效率达到了国外产品的同等水平，已进入了大面积推广应用阶段。开封空分开发的全液体膨胀机也实现了成功开车测试。

（5）低温液体泵　　低温液体泵的效率对空分设备的整体能耗影响不大，而其可靠性是用户选择时的主要考量，因此，国内企业对低温液体泵在低温工作环境下的力学性能、密封、可靠性、氧介质安全、控制技术等做了大量的研究。大型离心式液体泵包括流程中的液氧和液氮输出泵、液氩循环泵等，过去全部依赖进口，到2011年左右，逐渐实现了国产高压液体泵的替代。杭氧制造的低温高压液氧泵已能配套于6万m^3/h空分设备，该泵完全能满足10万m^3/h以上空分流程液氧泵两用一备的要求。该泵在山东杭氧6.25万m^3/h、中东PC 8.4万m^3/h、内蒙古国泰6万m^3/h等空分设备上应用，在6万m^3/h空分设备上配套的主流程泵已运行5年，性能稳定。随着使用业绩的增多，现有项目运行时间变长，国产低温液体泵的大面积推广指日可待。杭氧开发的8.7MPa低温高压液氧泵见图5-3。

图 5-3　杭氧开发的 8.7MPa 低温高压液氧泵

该泵的成功开发，使杭氧泵产品系列更加齐全，满足了当前绝大部分空分设备的需求。当前，杭氧具有生产标态流量 10 万～33 万 m³/h、扬程 350～1 100m 的离心式高压迷宫密封液体泵的能力，密封等级能满足高纯度介质的输送要求。33 万 m³/h 循环液氧泵已在 8 万 m³/h 空分设备中使用 5 年，运行平稳。杭氧研制的低温液体泵部分应用情况见表 5-9。

表 5-9　杭氧研制的低温液体泵部分应用情况

序号	项目名称	数量（台）	介质	液体流量/（m³/h）	级数	出口压力/MPa	电动机功率/kW
1	新疆兖矿后备系统	1	液氮	6.5	4	2.73	45
2	驻马店杭氧 4 万 m³/h 空分设备	1	液氮	71.2	7	8.8	400
3	苏州兴鲁 113 项目	1	液氧	8.6	4	3.62	45
4	中东 PC 8.4 万 m³/h 空分设备	3	液氧	53.6	5	5.5	250
5	中东 PC 8.4 万 m³/h 空分设备	3	液氧	53.6	5	5.2	250
6	三聚环保七台河 3.5 万 m³/h 空分设备	1	液氮	15.6	7	5.1	90
7	内蒙古聚实 5 万 m³/h 空分设备	1	液氮	7.8	8	5.1	45
8	河北敬业 6 万 m³/h 空分设备	2	液氮	61.6	2	2.64	132
9	兰石重装项目	1	液氧	13.8	4	4.3	75
10	广西盛隆 3.8 万 m³/h 空分设备	2	液氮	62.5	2	2.25	132
11	山东杭氧 6.25 万 m³/h 空分设备	1	液氧	42.0	5	6	200
12	神华鄂尔多斯 5 万 m³/h 空分设备	1	液氮	45.5	8	8.27	250
13	福建大东海 5 万 m³/h 空分设备	2	液氧	63.5	2	2.6	132
14	福建大东海 5 万 m³/h 空分设备	2	液氮	78.1	2	2.6	132
15	江西杭氧 8 万 m³/h 空分设备	1	液氧	51.1	7	8.7	280
16	江西杭氧 8 万 m³/h 空分设备	1	液氮	100.4	6	6.5	370
17	新疆广汇后备系统	1	液氮	9.5	4	2.5	45
18	新疆兖矿后备系统	1	液氮	31.3	7	6.2	160
19	济南杭氧 4 万 m³/h 空分设备	2	液氧	51.1	2	2.6	132
20	济南杭氧 4 万 m³/h 空分设备	2	液氮	96.2	2	2.6	160
21	石家庄钢铁 2 万 m³/h 空分设备	2	液氮	39.1	2	2.3	132

序号	项目名称	数量（台）	介质	液体流量/（m³/h）	级数	出口压力/MPa	电动机功率/kW
22	太行钢铁	1	液氧	57.4	2	2.1	90
23	太行钢铁	1	液氮	93.8	2	2.1	132
24	吕梁杭氧	1	液氮	96.9	4	4.1	250
25	济源杭氧	2	液氮	57.4	2	2.6	90
26	济源杭氧	1	液氧	53.6	2	2.6	90
27	盈德气体江苏镔鑫	2	液氧	75.0	2	2.8	132
28	山西杭氧	2	液氮	82.0	2	2.6	132
29	内蒙古东日	1	液氮	16.1	9	5.9	90
30	俄罗斯 MMK 5.6 万 m³/h 空分设备	2	液氧	91.9	2	3.1	160
31	俄罗斯 MMK 5.6 万 m³/h 空分设备	2	液氮	91.9	3	3.1	160
32	广西杭氧 8 万 m³/h 空分设备	1	液氧	400.0	80	0.9	200

（6）空分设备专用特殊阀门　分子筛专用阀门、大口径的低温气动调节阀、高压氧气阀等阀门随着应用业绩的增多和无故障运行时间的增长，已被广大用户接受。杭氧开发的三杆阀、高压氧气阀门、低温节流阀、大口径蝶阀已在国内外的 6 万 m³/h、8 万 m³/h、10 万 m³/h、12 万 m³/h 等级空分设备上得到应用。

杭氧专门针对分子筛系统进口阀门使用寿命短、维护周期短的问题，开发了空分设备分子筛系统专用切换大口径三杆阀，可实现最大开启压差保护，具有本质防止冲击床层功能，且阀板与阀体密封面无摩擦，使用寿命超过 20 年，适用于经常启闭的场合，适用温度为 -40 ～ 450℃。杭氧为空分设备配套的 400 多台三杆阀运行多年，性能优异。其中，为 6 万 m³/h 及以上等级空分设备配套的三杆阀有 113 台。通过测试比较，该三杆阀比国际上的同类阀门阻力小，空分能耗低，最大的口径达 1.6m，在山东杭氧 6.25 万 m³/h、8.4 万 m³/h 等级空分设备上成功应用。开发的分子筛专用阀门经过 20 多万次切换，密封性能完好，已成为空分设备行业中的精品。国外空分设备生产企业也已采购该分子筛专用阀门，应用到 10 万 m³/h 等级空分设备上。国产大口径三杆阀见图 5-4。

图 5-4　国产大口径三杆阀

　　由于高压差调节阀的压力下降过快，在某一时刻压力会低于蒸汽压，产生气泡，发生气蚀现象。针对这一问题，杭氧开发了笼式结构的高压差调节阀。该阀门具有多孔、多级降压结构，以及抗气蚀能力强、噪声小的特点。由于采用平衡式阀芯，既满足大压差的要求，又振动小，且是可抽芯式阀芯，满足免扒砂清洗阀芯、维修阀门的要求。用于高压氧气的调节阀采用特种合金制造，安全性高。当前该类阀门已应用于低温高压液空节流阀、高压液氧节流阀、高压氧气产品送出阀等，在 6 万 m³/h、8 万 m³/h、12 万 m³/h 等级空分设备上实现成功应用。配套中东 KV12 万 m³/h 空分设备的高压氧放空阀见图 5-5。配套神华宁煤 10 万 m³/h 等级空分设备的蝶阀见图 5-6。杭氧设计制造的三杆阀部分业绩见表 5-10。

图 5-5　配套中东 KV12 万 m³/h 空分设备的高压氧放空阀

图 5-6 配套神华宁煤 10 万 m^3/h 等级空分设备的蝶阀

表 5-10 杭氧设计制造的三杆阀部分业绩

序号	用户名称	空分设备等级 / （m^3/h）	阀门规格	数量 / 台
1	河南杭氧	20 000	DN800	8
2	衢州杭氧	43 000	DN1 200	4
			DN1 000	4
3	南京杭氧	30 000	DN1 000	4
			DN800	4
4	双鸭山杭氧	26 000	DN900	8
5	内蒙古杭氧	36 000	DN1 000	9
6	济源杭氧	15 000	DN800	4
			DN600	4
7	山东杭氧	62 500	DN1 400	5
			DN1 200	5
8	驻马店杭氧	43 000	DN1 200	4
			DN1 000	4
9	富阳杭氧	25 000	DN900	4
			DN800	4
10	山西杭氧	16 000	DN800	4
			DN700	4

（续）

序号	用户名称	空分设备等级 / （m³/h）	阀门规格	数量 / 台
11	广西杭氧	38 000	DN1 000	4
			DN800	4
12	山西杭氧	65 000	DN1 400	4
			DN1 200	4
13	萍钢杭氧	20 000	DN900	4
			DN800	4
14	河南杭氧	30 000	DN1 000	4
			DN800	4
15	彭泽杭氧	80 000	DN1 400	4
16	莱钢杭氧	40 000	DN1 000	4
			DN800	4
17	山西杭氧（建邦）	60 000	DN1 400	4
			DN1 200	4
18	吕梁杭氧	50 000	DN1 200	4
			DN1 000	4
19	黄石杭氧	40 000	DN1 200	4
			DN1 000	4
20	黄石杭氧	20 000	DN900	4
			DN800	4
21	青岛杭氧	12 000	DN600	4
			DN500	4
22	济源杭氧	25 000	DN600	1
			DN800	1
23	沙钢	20 000	DN700	24
24	空气化工（贵州）	60 000	DN1 400	2
			DN800	1
25	重庆川维林德	48 000	DN1 200	1
26	神华鄂尔多斯煤制油	50 000	DN1 200	1
27	中原大化	52 000	DN1 200	1
			DN900	1

序号	用户名称	空分设备等级 / （m³/h）	阀门规格	数量 / 台
28	兖矿国泰 AP	62 000	*DN*1 400	2
29	广西盛隆	80 000	*DN*1 400	1
			*DN*1 200	1
30	承德燕山钢铁	40 000	*DN*1 000	1
31	南钢	20 000	*DN*700	4
		30 000	*DN*800	6
32	广西金川	30 000	*DN*1 000	1
			*DN*800	1
33	天智辰业	40 000	*DN*1 000	1
			*DN*900	1
34	空气化工 AP（伊春）	30 000	*DN*1 000	1
35	空气化工 AP（临汾）	20 000	*DN*500	1
36	四川乔源气体	1 300TPD 液体	*DN*900	4
			*DN*700	4
37	中东 ISFH 钢铁	25 000	*DN*900	4
			*DN*800	4
38	土耳其某公司	10 000	*DN*500	4
			*DN*400	4
39	河北普阳钢厂	30 000	*DN*900	4
			*DN*700	4
40	南方有色		*DN*600	8
41	新余钢厂	25 000	*DN*900	4
			*DN*800	4
42	鑫华特钢	22 000	*DN*800	4
			*DN*600	4
43	东海特钢	30 000	*DN*900	4
			*DN*800	4
44	印度 JSW 钢铁公司	30 000	*DN*900	4
			*DN*700	4

（续）

序号	用户名称	空分设备等级 / (m³/h)	阀门规格	数量 / 台
45	中东 PC	84 000	DN1 200	4
			DN1 000	4
46	河北敬业钢厂	63 000	DN1 400	4
			DN1 200	4
47	三聚乌海	53 000	DN1 200	4
			DN1 000	4
48	武安裕华钢铁	30 000	DN900	4
			DN700	4
49	三聚七台河	35 000×2	DN900	8
			DN800	8
50	唐山新东海	30 000×2	DN900	8
			DN700	8
51	山西建龙	30 000	DN900	4
			DN700	4
52	宝气宁德宝铜	38 000	DN1 000	4
			DN700	4
53	赤峰云铜	40 000	DN1 000	4
			DN800	4
54	山东方宇	70 000×2	DN1 400	8
			DN1 200	8
55	广州巨正源	10 000	DN500	4
			DN400	4
56	余杭川空	30 000	DN800	8
57	河北新金	30 000	DN900	4
			DN700	4
58	中冶南方黄石气体	15 000	DN500	8
59	福建大东海	53 000	DN1 200	4
			DN1 000	4
60	邢台德龙	32 000	DN800	4
			DN700	4

序号	用户名称	空分设备等级 / （m³/h）	阀门规格	数量 / 台
61	山西建龙	30 000	DN900	4
			DN700	4
62	韩国大成气体	30 000	DN500	4
			DN600	4
63	河北普阳钢厂Ⅱ期	30 000	DN900	4
			DN700	4
64	福建乔源	35 000	DN1 000	4
			DN800	4
65	山西建龙	30 000	DN900	4
			DN700	4
66	空气化工AP（内蒙古久泰）	100 000	DN1 350	9
			DN1 200	9
67	莱钢永锋	20 000	DN800	4
			DN600	4
68	乌海建龙	40 000	DN1 000	4
			DN800	4
69	湖北新冶钢	20 000	DN800	4
			DN600	4
70	余杭川空	30 000	DN800	8
71	成都深冷	6 000（液体）	DN500	4
			DN400	4
72	石钢	20 000	DN700	4
			DN600	4
73	福建空分	20 000×2	DN800	8
			DN600	8
74	太行钢铁	40 000×2	DN1 000	8
			DN800	8
75	桂鑫	23 000	DN900	4
			DN800	4

159

（续）

序号	用户名称	空分设备等级 / （m³/h）	阀门规格	数量 / 台
76	韩国大成	12 000	DN700	4
			DN600	4
77	西林钢铁	40 000	DN1 000	4
			DN800	4
78	太行钢铁	40 000×2	DN1 000	8
			DN800	8
79	空气化工 AP	68 000	DN1 200	4
			DN1 050	4
80	承德建龙	30 000	DN900	4
			DN700	4
81	江苏恒盛	63 000	DN1 200	8

（7）精馏塔填料　国产精馏塔用的规整填料的精馏效率和可靠性达到了国际水平。在氩精馏塔和压力塔上，国产的填料针对性更强，实际运行数据表明，其性能超过进口产品性能，能实现的精馏塔体积更小。国内空分设备制造商的填料国产化应用率在最近几年超过80%。

（8）板翅式换热器　当前，高压板翅式换热器已完全能实现国产配套。杭氧制造的高压板翅式换热器成功应用在6万m³/h、8万m³/h、10万m³/h等级空分设备上。在已获得应用的产品中，最高耐压等级达到12.8MPa。杭氧和四川空分都拥有超大型的真空钎焊炉，均能钎焊长度超过9m的铝制板翅式换热器。杭氧还拥有各类翅片开发的试验台位和热膜试验台位，建立了铝制板翅式换热器从理论设计到实际应用的开发平台，并开发了适应各种条件的换热元件，使得产品效率大大提升，改变了过去制造成本过高的问题，提高了产品的国际竞争力。

（9）低温容器　近年来，我国低温容器制造技术进步明显，在空分设备、液化天然气、液体空气产品运输领域都取得了长足进步。在空分设备的低温容器领域，杭氧发挥其空分设备领域龙头的作用，不仅空分设备本体取得了巨大成绩，在后备系统领域也获得了市场的高度认可。其储槽及汽化器数量、规模、成熟度、多种技术规格适配等综合方面处于世界先进水平，为全球知名空分设备厂家供货。液氧、液氮常压储槽最大运行业绩达1.4万m³，真空储槽容积可达500m³，是国内最大的真空储槽，已出口至新西兰。水浴式汽化器为 8 万～ 10 万 m³/h 等级，已有 12 套应用。出口新西兰的 500m³ 应变强化容器见图 5-7。

图 5-7　出口新西兰的 500m³ 应变强化容器

（10）控制系统　在控制系统方面，国内的浙江中控、和利时的 DCS 产品已大量应用于化工、冶金、电力系统领域，也大量应用在国内外的空分设备上，产品已经历了 10 多年运行时间的考验。国产控制软件达到了国际先进水平。

杭氧基于空分设备的负荷变化对能耗和管理的影响，开发了自动变负荷技术、大型空分设备一键启动技术，已推广应用。该系统有自学习和自修正功能，达到了国际领先水平。该技术的投入应用大大降低了产品气体放散率（约 3%），在南钢、济源杭氧、九钢、神华宁煤等空分设备上得到应用，使我国空分设备的智能控制技术达国际先进水平。

5.2.3　我国低温石化分离设备配套设备、机组水平

低温石化分离设备的主要配套产品有中高压板翅式换热器、膨胀机、特殊阀门、压缩机组和低温液体泵。

1. 板翅式换热器

我国由杭氧设计制造的高压板翅式换热器已大量应用在乙烯冷箱、液氮洗冷箱、烷烃脱氢分离冷箱、氢/一氧化碳深冷分离冷箱、DMTO 冷箱等各种低温石化分离设备中，为国内外提供的成套装置中均采用了自主设计制造的中高压多股流板翅式换热器。这些板翅式换热器压力等级高，工况变化多，流股数多，单台最多可达 17 股介质换热。此外，单体板翅式换热器还出口到欧美知名的工程公司、

石化企业，构成了我国低温石化分离设备在国际市场上的竞争力要素。

2. 压缩机

当前低温石化分离设备中用到的压缩机主要有氮气压缩机、一氧化碳压缩机等，其中既有国产的机组也有进口的机组。从当前运行情况来看，低温石化分离设备配套的国产机组效率偏低。

3. 氢气膨胀机

我国在空分设备领域之外的膨胀机技术得到了高速发展。在空分设备领域气体膨胀机组的规模、效率、可靠性提升的同时，还利用膨胀机的相关技术开发了全液体透平膨胀机组、天然气膨胀发电机组、化工尾气回收膨胀机、氢气透平膨胀机组、特种透平膨胀机等多系列膨胀机组。其中，全液体透平膨胀机组和氢气透平膨胀机组打破了国外膨胀机厂商的技术垄断。杭氧膨胀机有限公司针对其低温石化分离设备开发了一系列用于低温石化分离设备的膨胀机。如杭氧开发的氢气膨胀机成功应用于山东鲁清石化、河北新欣园、山东龙港化工、山东华超化工的异丁烷脱氢项目中，还成功应用于东华能源、浙江卫星石化的丙烷脱氢项目。在实际运行过程中，杭氧开发的氢气膨胀机的可靠性得到验证，比在运行的进口产品故障率低。配套山东寿光 20 万 t/a 异丁烷脱氢项目的氢气膨胀机见图 5-8。

图 5-8　配套山东寿光 20 万 t/a 异丁烷脱氢项目的氢气膨胀机

4. 特殊阀门

当前，用于低温石化分离领域的大部分阀门可以实现国产化。但在液氮洗工艺中，分子筛吸附系统的程控阀和液氮洗冷箱用的局部低温调节阀对进口产品的依赖度较大。

1）程控阀是分子筛吸附系统的关键阀门，是保证吸附各工序顺利完成和系统可靠运转的重要部件。程控阀需要频繁地做动作，其温度变化大，操作要求高于一般通用阀门。程控阀必须能够满足以下要求：密封性能可靠、稳定，阀门使用寿命长，即使频繁动作及长时间使用仍无泄漏，阀瓣具有防止流体冲刷、耐腐蚀的功能。当前国内绝大多数液氮洗设备吸附系统所用的程控阀均采用进口的ORBIT 轨道球阀。国产轨道球阀在气化渣水系统有应用业绩，因此被尝试用于分子筛吸附系统。该阀在首次应用过程中出现了阀门不动作、开关不到位、内漏大、导向柱和阀杆轨道磨损较严重、阀杆与阀体结冰抱死等一系列问题，经过优化改进，已能满足使用要求，但其性能仍无法与进口轨道球阀相提并论。

2）液氮洗冷箱用低温调节阀。液氮洗冷箱用低温调节阀设计压力高、使用温度低、前后压差大，适用的流体为易燃易爆的含氢介质，且阀体需要与冷箱内管道焊接为一个整体，无法在线维修。为保证装置的长周期安全稳定运行，当前国内的液氮洗冷箱调节阀选用 SAMSON 或 FLOWSERVE 品牌较多。但进口阀门价格昂贵，且供货周期长，严重影响了液氮洗设备整体的供货周期和综合竞争力。杭州杭氧工装泵阀有限公司研发的低温调节阀已广泛应用在大型空分设备冷箱中，近年来也大量应用在 UOP 工艺丙烷脱氢制丙烯装置的冷箱分离系统中。该类装置中的低温调节阀的使用工况和适用介质跟液氮洗冷箱较为相似，具备替代液氮洗设备低温调节阀的能力。

5. 液氮洗分子筛吸附器

分子筛吸附器一直处在吸附—再生—吸附的循环工况下运行，而且吸附时工作温度约为 -60℃，再生时温度约 200℃，始终经历着不同工况的交变载荷，需要同时满足强度设计要求和疲劳工况的设计要求。这就决定了分子筛吸附器需要采用分析设计法进行设计，而一般的压力容器设计和制造厂家通常不具备分析设计的资质。杭氧与高校合作，完成了一系列吸附器的分析设计和制造，完全解决了过去的设计制造难题。

6. 氮洗塔壳体材料

作为液氮洗设备中的核心设备，氮洗塔由于设计压力高、结构尺寸大，采用铝合金材质时，其壳体壁厚较大，一般会达到 50mm 以上。当前国内已能生产该类高强度超厚铝镁合金板，但考虑到国内主流铝材制造厂商在厚铝合金板材制造方面的工艺问题和材料性能，以及在国内压力容器领域的使用业绩等情况，装置使用单位通常都要求设备制造企业采用进口超厚铝镁合金板。随着装置规模增大和设计压力的提高，氮洗塔壳体壁厚不断增大、质量不断增加，不仅要耗费大量进口金属材料，还会导致制造、运输、安装、土建基础等费用的提高，继而提高了总的工程造价。当前，国产的超厚铝镁合金板的制造工艺和材料性能还需要提高，现已有其他国产方案替代。

5.2.4 我国吸附分离设备配套设备、机组水平

PSA 装置的主要配套产品为吸附剂、吸附器、关键程控阀和控制系统。

1. 吸附剂

我国研发的一些氧、氮、氢、一氧化碳等吸附剂具有国际先进水平，但是在一些应用领域更宽的吸附剂产品上还有欠缺。相较于 UOP 等国外同行，我国在吸附基础研究、吸附分离过程的精细控制调节、装备的模块化设计和预制等方面有待提高。尽管如此，我国一些专用吸附剂的某些关键指标显示出了优势，部分指标达到国际领先水平，其中，一氧化碳专用吸附剂处于国际领先水平。

2. 吸附器

我国对吸附器的气流分布技术研究较多，如天科股份针对 PSA 专用吸附器的各种气流分布器进行专项测试研究，开发出了死空间小、防吸附剂粉化及泄漏、气流分布好、支撑强度高及具有良好传质效果的吸附器气流分布器，已成功应用在神华煤制油 28 万 m^3/h PSA 制氢装置上。我国大型 PSA 装置的装填采用的密相装置技术达到了世界先进水平，吸附器内床层死空间小，有利于提高氢气回收率。

3. 关键程控阀

我国自行设计、研制的高性能程控阀与变压吸附技术同时诞生，距今已有 30 多年的历史，现已发展到第五代。长期以来，该类型阀门在使用的过程中不断得到完善。我国自行开发的程控阀具有以下特点：密封性能好，达到零泄漏标准；阀门开关速度快，随阀门通径不同，其启闭时间常小于 3s；阀门寿命长，可经受 60 万次频繁动作而保持不泄漏；适用于易燃、易爆、有毒等气体环境；具备双向耐压性和抗高速气流冲刷性能；根据工艺要求，易实现调节功能和阀位状态现场指示和远传功能。近年来，我国自行开发的程控阀已被多家大型石化、钢铁、化肥企业使用，扬子石化、上海石化等多家企业将其用于替代进口阀门。

4. 控制系统

控制系统在 PSA 技术的推广应用中起到了关键的核心作用。变压吸附气体分离装置的特点是装置上的阀门多、阀门开关动作频繁。现在的大型脱碳装置有

22 个吸附塔、200 多台阀门，这些阀门中动作快的间隔几秒就要开关一次，动作慢的间隔几分钟也得开关一次，显然这样的工作要由人工来完成是不可能的。

随着工艺装置向大型化发展，对控制系统的综合性能也提出了更高要求。大型 PLC 系统在大型 PSA 装置上逐步得到应用。国内外大型 PSA 装置中的控制系统均向大型 PLC 的方向发展。大型 PLC 还实现了模块化组态、自动切换、远程控制等高级智能化功能，PSA 装置的自动化水平得到进一步提高。PSA 装置控制系统不断进步发展，多种类型、品牌的控制系统均得到广泛的应用，为 PSA 技术的工业化应用做出了非常重要的贡献。

PSA 装置在发展初期大多作为工厂回收如驰放气之类的辅助装置，允许经常性停车。随着工厂自动化程度、环保要求的提高，以及 PSA 装置成为工厂流程环节的一个单元等，要求 PSA 装置能够更平稳地运行，当出现如程控阀故障等异常时要求装置也能正常运行。天科股份开发了应用于控制系统的自适应优化控制系统和专家故障诊断系统，这两个系统可以使 PSA 装置在出现波动和硬件故障时能平稳运行，实现不停车检修。

5.2.5 我国天然气液化设备配套设备、机组水平

液化天然气设备中的关键配套设备主要有制冷压缩机、驱动机械、板翅式换热器、绕管式换热器、液化天然气储罐和低温阀门等。由于我国天然气资源不丰富，气田偏小、偏散，当前国内引进的和国产的天然气液化装置均以中小型为主，缺少相关大型配套设备在天然气液化方面的应用案例。

1. 制冷压缩机

在我国，沈鼓和陕鼓都有冷剂压缩机的研制和生产能力。其中，沈鼓通过引进 GE 离心式压缩机技术以及与西门子合作生产，30 多年来不断开发创新，从 1982 年成功研制我国第一台 52 万 t/a 尿素装置用压缩机开始，先后研制出大型乙烯装置 24 万 t/a、36 万 t/a、64 万 t/a 裂解气压缩机，80 万 t/a 乙烯三机（裂解气压缩机、丙烯压缩机、乙烯压缩机）。随着国内天然气液化装置的发展，沈鼓已经为国内大多数天然气液化装置提供配套制冷压缩机，较大的装置包括兴圣 200 万 m^3/d 天然气液化装置、泰安 260 万 m^3/d 天然气液化装置和黄冈 500 万 m^3/d 天然气液化装置。沈鼓压缩机在较大天然气液化装置上的配套情况见表 5-11。

表 5-11　沈鼓压缩机在较大天然气液化装置上的配套情况

装置名称	压缩机	轴功率 /kW
兴圣 200 万 m³/d 天然气液化装置	低压段压缩机	12 367
	高压段压缩机	13 544
泰安 260 万 m³/d 天然气液化装置	MR1 压缩机	11 532
	MR2 压缩机	16 465
黄冈 500 万 m³/d 天然气液化装置	丙烯压缩机	25 570
	乙烯压缩机	14 192
	甲烷压缩机	11 367

沈鼓营口透平公司已经具备了领跑行业技术创新、进军高端制造的硬件能力，成为国内具有国际领先水平的大型透平压缩机组制造、试验基地。当前，该企业建设了 10 万 kW 汽轮机试验台、3 万 kW 燃气轮机试验台、5 万 kW 电动机试验台，成为具备三种驱动形式试验能力的压缩机生产基地。此外，企业还投资 2.4 亿元购置了德国 20m 龙门铣床、意大利 6.5m 数控立式车床等大型进口设备，使其加工能力在全国处于领先水平。这些都为沈鼓开展制冷压缩机的研制工作提供了硬件基础。

2. 燃气轮机

就国外大型天然气液化设备的发展来看，制冷压缩机的驱动机越来越多地采用燃气轮机。当前，国内在大型燃气轮机研发方面缺乏经验，开发难度大，周期也相对比较长。

3. 大功率电动机

上海电机、哈尔滨电机生产的大功率电动机都有一定的应用业绩。这些大功率同步电动机均能配套于大型液化天然气设备上。我国液化天然气设备的发展，推动了大功率电动机在液化天然气设备制冷压缩机上的应用。上海电机的产品在兴圣 200 万 m³/d 液化天然气设备、泰安 260 万 m³/d 液化天然气设备和黄冈 500 万 m³/d 液化天然气设备上都已应用，其功率最大达到了 30MW。

4. 铝制板翅式换热器

我国应用在天然气液化设备中的铝制板翅式换热器完全实现了国产化配套。当前，国际上压力最高的铝制板翅式换热器的压力为 13.5MPa，由查特公司提供。我国压力最高的铝制板翅式换热器的压力为 12.8MPa，由杭氧提供。这两种板翅式换热器都应用在杭氧的项目中。我国铝制板翅式换热器的主要制造商有杭氧和四川空分。这两家公司都可研制长度超过 9m 的单体铝制板翅式换热器。国产的液化天然气设备的高中压板翅式换热器具备很强的国际竞争力。我国设计制造的铝制板翅式换热器除了为我国自行成套的液化天然气设备配套外，还大量出口到发达国家。

5. 绕管式换热器

绕管式换热器的最高承压可达 22MPa，作为大型基本负荷混合制冷剂制冷的天然气液化设备的低温换热器，其最大优势是易实现大型化。国际上主要液化天然气工艺商中，APCI、林德和 Technip 均有制造大型绕管式换热器的能力，所以在大型天然气液化设备中主换热器大多采用了绕管式换热器。

当前，国内绕管换热器厂家还没有配套大型液化天然气设备的设计和制造经验。由合肥通用机械研究院开发的绕管式换热器适用的最高温度达 520℃、最低温度达 -196℃；最大直径为 3 200mm，最高压力达 16MPa，最大换热面积达 6 500m^2。该换热器由镇海炼化检修安装公司制造，但是还未应用在液化天然气设备中。开封空分研制了 30 万 m^3/d 液化天然气设备中的绕管式换热器。四川空分于 2015 年对 60 万 m^3/d 液化天然气设备中配套的绕管式换热器进行研发和设计，但由于该项目暂停，绕管式换热器还未制造。

6. 液化天然气储罐

液化天然气储罐一般采用常压储罐。大型液化天然气储罐根据结构形式可分为地下储罐、半地下储罐、坑内式储罐和地上储罐。其中，地上储罐又有单容式储罐、双容式储罐、全容式储罐和膜式储罐。我国的天然气液化设备起步比较晚，且规模不大，配置的大型储罐一般为 5 000 ～ 30 000m^3。国内最大的天然气液化设备是为中石油昆仑能源湖北黄冈液化天然气有限公司的液化天然气工厂配置的 2 台 3 万 m^3 的储罐。这些储罐大多为单容式储罐。2003 年，新疆广汇液化天然气工厂引进林德公司的技术及 3 万 m^3 的储罐，国内开始对大型液化天然气储罐进行研究。当前，3 万 m^3 以下的单容式储罐已完全国产化，且大量配套于国内的天然气液化设备和液化天然气调峰站。

我国天然气缺口比较大，需要进口大量液化天然气。2006 年，我国首次在广东大鹏进行液化天然气接收，之后在沿海地区建立了大量的液化天然气接收站，每个接收站都配置了特大型的液化天然气储罐，基本采用全容式储罐。2016 年，位于福建莆田秀屿港的福建液化天然气接收站两座 16 万 m^3 的全容式储罐开工建设。这是我国首次采用完全自主技术进行设计、建设和管理的大型液化天然气全容式储罐建设项目。2018年，我国首个采用完全自主技术、自主设计和建造的16万 m^3 大型液化天然气储罐在中国海油天津液化天然气接收站竣工投产。同年，寰球工程公司总承包的江阴液化天然气集散中心液化天然气储配站项目 T-1201 储罐成功封顶。该8万 m^3 双金属壁全包容液化天然气储气罐实现了自主知识产权技术应用的新突破。特大型全容式液化天然气储罐已完全实现了国产化，可以配套应用于大型液化天然气设备。

7. 低温潜液泵

低温潜液泵主要应用在液化天然气设备的装车、装船，或在液化天然气接收站中用作增压泵。大连深蓝泵业有限公司通过多年的研发、创新，其产品在液化天然气接受站和液化天然气设备上已经得到应用。其中，研制的首套大型液化天然气储罐潜液泵（流量为450m^3/h，扬程为256m）在浙江液化天然气接收站得到应用，标志着我国已全面掌握大型液化天然气潜液泵技术。另外，大连深蓝泵业有限公司投资1.2亿元建设了低温试验台位，试验的最大流量可达3 360m^3/h，功率可达2 500kW，可完成罐内潜液泵、高压潜液泵的低温性能试验。

5.2.6　我国膜分离设备配套设备、机组水平

1. 国产气体膜分离器的规格和性能

当前，中国科学院大连化学物理研究所及天邦公司是国内研制并生产气体分离用中空纤维式和螺旋卷式膜分离器的主要单位，产品规格及性能见表5-12。

表 5-12　国产气体膜分离器产品规格及性能

产品及技术	氢氢膜分离器及其分离技术	膜法空气富氧技术
规格	ϕ 50mm×3 000mm ϕ 100mm×3 000mm ϕ 200mm×3 000mm	ϕ 100mm×1 000mm ϕ 200mm×1 000mm
产量	年产量相当于400台 ϕ 50mm×3 000mm 分离器	年产量相当于30～50套100m^3/h富氧装置
技术指标	中空纤维聚砜复合膜，操作温度低于50℃，分离器操作压力为0.8～14MPa，可视实际情况而定	卷式聚砜-硅橡胶复合膜，氧浓度为28%～30%，氧氮分离系数为2.0
用途	合成氨驰放气及炼厂气中氢回收	各种窑炉助燃节能、医疗保健和环保

2. 国产气体膜分离器在氢回收等领域的推广应用

气体膜分离技术在国内得到了较快的发展，特别是膜法提氢和膜法富氧技术日趋成熟。其中，国产中空纤维 N_2/H_2 膜分离气已在国内外多家化肥厂和石油炼厂得到应用。从驰放气或炼厂气中回收氢，氢的回收率为 85% ~ 90%，一级提氢的纯度可达 85% ~ 90%，二级提氢的纯度可达 98% ~ 99%，完全可用作生产精细化工产品的原料。国产螺旋卷式富氧膜分离技术可把空气中的氧含量从 21% 提高到 28% ~ 30%，已用于多家企业的燃煤、燃油锅炉和玻璃窑上富氧助燃，节能和环保效果明显。另外，该技术在医疗保健领域也得到了应用。

我国气体分离设备行业经过 70 年的发展，部分产品规格、品种、技术水平已达到世界一流水准，为国民经济的高速发展提供了强大的装备保障。但是，我国气体分离设备应用的广度和深度还不够，检测仪器和压缩机的性能还有很大的提升空间，需要行业企业协同一致，加大研发投入，在新的起点上将行业发展推向更高水平。

第6章

国际气体分离设备的
发展状况和技术水平

国际气体行业已经历了百年的发展。在这个过程中，各国的气体企业兴起、破产、重组、转型，新技术不断开发，新应用领域不断出现，业务方向不断变化，理念不断更新，形成了气体分离领域的巨头企业。这些企业在过去的几十年内一直引领着气体分离技术的发展方向。

在低温分离领域，形成了以杭氧、林德、法液空、APCI 为主的低温设备供应商。在吸附分离领域，形成了 UOP、天科股份、林德三足鼎立的格局。在膜分离领域，形成了美国的 APCI、UOP、MTR，日本的宇部兴产，法国的法液空，德国的 GKSS 等一批各有特色的膜分离设备供货商。在天然气液化领域，形成了美国 APCI 这一行业领导者。其中，林德、法液空和 APCI 产品的覆盖面较宽。

6.1 国际主要气体分离设备产业的发展状况和技术水平

6.1.1 中国空分设备市场是国际先进空分设备的主战场

中国的特大型空分设备市场占当前全球市场的 80% 以上，竞争呈现白热化。最优、最先进的空分设备技术在这里交汇，各种流程技术、节能单元技术、整装技术、智能化技术、高效机组被首次使用。杭氧、林德、法液空是重大项目投标中最主要的参与者。这几家企业在印度、俄罗斯市场也展开了激烈的竞争。其中，杭氧已提供 4 000 多套空分设备，林德已提供 3 000 多套空分设备。杭氧、林德、法液空的特大型空分设备数量都超过了 70 套。

6.1.2 中国低温石化分离设备和国外设备平分秋色

当前，全球共有 50 套烷烃脱氢设备投入运行。中国有 30 套大型烷烃脱氢制烯烃设备，大部分由杭氧提供。因此，中国是烷烃脱氢设备的最大市场。在全球 50 套烷烃脱氢设备中，36 套设备采取 Oleflex 工艺，13 套设备采取 Catofin 工艺，1 套设备采取 STAR 工艺。国外已投入运行和在建的烷烃脱氢设备有 23 套，采用 UOP 的 Oleflex 工艺的设备有 16 套，采用 Lummus 的 Catofin 工艺的丙烷脱氢设备有 6 套。单套最大设备的产能为 60 万 t/a，总产能为 809.5 万 t/a。其中，大多数设备集中在亚洲和中东地区，当前安装的设备的最大产能是 80 万 t/a。在国外配套的冷箱分离系统（冷箱）均为德国林德公司、美国查特公司的产品。国外的烷烃脱氢设备见表 6-1。

表 6-1　国外的烷烃脱氢设备

序号	所在地	所属公司	生产能力 /（万 t/a）	工艺路线
1	泰国	PTT	10.5	UOP-Oleflex
2	泰国	PTT	7	UOP-Oleflex
3	马来西亚	MMSB	8	UOP-Oleflex
4	马来西亚	MMSB	30	UOP-Oleflex
5	韩国	Hyosung	16.5	UOP-Oleflex
6	韩国	TKI	25	UOP-Oleflex
7	比利时	Borealis Kollo	25	Lummus-Catofin
8	墨西哥	Pemex Morelos	35	Lummus-Catofin
9	西班牙	BASF/Sonatrach	35	UOP-Oleflex
10	埃及	Oriental	35	UOP-Oleflex
11	沙特阿拉伯	NPCo	45	Lummus-Catofin
12	沙特阿拉伯	SPC	45	Lummus-Catofin
13	沙特阿拉伯	Alujain	45	UOP-Oleflex
14	沙特阿拉伯	Sahara/Basell	45	UOP-Oleflex
15	埃及	EPPC	35	伍德 -STAR
16	美国	PetroLogistics	54.5	Lummus-Catofin
17	沙特阿拉伯	Netpat	45	UOP-Oleflex
18	泰国	HMC	31	UOP-Oleflex
19	沙特阿拉伯	Al-Waha	45	UOP-Oleflex
20	俄罗斯	Sibur	51	UOP-Oleflex
21	伊朗	NPC	50	UOP-Oleflex
22	俄罗斯	Sibur	60	Lummus-Catofin
23	泰国	PTT	31	UOP-Oleflex

近几年，低温石化气体分离设备的主体市场在中国，中国通过占据 90% 以上的国内市场，也在全球市场占有一席之地。

6.1.3　天然气液化设备全球主体市场由国际巨头把控

在大型天然气液化设备中，阶式流程、C3/MR 流程和 MFC 流程都已得到应用。APCI 的 C3/MR 流程应用最多，工艺最成熟，在大型天然气液化领域的占有率为 80% 以上。在特大型天然气液化设备研制方面，阶式制冷流程、APCI 的 AP-X

流程、林德的 MFC 流程和壳牌的 PMR 技术都是可行的，但是当前只有 APCI 的 AP-X 流程在卡塔尔的 6 条生产线上使用，单线规模为 780 万 t/a。为开发海洋天然气资源和极地地区天然气资源，出现了大型浮式液化装置的液化工艺新技术，主要技术供应商仍为 APCI 和壳牌等公司，Technip 等具有很强工程技术实力的工程公司以及韩国大宇等液化天然气造船公司在浮式液化装置的设计建设中也起到了至关重要的作用。

6.1.4 变压吸附氢提纯技术面临新机遇

中国炼化产业、煤化工产业的蓬勃发展和未来氢能源的发展为变压吸附氢提纯技术带来了新的机遇。天科股份、UOP、林德都对氢气提纯装置性能进行提升，在未来几年，技术还有进一步提升的空间。同时，建立了吸附剂的基础理论研究和性能研究数据库，并将基础理论与工程实践相结合。UOP 采用可调节程控阀，提高变压吸附切换频率，降低装置投资，并将变压吸附设计模块化，提高项目实施过程的效率。天科股份的氢气提纯装置收率高，达到国际先进水平，已成功升级改造了一些石化企业的部分国外装置。与国外同行比较，天科股份在吸附基础研究、吸附分离过程的精细控制调节、模块化设计等方面有待提高。林德在部件可靠性优选和模块化设计预制方面表现突出。

6.1.5 膜提纯技术掌握在少数发达国家手中

气体膜分离技术作为一项新兴的分离技术，可用于混合气体的分离与纯化。与传统的深冷分离和变压吸附技术相比，它具有无相变、能耗低、污染小、工艺简单、设备紧凑、运行和维护成本低等特点。气体膜分离技术主要应用于富氮、富氧、天然气分离与除湿、合成氨驰放气和石油炼厂氢气回收、有机蒸汽脱除与回收、工业废气净化和酸性气体脱除等领域。在几十年的时间里，人类对膜技术的研究取得了长足的进步与发展。1979 年，Monsanto 公司首次建立了用于氢气/氮气分离的 Prism 系统，实现了合成氨驰放气中氢气的回收。之后，Dow 公司在 1985 年推出了以富氮气为主要产品的 Generon 空气分离器，广泛应用于天然气、石油、化工生产等领域，大大提高了气体生产过程中的经济效益。20 世纪 80 年代后期，利用渗透气化进行醇类等恒沸物脱水的膜分离技术也得到工业化应用，其过程能耗仅为恒沸精馏的 1/3 ～ 1/2，且不使用苯等挟带剂，与恒沸精馏及其他脱水技术相比，具有较大的经济优势。德国 GFT 公司率先成功开发了商品化 GFT 膜。国外主要气体分离膜生产厂商及其产品性能见表 6-2。

表 6-2　国外主要气体分离膜生产厂商及其产品性能

生产厂商	产品	性能指标	国家
Monsanto	合成氨驰放气中氢气回收	5 000m³/h	美国
	乙烯气中氢回收	6 000m³/h	
	裂解排放气、二甲苯异构化废气、加氢脱硫排放气中氢回收	3 000m³/h	
Air Products	富氮气回收	500m³/h 99% 氮气	美国
Perma Pure	富氮气回收	10 ~ 1 000m³/h 95% ~ 99.5% 氮气	美国
UnioCarbide	天然气提氦回收	82% 氦气	美国
MTR	从聚烯烃树脂脱气的清洗氮气中分离烯烃单体及其他碳氢化合物回收	乙烯回收率＞99%，氮气回收率＞95%	美国
	天然气脱氮	天然气中氮气含量减少至 6% 以下	
	二氧化碳、二氧化硫等酸性气体脱除	脱除率＞90%	
GKSS	氮气分离回收	99% 氮气	德国
BOC	富氧、富氮分离回收	30 ~ 50m³/h 30% ~ 35% 氧气	英国
Air Liquide	富氮、富氧回收	99% 氮气	法国
旭硝子	富氮空气回收	1 000m³/h	日本
宇部兴产	联苯型聚酰亚胺膜氢、氮、二氧化碳分离	高分离系数、高稳定性	日本
帝人	生产医用富氧	35% ~ 40% 氧气	日本

6.1.6　国际压缩机巨头地位难以撼动

　　尽管我国在大流量压缩机的研制方面取得了飞跃式发展，但是国际压缩机巨头也在快速发展，在最近 10 年，其压缩机技术完成了跨代发展，空气压缩机的流量达 60 万 m³/h，机组效率比上代产品的效率提高了 1% ～ 2%。以曼透平和西门子为代表的透平压缩机制造商对机组的结构进行了优化，产品的市场竞争力大大提升。

　　由于中国是这些压缩机制造商的主要市场，它们在完成技术升级的同时，在中国设立了组装工厂和技术服务团队。如曼透平在江苏常州设立了曼透平机械（常州）有限公司，西门子在葫芦岛设立了西门子工业透平机械（葫芦岛）有限公司。总体来讲，这些透平机械巨头的地位难以撼动。

6.2 国外主要气体分离设备制造商的发展状况和技术水平

6.2.1 林德公众有限公司

　　林德公众有限公司（Linde plc）是由德国林德集团和美国普莱克斯公司于2018年合并而成立的公司。作为全球工业气体领域的两家巨头企业，林德和普莱克斯的合并直接造就了全球工业气体领域最大的公司。这也标志着林德与普莱克斯之间的百年历史渊源将开启新的篇章。

1. 德国林德集团

　　（1）公司概况　　德国林德集团创建于1879年6月，是深低温空分技术的开创者。1879年，德国科学家卡尔·林德博士创建了林德低温设备公司，即林德集团的前身。1895年，卡尔·林德开发了林德节流液化循环技术，制成世界上第一台3L/h高压空气液化装置并投入工业生产。随后，公司设立气体液化部，开始设计制造气体分离和气体液化设备。1902年，卡尔·林德设计了第一台单级精馏的制氧机。1903年，卡尔·林德设计制成的世界上第一台工业用10m³/h制氧机投产，工业制氧机从此诞生。1913年，公司发明低温分离制氩技术。1914年生产了世界上第一套制氩装置，该装置通过分离取自上塔氩馏分而制得氩气。1930年，公司试制成功第一台工业规模的林德－法兰克尔型255m³/h制氧机。1947年，公司开发全低压制氧设备，于1957年制成1万m³/h空分设备。20世纪60年代至90年代，公司制造的空分设备规模从1万m³/h等级发展至5万m³/h等级。

　　2006年9月，林德集团收购了老牌气体公司英国BOC公司，并成为全球最大的专业化气体和设备集团公司，同时成为第一家进入世界500强的专业气体公司。林德集团收购BOC之后，在全球工业气体市场所占份额达到了21%，成为当时工业气体的领导者。

　　2012年，林德集团以46亿美元收购了美国医疗保健气体供应商Lincare Holdings Inc.。

　　2018年，林德集团与普莱克斯集团完成900亿美元的对等合并。

　　（2）业务领域　　林德集团主要分为气体与工程两大业务板块。林德气体提供各种压缩与液化气体以及化学品，产品主要应用于钢铁、化学、环境保护、焊接、食品、玻璃和电子等行业。同时，林德气体大力发展医疗气体业务，并不断扩大规模。另外，在氢气技术方面，林德气体走在了世界前列。

林德工程在全球共交付超过 4 000 套工业装置,其中空气分离装置 3 000 余套。林德工程覆盖广阔的工业领域,重点业务是工业气体市场,如空气分离设备、天然气设备、烯烃设备以及氢气/合成气设备。当前,林德工程在全球有四大工程中心,分别位于德国、中国、印度和美国。

(3) 在中国市场的投资发展 林德工程于 1911 年进入中国市场。1913 年,林德销往中国的第一台空分设备从德国汉堡抵达上海。20 世纪 70 年代,林德为中国的钢铁客户提供了近 10 套空分设备。20 世纪 80 年代,林德在中国新建了 7 套空分设备。1986 年,林德工程北京代表处成立。2017 年,林德工程北京代表处的业务并入林德工程(杭州)有限公司。

1995 年,林德工艺装置有限公司在大连成立,后于 2005 年变更为林德工程(大连)有限公司,是林德工程位于中国的制造中心。该制造中心占地面积 43 000m², 拥有一个港口,为大型设备的运输提供了有利条件。

2002 年,林德工艺装置有限公司杭州工程与销售中心于杭州成立,后于 2005 年变更为林德工程(杭州)有限公司,是林德工程和大连冰山集团的合资企业,当前已是亚洲的林德工程业务中心之一。

林德工程(杭州)有限公司在过去的 10 多年中已向中国的客户交付了 100 多套空分设备、氢气/合成气和天然气设备。2017 年,林德工程(杭州)有限公司合并北京办事处。当前,林德在中国运行的最大空分设备为神华宁煤 6 套 10 万 m³/h 等级空分设备。

如今,林德工程为中国各工业领域的重点客户,如中石化、中石油、神华集团、伊泰集团、兖矿集团、恒力集团、万华集团、宝武钢铁等提供相关技术服务。

2. 美国普莱克斯公司

(1) 公司概况 普莱克斯公司的前身是林德的美国子公司,后并入美国联碳工业气体公司(UCIG),即美国联合碳化物公司(UCC)的三大分公司之一。1991 年 12 月 16 日,美国联合碳化物公司宣布,将公司分成两个独立的公司。一个为美国联合碳化物公司,主要从事化学品与塑料生产。另一个为美国普莱克斯实用气体有限公司,主要从事工业气体生产与销售,拥有 1.5 万 t/d 的生产能力,约占美国工业气体产量的 31%,是当时北美洲和南美洲最大的工业气体生产商,也是全球最大的工业气体生产商之一。

作为一家百年气体公司,普莱克斯在为用户供气方面经验丰富。普莱克斯在美国、加拿大、巴西、墨西哥、西班牙、意大利和中国有丰富的气体管网运行经验。其中：美国芝加哥地区130mile（约209km）管网，为30个石油化工用户服务；美国墨西哥湾地区245mile（约394km）管网，为50个石油化工用户服务；中国北京28km管网，为东方化工等8个化工用户服务。普莱克斯在氢气和一氧化碳的供应方面也积累了丰富的设计、生产、运行和管理经验，拥有氢气管道250mile（约402km），在南美、北美地区拥有总量超过100万 m^3/h 的氢气生产、供应能力。

2018年10月23日，普莱克斯与林德集团合并。

（2）业务领域　当前，普莱克斯是全美洲最大的工业气体供应商，也是北美第一个将低温液化氧气商业化的公司。普莱克斯在全球超过50个国家开展业务，生产、销售和配送大气气体、工艺气体、特种气体、高性能表面涂层以及相关服务和技术，客户遍布航空航天、化工、食品饮料、电子、能源、医疗、制造及金属等领域。公司业务分为两部分，由工业气体部门负责气体领域的业务，由表面处理技术部门负责激光加工、扩散、电镀、热喷镀等工业表面处理业务。公司致力于帮助客户获取更高利润，提高生产率及环保效益。

普莱克斯在全球设计和制造了1 000多家空分设备厂，最大的空分设备制氧量为8万 m^3/h。普莱克斯是变压吸附空分领域技术领先企业之一，在变压吸附领域的主要业务为空气分离制氧/制氮、在深冷空分中提取氩氙氪氦等特殊气体，现主要以自建自营为主，进行气体销售和供应，在大规模变压吸附制氢、脱碳、提纯一氧化碳等变压吸附工程推广领域的业务较少。

（3）在中国市场的投资发展　普莱克斯于1988年进入中国市场，并于1992年在北京设立了首家合资企业。普莱克斯中国总部设在上海，至今在中国已设立13家独资企业和11家合资企业，生产销售网点覆盖华北、华东和华南地区。另外，普莱克斯亚洲区域总部、亚洲业务技术支持中心、亚洲生产运行和质量管理部门均设在上海。

2018年11月，普莱克斯宣布与中国大型化工企业之一上海华谊签署长期协议，为其在广西钦州的化工材料项目供应氧气和其他工业气体。普莱克斯新建和运营3套大型空分设备，为其项目现场每天提供7 500t氧气和5 000t氮气。该项目为普莱克斯迄今为止在中国最大的投资项目。

6.2.2　法国液化空气集团

法国液化空气集团（以下简称法液空）是法国唯一生产空分设备的企业，具有悠久的历史。法液空创建于1902年，创建人为乔治·克劳特，他发明了活塞式膨胀机。1910年，法液空制成第一台中压带膨胀机的50m³/h制氧机，开始生产空分设备。1917年，制成125m³/h制氧机。1925年，法液空在意大利建成世界上第一家以管道供应氧气的氧气厂。1945年，法液空制成同时制取800m³/h（氧）、3 300m³/h（氮）的空分设备。1952年，法液空为解决氧气钢瓶不能满足工业界客户需求的问题，开始用低温槽车输送液氧。1957年，法液空制成10 750m³/h空分设备。2007年，法液空以5.5亿欧元收购德国鲁奇工程公司，增强了自身的工程实力。2016年11月18日，法液空斥资134亿美元，收购美国Airgas公司，拓展了美国市场，并成为当时全球最大的工业空气供应商。

法液空的业务主要分为三部分：气体和服务部门运营气体供应和气体服务等业务；环球市场业务部门专注于航空航天、海事、低温市场等；工程技术部门为第三方客户设计、建造气体生产设施。当前，法液空向众多行业提供氧气、氮气、氢气和其他气体及相关服务。南非的Sasol Secunda公司是以煤转化生产合成燃料的公司，建有法液空提供的大型空分设备17套。

法液空早在1916年就进入中国，20世纪70年代开始向中国提供空分设备。经过数十年的发展，法液空在中国40多个城市设有近90家工厂，主要经营活动为：液空中国从事工业及医用气体的运营；液空杭州和鲁奇公司从事工程和制造业务，即在中国设计和制造空分设备以及建造制氢工厂。法液空的业务已覆盖中国大部分的工业区域：北部的北京、天津、辽宁和山东，东部的上海、江苏和浙江，并向西部的四川、中部的湖北和南部的广东拓展。

液化空气（中国）投资有限公司成立于2004年，是法液空在中国注册的全资子公司，负责管理在中国所有的投资项目。当前，公司分布于华北与华东地区，主要业务为工业和医疗气体供应，通过生产、销售、输送工业气体、高纯气体、医用气体、相关设备及服务，服务于电子、化工、冶金、玻璃、汽车工业、食品以及医疗保健行业。

液化空气（上海）有限公司成立于1991年，专业从事工业用氮气、氧气、氢气、氦气及氩气等的生产与销售，客户遍及江浙沪皖大部分区域。

液化空气（天津）有限公司成立于1995年，除供应液氧、液氮、液氩外，还提供高纯度的氢气、焊接/切割气、电子特气以及相关工程服务，服务于北京、天津、河北、山东等地区的用户。

液化空气（青岛）有限公司成立于2004年，生产经营各种工业气体产品，并向山东及周边地区的客户提供相关服务。

液化空气（杭州）有限公司专业从事空分设备和其他工业气体设备的制造和销售。公司自1995年成立以来，为众多中国客户提供了大型空分设备。同时，产品还出口到新加坡、马来西亚、新西兰、印度尼西亚及日本等国。

6.2.3　美国气体化工产品公司

美国气体化工产品公司（APCI）创建于1939年，1941年制造出第一台空分设备，用于底特律的一家小型钢厂；1947年制造出的用于威尔顿钢铁公司的空分设备，其氧产量超过当时美国氧气量的1/4；1961年制成10 500m³/h空分设备；1964年制成25 000m³/h空分设备。另外，还制造过3万m³/h、3.5万m³/h、4.8万m³/h等空分设备。美国气体化工产品公司为菲利普石油公司北海埃科菲斯克油田提供一套22万m³/h特大型制氮设备，首次将大纯氮设备安装在近海采油平台上，于1992年年底投入使用。

当前，美国气体化工产品公司是一家国际化的工业气体公司，在全球50多个国家和地区共有750多台工业气体生产设备，这些设备主要分布在荷兰、德国、美国、南非、沙特阿拉伯及中国等国家，工业气体管道长度超过2 900km。工业气体是该公司的核心业务，可提供工艺气体以及相关的设备，主要为炼油、石化、金属、电子和食品等制造产业服务。该公司也是液化天然气工艺技术和设备的供应商。

2017年11月，美国气体化工产品公司宣布和兖矿集团组成合资企业，将在陕西省榆林市兴建总投资额为35亿美元的煤制合成气生产设施。2018年8月，美国气体化工产品公司和沙特阿美及ACWA电力公司签署了一份投资意向书，将在沙特阿拉伯的吉赞经济城组建总投资额超过80亿美元的气化/电力合资公司。

美国气体化工产品公司在深冷空气分离、液化天然气、变压吸附制氧、快速变压吸附、膜分离等领域均具有较强的研发实力。该公司的大型空分设备主要有美国的BAYTOWN 8万m³/h空分设备、卡塔尔的天然气液化项目两套10万m³/h等级空分设备、南非煤化工厂5.55万m³/h空分设备等。该公司在变压吸附领域的业务主要为氢气、氮气以及电子气体等的生产销售，大规模变压吸附气体分离装备和工程建设不多。2015年4月19日，美国气体化工产品公司宣布，已获得沙特阿美公司合同，将在沙特阿拉伯吉赞建造6套空分设备，建成后将供应2万t/d的氧气和5.5万t/d的氮气。

美国气体化工产品公司于1987年进入中国，在深圳蛇口设立了一家气体工厂，这是当时西方气体公司在中国成立的第一家合资企业。随后，在中国的主要城市相继建立了几十家企业，分布在北京、上海、广州、天津、南京、成都、香港、台湾等地。当前，该公司已在中国建设 130 多个生产设施和 60 多家公司，建成了 10 多套特大型空分设备，在华南、华东、华西和华北建立了稳固的地位并不断在新区域发展。

美国气体化工产品公司在中国为几家能源公司建造了特大型的空分设备来支持其重大能源项目的生产。2013 年，该公司和山西潞安矿业（集团）有限公司签订一项协议，为其子公司潞安清洁能源在长治建造并运行 4 套日产能为 1 万多吨氧气、6 000 多吨氮气以及 700 多吨仪表空气的大型空分设备，并于 2018 年 11 月全面投产。2017 年 11 月，该公司与兖矿集团签订协议，为在陕西省榆林市建设的一座煤制合成气生产设施每天提供 1.2 万 t 氧气。

6.2.4 德国梅塞尔集团

德国梅塞尔集团（以下简称梅塞尔）成立于 1898 年，总部位于德国法兰克福附近的巴佐登。梅塞尔的创始人为阿道夫·梅塞尔。在公司成立后的 67 年里，梅塞尔由梅塞尔家族完全掌控，业务范围不断扩张，在德国国内和国外都建立了分支机构。1965 年，赫司特化学企业将其工业气体业务与梅塞尔合并，组建梅塞尔·格里斯海姆有限公司。2001 年，高盛基金和安联基金联合收购了赫斯特（安万特）在梅塞尔的股份，公司实施重组，将核心业务地区集中在欧洲和美国。2004 年，梅塞尔家族收购了公司所有股份，重新成为一家由所有者经营的工业气体公司。

梅塞尔于 20 世纪 90 年代中期进入中国，至今已在上海、江苏、浙江、湖南、广东、四川、重庆、云南建立了 20 余家企业，已成为在中国的主要国外工业气体供应商之一。

当前，梅塞尔在欧洲、亚洲的 30 多个国家以及秘鲁、新西兰拥有业务。梅塞尔经营的气体品种繁多，包括氧气、氮气、氩气、二氧化碳、氢气、氦气、焊接保护气和特种气体等，这些气体被广泛应用于各个领域。梅塞尔服务的领域包括金属、化学、食品、制药、汽车、电子以及医疗、科研和环保。

6.2.5 大阳日酸公司

大阳日酸公司（以下简称大阳日酸）成立于 1910 年，于 1934 年制成日本第一台制氧机，是日本制氧机制造业的开创者。

1935 年，大阳日酸首次成功实现了空气分离设备的开发。此后，大阳日酸作为日本生产空气分离设备的龙头企业，创造了众多不同凡响的业绩，产品销售至日本国内和世界各地。该公司还凭借丰富的经验和先进的技术力量，先后开发出日本最大级别的空气分离设备、PSA 氮气生产设备以及环保型无氟超高纯度氮气生产设备等。

1980 年，大阳日酸在美国成立了第一家工业气体公司 Japan Oxygen，从此开始了全球性业务；1982 年，在新加坡成立了 National Oxygen；1983 年，收购了著名的美国特殊气体制造商 Matheson Gas Products；1992 年，收购了美国工业气体供应商 Tri-Gas；1999 年，通过合并美国的这两家公司，成立了 Matheson Tri-Gas（MTG）；2014 年，收购了美国大型二氧化碳气体制造商 Co ntinental Carbonic Products 公司。

当前，大阳日酸经营业务主要有工业气体、设备和工程、电子气体、医用气体、液化石油气、海外运营等。大阳日酸在日本国内拥有 40% 的市场份额，其在日本国内供货包括 30 多套产液设备和 200 多套供液设施。公司生产的氧气点火器——Super OF Burner 以及玻璃切割焊接系统、金属切割焊接系统受到客户的广泛好评。此外，公司产品还包括用途广泛的高品质焊接保护气体 SAN ARC 系列产品、低环境负荷的新型镁合金熔化用防燃气体 MG Shield。

在欧洲，大阳日酸通过收购普莱克斯的大部分业务实现扩张，并建立真正的全球市场。同时，大阳日酸也在扩大东南亚的业务，在菲律宾和印度尼西亚等国家开拓市场。

6.2.6 俄罗斯深冷机械制造股份有限公司

俄罗斯深冷机械制造股份有限公司由诺贝尔奖获得者——卡皮查院士创建。1945 年 5 月，苏维埃政府决定成立全苏制氧研究所，卡皮查院士任所长并在巴拉希哈建立了机械制造厂。1993 年，通过股份制改造成立了俄罗斯深冷机械制造股份有限公司（简称 JSC 深冷公司）。

JSC 深冷公司参与了众多低温大型项目的研究、低温装置的研制和开发，发明了转炉炼钢法的氧气注入技术，创造了发射装置用低温产品注入火箭燃料的大型系统，掌握了超导技术。在 20 世纪后半叶，所有的这些成果都促进了俄罗斯和世界低温工程的发展，并成为企业科技进步的里程碑。当前，JSC 深冷公司作为俄罗斯领先的低温工程企业，在冶金、石油、化工、能源、火箭空间技术、大型科学物理中心的低温设备方面拥有丰富的经验。自建立之始，JSC 深冷公司就参与了各类重大科研项目，包括研发和调试各种生产液氧、液氮及液氩的工厂；设计并生产了火箭的深冷元件的低温充注系统；设计并建造了世界上第一台带超导磁体环形场系统的热核反应堆的低温供应系统；设计并建造了几十个空间模拟器和低温真空仓，包括欧洲最大的容积为 1 000m³ 的低温真空仓。

JSC 深冷公司已经成为俄罗斯在空气分离、稀有气体、低温燃料、天然气及其伴生气等深冷机械成套设备设计制造领域最大的公司。JSC 深冷公司制造的设备每年生产全俄罗斯约 90% 的工业用气。

6.2.7 环球油品公司（UOP）

环球油品公司（UOP）是霍尼韦尔旗下的全资子公司，专门向炼油、石化和天然气加工行业提供加工技术、催化剂、吸附剂、加工设备和咨询服务。该公司是当前世界上最大的分子筛生产商和供货商，在气体分离、气体加工、石油化工等技术领域久负盛名。UOP 在吸附剂的研制与商业化方面有近 100 年的经验，全世界的炼油厂都在使用其科技成果。

UOP 创建于 1914 年。1960 年以后，UOP 除了发展石油炼制技术外，还开拓了能源、环保、化工品及塑料、电子技术和生产设备等新领域。此后，经过一系列的并购，UOP 成为美国联合信号公司的子公司，后又于 1988 年与美国联合碳化物公司的催化剂、吸附剂和过程系统部门联合组成合资企业。2005 年 10 月 3 日，霍尼韦尔宣布收购陶氏化学公司 50% 的 UOP 股权。该交易于同年 11 月 30 日以 8.25亿美元的价格成交，UOP 从此成为霍尼韦尔的全资子公司。2012 年，UOP 收购了在天然气行业模块化装置领域处于领导地位的托马斯罗素公司 70% 的股份，成立了 UOP Russell 公司。

UOP 自从 1966 年 Polybed™PSA 技术创世以来，已经为 70 多个国家提供超过 1 000 套的 Polybed™PSA 系统，在中国拥有超过 20 套 Polybed™PSA 装置。这些系统主要为变压吸附氢气提纯系统，用于石油化工、天然气化工、煤化工和钢铁等领域，以满足各个行业的氢气提纯净化需求。其天然气加工技术用于各行各业的气体处理、分离和提纯。UOP 的气化工艺包包括酸性气体脱除技术、氢气/一氧化碳比率调整技术及氢气提纯技术，可以满足从单一设备气体分离及处理到多技术、高集成化生产的各种需求。

UOP 为制造业、化学工业及天然气行业的脱水、提纯和分离应用提供 100多种分子筛和氧化铝产品，在美国、意大利、日本和中国都拥有工厂，为全球各地市场提供种类繁多的分子筛和氧化铝吸附剂。作为分子筛的发明者及领导者，UOP 吸附剂在中国的应用较广，在空分市场长期占据较高的份额。UOP 吸附剂在林德气体、液空气体等跨国气体公司占据相当大的供应份额。在开发和生产硅酸盐和氧化铝吸附剂以及相关商业应用方面，UOP 一直保持着全球领先地位。

自 20 世纪 70 年代起，UOP 一直为中国石油化工领域的客户提供工艺技术、催化剂和吸附剂产品以及工程服务。迄今，在中国有超过 240 套已经投入运营或正在建设的工艺装置采用了 UOP 的先进技术和产品。1988 年，UOP 与上海华谊集团共同出资创建了中美合资企业 —— 上海环球分子筛有限公司，UOP 为控股方，占有该公司 70% 的股份。该公司专业生产各种先进的分子筛吸附剂产品，是当前亚洲最大的分子筛吸附剂工厂。UOP 中国工厂按美国 UOP 全套分子筛的生产技术与标准建立，专业从事吸附剂的生产与销售。

6.2.8　西门子

西门子于 2001 年收购了原德马格 - 德拉瓦涡轮机公司，从而进入压缩机业务领域。原德马格 - 德拉瓦涡轮机公司拥有 150 年的历史，于 1948 年制造出世界上首台双轴四级离心式压缩机，是整体齿轮式压缩机的创始者。当前，西门子是世界领先的透平压缩机和工业汽轮机设备生产商之一，也是全球最大的压缩机设备制造企业之一，其规格齐全，涵盖气体分离、冶金、石油和天然气、化工、石化及炼油等工业领域。

西门子拥有一流的研发能力和多种专利技术，具备制造 75 万～ 80 万 m^3/h 空气流量的空分设备配套压缩机组产品线。2012 年以来，仅在空分设备配套的压缩机组领域，西门子已在全球共售出超过 80 套 8 万 m^3/h 等级及以上空分设备配套压缩机组。

西门子在 10MW 以下的预设计工业汽轮机的类型为 SST-010、SST-050、SST-060、SST-110、SST-120。西门子工业汽轮机产品全面覆盖 2 ～ 250MW，具体型号有 SST100、SST150、SST200、SST300、SST400、SST500、SST600 和 SST700、SST800、SST900。驱动型工业汽轮机型号为 SST200、SST500 和 SST600。其中：SST200 机组功率较小，最大排汽面积只有 $0.34m^2$；SST500 的典型应用为双缸式汽轮机中的低压缸；SST600 是西门子工业汽轮机覆盖范围和应用领域最广的工业汽轮机，适用于工艺流程最为复杂的特殊应用。

2005 年 7 月，西门子在辽宁省葫芦岛成立西门子工业透平机械（葫芦岛）有限公司（SITH），是西门子推进本地化战略的重要依托。经过 10 多年的发展，SITH 已经建立了涵盖产品研发、技术方案、采购、生产制造、物流、销售及服务各个环节的完整本地化价值链体系，提供满足中国乃至全球市场需求的高端压缩机和蒸汽轮机产品。

就空分设备业务而言，以近 10 套 10 万 m^3/h 等级空分设备配套压缩机组的业绩为代表，SITH 当前已具备提供大、中、小型空分装置配套压缩机组及蒸汽轮机的生产制造能力。

6.2.9 曼能源解决方案有限公司

曼能源解决方案有限公司（MAN Energy Solutions）是曼集团旗下动力工程领域的子公司，是世界领先的船用及电站用大缸径柴油发动机和透平机械制造商，总部位于德国奥格斯堡。公司开发和生产二冲程和四冲程发动机，并授权许可厂商生产。其发动机的输出功率为 450kW～87MW。公司开发和制造高达 50MW 的燃气轮机、150MW 的蒸汽轮机以及流量达 150 万 m^3/h、压力达 100MPa 的压缩机。公司产品涵盖全系列船舶推进系统，石油和天然气领域、流程工业应用的透平机械以及发电厂总包。公司为全球客户提供命名为 MAN PrimeServ 品牌的全方位售后服务。全球员工约 1.49 万名，主要分布在德国、丹麦、法国、瑞士、捷克、意大利、印度、中国等 120 多个国家和地区。

该公司透平机械业务主要产品有压缩机、蒸汽轮机和燃气轮机等。空分压缩机组的主要生产工厂位于德国奥伯豪森、柏林，瑞士苏黎世和中国常州。根据当前项目供货模式，奥伯豪森工厂主要负责蒸汽轮机的设计及转子、内缸等核心组件的生产；柏林工厂主要负责增压机的设计及转子、齿轮等核心组件的生产；苏黎世工厂主要负责主空气压缩机的设计及转子等核心组件的生产；常州工厂主要负责机器机壳和静止件的生产，并进行整个机器的组装及机械试车。

曼恩机械有限公司成立于 2007 年，位于江苏省常州市武进高新区，是曼能源解决方案有限公司在中国的全资子公司。公司占地面积 47 379m^2，当前拥有员工 300 多名。公司自 2007 年建立以来，不断扩大生产能力，于 2010 年 11 月交付了首台等温压缩机 RIKT，而后公司继续扩大产品范围，于 2012 年 9 月交付了第一台汽轮机。当前，公司已经掌握精湛的工艺技术，能够完成铆焊成型、机加工、装配和测试等过程。主营业务除前述空分机组外，还包括轴流压缩机、燃气轮机、螺杆机、涡轮增压器和伦克轴承。当前，公司已接订单中压缩机和汽轮机超过 160 台，涡轮增压器超过 500 台，伦克轴承超过 16 000 套。

曼透平工业汽轮机功率覆盖 1～160MW。在工业驱动领域，产品执行 API-612 标准。

6.2.10 通用电气公司

通用电气公司（GE）的工业汽轮机生产线拥有冲动式技术和反动式技术。冲动式汽轮机主要应用于小型发电，反动式汽轮机主要应用于石油、天然气和工业发电。所有的产品都基于模块化设计。

SC/SAC 系列汽轮机采用能够适用于多元化应用的模块化设计。该系列汽轮机为冷凝式、单缸单排汽结构，最多可以进行两个可调抽汽，采用冲动式和反动式叶型来实现变工况范围内的高效率。该系列汽轮机可以用于石油、天然气和工业发电领域，功率为 2 ～ 100MW，转速为 3 000 ～ 15 000r/min，额定工况蒸汽的压力为 14MPa、温度为 540℃，在 3 000r/min 转速时，叶片最高高度为 660mm。

SNC/SANC 系列汽轮机采用背压式、单缸结构，同样可应用于石油、天然气和工业发电领域。

MP/MC 系列是背压、冷凝式的中低等功率汽轮机。该汽轮机采用冲动式、单缸结构，可以进行抽汽和补汽，功率最高可达 40MW，转速为 3 000～12 000r/min，额定工况蒸汽的压力为 14MPa、温度为 540℃，最高背压为 6MPa。

锅炉给水泵汽轮机采用冲动式、单缸单排汽结构，可以在宽变转速范围内运行。该系列汽轮机功率最高为 20MW，转速为 3 000 ～ 6 000r/min。

P/C 系列为背压、冷凝式小功率汽轮机，采用冲动式设计，功率最高可达 6MW，转速为 3 000 ～ 15 000r/min，额定工况蒸汽的压力为 8MPa、温度为 480℃，最高排汽压力为 2MPa。

6.2.11　阿特拉斯·科普柯

阿特拉斯·科普柯成立于 1873 年，已有超过 140 年的历史，总部位于瑞典斯德哥尔摩，集团业务遍布全球 180 多个国家。

阿特拉斯·科普柯（上海）工艺设备有限公司成立于 2010 年，位于上海临港重装产业区。上海工厂隶属于集团的压缩机技术业务领域的气体与工艺事业部，是集团 5 个生产和组装工厂之一。阿特拉斯·科普柯上海工厂占地面积 3.82 万 m^2，包括加工组装中心、报价中心、区域销售支持以及售后服务中心，为整个中国和东南亚地区提供便捷的海运。

阿特拉斯·科普柯（上海）工艺设备有限公司提供离心式透平压缩机、透平膨胀机、压缩膨胀组合机、天然气螺杆压缩机解决方案，应用在工业气体、石油和天然气、化工、石化、化肥及电力、可再生能源等领域。产品符合一系列标准，包括中国国标、API672/617/614、ASME、CU-TR 标准。遍布全球的工厂执行英国劳氏质量认证有限公司认证的 ISO9001、ISO14001、ISO50001 及 OHSAS18001 等，并涵盖所有 ISO9001、ISO14001、ISO50001 及 OHSAS18001 标准的要点。

第 7 章

我国气体分离设备的
市场状况分析

7.1 我国气体分离设备的市场供应能力分析

气体分离设备在我国国民经济体系分类中属于通用设备制造业大类中的"气体、液体分离及纯净设备制造，行业代码3463"。我国气体分离设备制造业自1953年起，经历了从无到有、从小到大、从弱到强的近70年发展过程，已经建立了以低温分离为主体，辅以吸附分离、膜法分离的门类较为齐全的产业群体，形成了成套厂商与配套厂商一起成长的产业群体。

1. 空气分离设备

我国空分设备成套制造厂商以杭氧为代表，主要集中在江浙沪地区、开封地区、成都及其他地区。其中：以杭氧为中心的江浙沪地区是国际上唯一的国际空分设备制造集中产业区，有杭氧、林德、法液空、AP、世亚德和苏氧等企业；以开封空分为中心的国产空分设备产业区主要有开封空分、开封黄河、开封东京和河南开元等企业；成都及其他地区有四川空分、成都深冷、珠海共同和哈深冷等企业。空分设备成套制造厂商中，杭氧、开封空分是国有控股企业，林德、法液空、AP、世亚德为外资企业，其余均是民营企业。

自2000年以后，我国成为全球最大的空分设备制造国，即全球空分设备制造容量最大的国家，产值在亿元以上的企业有20家以上，行业总资产已超过300亿元。行业空分设备制氧能力总量从2000年的不到18万 m^3/h 上升为2018年的超过380万 m^3/h。

2017年，国内空分设备龙头企业杭氧成功开发10万 m^3/h 等级空分设备。该设备关键运行指标达到国际领先水平，深得行业和市场好评，市场拓展加快，产品获得和国际巨头产品的同价认同。从此，我国从空分设备大国跨入空分设备强国。

2. 低温石化设备

低温石化设备主要由杭氧、林德和法液空供应，与空分设备相比，行业的集中度比较高。杭氧在乙烯冷箱、液氮洗冷箱、烷烃脱氢冷箱、MTO冷箱、氢/一氧化碳分离冷箱等一系列产品上实现了国产化，并取得了众多应用业绩。当前，杭氧设计制造的低温石化设备已具有绝对的市场主导力，乙烯冷箱、烷烃脱氢冷箱、MTO冷箱的国内市场占有率均超过90%，有些甚至接近100%。

3. 天然气液化设备

国内的天然气液化设备生产商以四川空分、成都深冷、杭氧、哈深冷为代表，生产制造日处理量为 10 万～260 万 m^3 的天然气液化装置和大型液化天然气储槽、储罐、槽车和汽化器等。液化天然气类产品的产值占行业总产值的比例从 2010 年的不到 10% 提高到 2019 年的 30% 左右。中集安瑞科、圣达因、查特等一些非气体分离设备产业的制造企业也纷纷加入液化天然气装备的生产制造行列。由于我国生产的中小型液化天然气设备较多，行业的分散度大，行业间的竞争较为激烈，难以形成挑战国际巨头的企业。

4. 变压吸附分离设备

我国变压吸附分离设备技术经过 10 余年的发展，已走向成熟。市场上制造变压吸附分离设备的企业较多，在浙江、江苏、四川、北京等地形成产业集群，全国已有上百家企业生产制造变压吸附设备，产品规格最大为 3.5 万 m^3/h 以上。以天科股份、北大先锋、上海瑞气等为代表的变压吸附分离设备制造企业，已将变压吸附制氧、制氢、制氮及一氧化碳/二氧化碳分离，工业尾气回收利用等技术广泛应用于石化、化工、冶金、食品、环保、电子及航空等行业。我国变压吸附分离设备市场整体情况为水平参差不齐，竞争激烈，但分别在氢提纯领域和氧氮分离领域逐渐形成了天科股份和北大先锋两家领军企业。

变压吸附制氧设备技术以北大先锋为龙头，产量为 10 ～ 35 000m^3/h，纯度在 21% ～ 93% 范围内可调，其中大型变压吸附制氧设备主要应用于冶金工业的高炉富氧冶炼，每年形成 10 亿元左右的工业产值。

变压吸附制氢设备技术以天科股份为龙头，从煤化工、石油化工原料气中制取氢气，提供各种工业用氢，每年有 20 亿元左右的工业产值。世界上规模最大的变压吸附氢气提纯设备由天科股份建成投产，整体技术达到国际领先水平。

5. 膜分离设备

我国膜分离技术起步较晚。2001 年，中国科学院大连化学物理研究所膜技术工程研究中心正式成为国家级工程研究中心（后更名为天邦膜技术国家工程研究中心有限责任公司），中空纤维氮气/氢气分离器的生产能力达到了 3 万 m^2/a，成为全球四大规模化生产中空纤维氮气/氢气分离器的厂家之一。除了大连天邦公司之外，国内其他气体膜分离装备的公司大都代理国外产品，引入国外的膜分离器在国内进行配套组装。可以说国内的气体膜分离应用很多，但具有自主知识产权的产品很少，这主要与国内基础材料研究的缺失有关。

相对于空分设备、低温石化设备和变压吸附分离设备，我国膜分离技术和美国、日本、法国等发达国家尚有差距。

6. 小型制氢设备

小型制氢设备仍以水电解制氢为主体，以中船重工七一八所、苏州竞立制氢设备有限公司、天津大陆制氢设备有限公司为主体，每年形成 10 亿元左右的工业产值。

7.2 我国气体分离设备的市场需求容量分析

1. 钢铁冶金行业

钢铁冶金行业是国民经济的重要基础产业，一直以来，为国家建设提供了重要保障，推动了我国工业化和现代化的进程。"十三五"时期是我国全面建成小康社会的决胜阶段，也是钢铁工业结构性改革的关键阶段。

（1）钢铁行业的总体形势　　"一带一路"倡议的实施，为我国钢铁行业广泛参与国际合作提供了市场机遇。消费升级、四化同步发展、基础设施建设拓展了钢材需求空间。我国制造业的转型升级和国家高质量发展的需要对钢铁品种、质量和服务需求不断升级。

与此同时，世界经济在深度调整，全球粗钢需求增长乏力，钢铁产能过剩矛盾加剧，贸易保护主义抬头，国际竞争更加激烈，全球铁矿石等原料供应及价格大幅波动使得钢铁工业运行不确定性增大。我国经济向以质量效益提高和结构优化、产业升级方向转化将是必然趋势，钢铁产业向中高端水平迈进也是迫切需求，社会对钢铁工业节能减排、质量提升将提出更高要求，全力推进钢铁工业供给侧结构性改革，着力化解过剩产能、实现钢铁行业脱困发展已是当务之急。

（2）我国钢铁需求预测　　根据我国确定的国内生产总值年均增速预期目标，考虑经济发展速度区间、下游产业需求变化、区域发展平衡和钢材进出口等因素，结合钢铁工业发展面临的总体形势预测，从中长期看，发展中国家在工业化、城镇化发展带动下，粗钢消费将呈稳定和小幅增长态势。从国内看，在没有政策措施的刺激下，我国钢铁需求增长预计将出现减速趋势。

（3）钢铁行业对空分设备行业的影响分析　　经预测，产能置换将成为未来几年钢铁行业去产能、调结构的首要途径，将带来先进空分设备的采购高峰。此外，钢价回升带动企业盈利显著改善，钢铁企业对设备的主动性采购需求将加强。一般而言，每百万吨钢产能需配备 1.2 万～ 1.5 万 m^3/h 的空分设备。仅计算 72

家参与钢铁产能置换企业新建项目——拟分别新建炼铁、炼钢产能 9453 万 t、11 768.3 万 t，粗略估计共需 254.66 万～318.32 万 m^3/h 的空分设备，即对应 8.3 万 m^3/h 规格的空分设备 30～38 套。按每套约 2.7 亿元计算，空分设备投资总额为 81 亿～102.6 亿元。

2. 煤化工行业

《能源发展"十三五"规划》提出，"十三五"期间煤制油、煤制天然气生产能力达到 1300 万 t 和 170 亿 m^3 左右。截至 2016 年年底，我国煤制油、煤制天然气产能分别为 658 万 t、31 亿 m^3，项目投资空间巨大。

《煤炭深加工产业示范"十三五"规划》提出，重点开展煤制油、煤制天然气、低阶煤分质利用、煤制化学品、煤炭和石油综合利用等模式以及通用技术装备的升级示范。该规划共提出 14 个示范项目，其中，煤制油项目 4 个、煤制天然气项目 5 个。

（1）新型煤化工发展的有利条件和不利条件　新型煤化工是以先进的煤气化和液化技术为龙头的能源化工产业体系，主要包括煤基合成气甲烷化、煤气化生产甲醇进而生产乙烯、丙烯、乙二醇、二甲醚和芳烃化合物等。与传统煤化工产业相比，新型煤化工装置规模大，技术含量高，产品附加值高，市场缺口大，可以补充石油化工产品的不足，是我国优化能源结构、保障能源安全的重要途径。

现阶段新型煤化工发展的有利条件如下：

1）油价回暖，新型煤化工项目经济性回升。发展新型煤化工的目的是替代石油化工产品，所以新型煤化工行业主要受油价影响。随着国际油价回升，煤制油项目经济性也将凸显。以神华宁煤煤制油示范项目为例，按照该项目的产品构成和产品当前的市场价格来计算，每吨煤制油的综合收入约为 5500 元。据《中国化工报》报道，当前煤制油单位完全成本约 5200 元 /t，煤制油项目当前能够保持盈亏平衡。

2）耗水问题已得到改善。早期煤化工工艺不成熟，项目水耗很高，而随着工艺的逐步成熟，煤化工项目的水耗问题得到显著改善。例如，神华鄂尔多斯煤制油项目吨油水耗从设计之初的 10t 降至当前的 5.8t，煤制烯烃吨耗水也已从 32t 下降到 7t。

新型煤化工发展也面临下列不利条件：

1）环保压力大。现代煤化工项目采用先进生产技术，污染物和碳排放强度可以得到有效控制。但由于项目规模大，排放总量仍相对较大。在废水方面，现代煤化工生产废水经过技术处理后，可以实现达标排放，但由于项目多建设在西部地区，当地生态脆弱，环境承载力差，没有纳污水体，废水必须实现"零排放"。当前，高浓盐水存在处理费用高和废盐如何再利用的问题，有机废水的处理回收技术还需要更多的工程化验证。随着我国节能减排要求不断提高，现代煤化工产业发展资源环境约束也随之增强。

2）水资源压力大。由于煤化工项目多分布于水资源缺乏的西部地区，水环境承载能力大多达到极限，过量消耗水资源易引发水土流失、土地盐渍化及荒漠化等区域生态问题和环境水文地质问题。

3）部分技术需继续完善。由于研发时间短和投入的力量不足等条件制约，许多煤化工关键工艺技术尚未突破，导致现代煤化工产业链短，亟待延伸。大型现代煤化工项目技术复杂，工程建设和生产运行难度较大，一些核心技术初次商业化，在提高产品经济性等方面还有待进一步优化。

（2）煤化工行业产品　产能预测截至 2018 年年底，我国煤制油产能达到953 万 t。预计 2018—2022 年年均复合增长率为 15.24%，2022 年产能将达到1 810 万 t。截至 2018 年年底，我国煤（甲醇）制烯烃总产能达到 1 302 万 t。预计 2018—2022 年年均复合增长率为 14.25%，2022 年产能将达到 2 920 万 t。截至2018 年年底，我国煤制乙二醇产能达到 448 万 t。预计 2018—2022 年年均复合增长率为 33.98%，2022 年产能将达到 1 387 万 t。煤制乙二醇已经成为我国乙二醇产能的重要组成部分。截至 2018 年年底，我国煤制天然气产能达到 51.05 亿 m^3。预计 2018—2022 年年均复合增长率为 46.19%，2022 年产能将达到 362 亿 m^3。随着近年来我国煤基路线制油、烯烃、芳烃、天然气、乙二醇，以及焦炉煤气制压缩天然气、液化天然气等现代煤化工工艺技术突破和示范工程均获重大进展，煤化工的废气治理就显得尤为重要。并且，为改善空气质量，推动工业绿色发展，主管部门出台了一系列的政策和标准推动 VOCs 的减排与治理。

当前，政府批准的现代煤化工示范项目共 27 个，其中，煤制天然气项目有 13 个，完全建成投产后产能达 611 亿 m^3/a；煤制油项目有 8 个，产能达1 108 万 t/a；煤制烯烃项目有 6 个，产能达 510 万 t/a。处于运行试车建设和前期工作阶段的煤制油项目有 26 个、煤（甲醇）制烯烃项目有 58 个、煤制天然气项目有 67 个。

（3）煤化工发展对空分设备行业的影响分析　随着我国煤化工示范项目的陆续批复与开建，相应的建设投资将逐步体现至订单端。经粗略估计，国家明确规划的煤化工项目、国家环保局与地方环保厅已批复的项目预计总投资额超6 700亿元，其中，设备投资约占55%，预计投资额达3 685亿元。一般而言，空分设备投资约占煤化工项目设备投资的10%～15%，投资额达368.5亿～552.75亿元。按照项目平均建设周期3年计算，空分设备平均每年投资额为122.83亿～184.25亿元。此外，如果考虑其他还未公布的国家新建项目、储备项目转新建项目，每年建设投资额还有很大的上升空间。

4. 化肥行业

化肥行业市场化改革持续推进，扶持政策逐个推出，竞争呈白热化，实力企业攻城略地，产能过剩下的淘汰赛更加激烈。行业整体产量平稳，2018年增幅约9%。包括合成氨项目在内的拟新上项目有增加的态势。

（1）化肥行业概况

当前，化肥行业中以合成氨产量计，产能50万t/a以上的企业占比为28.4%，产能30万t/a以上的企业占比为52.5%，产能8万t/a以下的企业占比降至10%。产能主要分布在山东、河南、山西、四川、河北、湖北和江苏等省。特别是，内蒙古、新疆、山西陆续建设了一批大型氮肥生产装置，2014年，三省合成氨产能已达到1 395万t/a，尿素产能已达到2 170万t/a。

化肥行业是政府曾经大力扶持和补贴的行业，但从当初的短缺到如今产能已严重过剩，保护政策如增值税、出口关税、电价优惠等逐步退出。2016年4月20日起，全部取消电价优惠。用电优惠取消对化肥生产成本将产生重大影响，从而影响化肥行业整体格局。当前电价影响的主要是煤头企业。据统计，全国化肥企业中47.5%的企业将不再享受电价优惠政策，该部分总产能约3 300万t/a，如果全部进行产能置换，将会新增约400万m^3/h制氧容量的空分设备。

新建尿素企业的单套装置产能高于52万t/a，一直未享受电价优惠。针对国家政策的调整，化肥企业纷纷采取热电联产、工艺改造、管理创新等措施。其中最为显著的是气化工艺改造，将之前的UGI气化炉改造为新型煤化工炉，如华东理工炉、航天炉、壳牌炉等，需要配套相应的空分设备。因此，该行业近几年内空分设备需求会增加。

（2）化肥行业变局对空分设备行业的影响分析　当前化肥行业中传统的UGI气化炉企业纷纷亏损，仅新型煤化工企业尚能盈利。近年来，江苏华昌化工、河南心连心、鲁西化工、华鲁恒升等大型企业不断进行技术改造，在降低产品成本方面取得了较大进展。这些企业成功进行技术改造，为其他小化肥企业指明了方向。各企业纷纷向新型煤制合成氨技术升级，进行产能置换。技术的升级给未来空分设备行业带来较大的发展机会。

根据以往为合成氨装置配套的空分设备能力，一般情况下，50 万 t/a 合成氨、80 万 t/a 尿素装置需配套 6 万 m^3/h 等级空分设备，如山东润银、河南心连心等；30 万 t/a 合成氨装置需配套 4 万 m^3/h 等级空分设备，如湖北宜化集团、鲁西化工等；18 万 t/a 合成氨需配套 2.5 万 m^3/h 等级空分设备，如重庆宜化、湖南宜化等。

5. 炼化一体化行业

（1）炼化一体化行业概况　炼化一体化将过去炼油和化工两个独立的环节合并在一起。其战略核心是提高地域分布集成度、生产装置集成度、运行管理集成度及炼化一体化技术集成度，从而组建石化企业集群，实现装置大型化及物流管道化，建立企业标准体系，培育关键性的组合技术并形成炼油－乙烯、炼油－芳烃、炼油－化肥等一体化产业链技术。实现炼油和化工一体化，有利于原料的优化配置和综合利用，提高资源利用率，共享公用工程，减少库存和储运费用，提高炼厂的综合竞争能力。同时，可使炼厂 10% ～ 25% 的低价值油品变成高价值的石化产品，有利于适应石油化工市场结构的改变，多产化工原料。对整个炼油化工行业而言，充分发挥一体化的优势显得尤为迫切。

（2）炼化一体化项目现状及分布　"十三五"期间，国家发展改革委重点规划发展七大石化产业基地。2015 年 5 月，国家发展改革委印发了《石化产业规划布局方案》。根据该方案，2020 年全国炼油综合加工能力为 7.9 亿 t，乙烯、芳烃生产能力分别为 3 350 万 t、3 065 万 t；2025 年炼油、乙烯、芳烃生产能力分别为 8.5 亿 t、5 000 万 t 和 4 000 万 t。集聚建设上海漕泾、浙江宁波、广东惠州、福建古雷、大连长兴岛、河北曹妃甸、江苏连云港七大基地，其炼油、乙烯、芳烃产能分别占全国的 40%、50% 和 60%。

2015 年 1 月，曹妃甸千万吨炼油及下游化工项目获国家发展改革委核准。2015 年 12 月，恒力石化 2 000 万 t/a 炼化一体化项目在大连长兴岛经济区正式开工建设。2015 年 12 月，福建漳州古雷炼化一体化项目奠基。此外，上海漕泾、广东惠州、江苏连云港、浙江宁波、中化泉州等炼化一体化项目陆续在"十三五"期间建成或启动建设。从当前情况来看，在七个基地配套项目中，除中石化镇海炼化项目、中海油惠州项目有实质性进展并已开工建设或投产外，由国有大型企业投资建设的炼化项目进展较慢。相反，在七大基地或基地周边地区由民营企业投资兴建的炼油项目已经在热火朝天地展开。例如，由荣盛石化、巨化集团和桐昆石化共同投资的舟山炼化一体化项目以及大连长兴岛的恒力石化炼化一体化项目已经开车运行，均已进入第二期的建设中。

（3）炼化一体化对空分设备市场的影响分析　空分设备在炼化一体化项目中的主要作用是为项目关键的煤制氢工艺提供氧、氮气体。加氢裂化是当前炼油化工一体化的核心主体技术，是一体化炼厂的炼油和化工两部分的主要结合点。一个配置渣油加氢的千万吨级加工能力炼厂的平均用氢量大致是原油加工量的1%，不配置渣油加氢则为 0.7% 左右。炼化厂在重油加氢提高油品中也需要大量氢气。当前煤制氢主要采用 GE 煤气化、华东理工大学开发的多喷嘴对置式水煤浆气化、壳牌煤气化等，生产 $1m^3/h$ 氢气需要 $0.5 \sim 0.8m^3/h$ 氧气。从以上数据可以看到，在炼化一体化项目（煤制氢）中蕴藏着巨大的空分设备市场。

"十三五"期间开展 20 余个炼化一体化项目与中石化炼化基地的建设，将在 $3 \sim 5$ 年内新增炼油产能 3.1 亿 t/a。据初步计算，新增 3.1 亿 t/a 的炼油产能需总耗氧量 520 万 m^3/h、8.3 万 m^3/h 规格的空分设备 63 套，对应空分设备投资约 189 亿元，按 4 年建设周期计算，空分设备年均投资为 47.25 亿元。

7.3　我国变压吸附气体分离装置市场分析

当前我国变压吸附气体分离装置市场需求总和在 350 套左右，装置投资约 110 亿元，PSA 供应商合同销售额在 18 亿元左右。

按市场需求装置类型划分，制氢类装置占全部装置的 70% 左右，合同额占合同总额的 70% 左右。气体净化类装置（包括天然气净化、VCM 尾气净化等装置）占比为 15% 左右，脱碳装置占比为 5% 左右，提纯二氧化碳装置占比为 4% 左右，烃类回收装置占比为 3.0% 左右，提纯一氧化碳装置占比为 1.5% 左右，制氧、制氮装置占比为 1.5% 左右。

按应用行业划分，变压吸附市场主要分布在石油石化、化工、冶金、医药和煤矿行业。

按行政地区划分，变压吸附市场主要分布在陕西、新疆、内蒙古、辽宁、安徽、河北、江苏、山东、山西、上海、云南等地。

我国变压吸附市场的需求与国际国内经济形势的发展密切相关。2000—2011年，随着国内经济的持续增长，我国的变压吸附市场需求呈正增长态势。2012—2015 年，中石油和中石化等许多大型企业出现下滑，煤化工、钢铁等行业均因需求低迷而陷入低谷，很多企业亏损。由此引发 PSA 项目的大量减少，多家 PSA

供应商共同竞标同一项目，恶性竞争成为新常态。在此期间，我国 PSA 市场出现严重萎缩，一些传统 PSA 项目，如 PSA-CO_2/R、PSA-CO、PSA-CO_2 等急剧减少，甚至难觅踪影。

2015 年，《石化产业规划布局方案》的提出推动了产业集聚发展，建设上海漕泾、浙江宁波、广东惠州、福建古雷、大连长兴岛、河北曹妃甸、江苏连云港七大世界级炼化基地。七大炼化基地项目中规模较大的炼厂，如浙江舟山产业基地的浙江石化，其整体 4 000 万 t/a 的炼油规模超过当前美国的最大炼厂 Motiva 的 3 015 万 t/a 产能。

以炼化一体化开启产业升级，是我国石油化工行业"十三五"的主导方向。在七大炼化基地项目建设之前，国内最大的炼厂镇海炼化的炼油能力为 2 300 万 t/a，而山东东明石化炼油能力仅 750t/a，相比之下，新建的七大炼化产业基地的规模非常可观。

大炼化已成为新的潮流，2 000 万 t/a 炼油能力是新的门槛，随着我国炼油产能的发展，需要大型化的变压吸附制氢装置提供加氢所需的氢气，变压吸附制氢的市场需求将进一步扩大。

2016—2018 年，受经济形势整体趋暖的影响，变压吸附分离设备的市场需求不断加大。虽然 2016 年世界经济持续低迷，但国内供给侧结构性改革，激发了经济增长的动力焦炭、钢铁等大宗商品价格止跌回升，工业领域投资缓慢增长，石油、石化行业的投资也出现回暖迹象。在新常态的国内大环境下，变压吸附产业也跟随国家经济发展呈现出触底反弹的迹象。

特别是进入 2017 年，随着国内部分行业经济回暖，国内大宗商品如钢材、煤焦等商品价格上涨迅速，国际原油价格也重回 60 美元左右，一些大型国企（如神华、大唐等公司）正逐步筹划新一期的煤化工项目，煤化工项目逐渐复苏，项目数量增加，给变压吸附产业带来部分新的项目，这些新的变化都在推动变压吸附市场需求走强。

氢能作为一种绿色、高效的二次能源，当前还没有被大规模普及应用，但它却有着已有能源无可比拟的优点。《能源发展"十三五"规划》中提到，全面推进能源生产和消费革命，努力构建清洁低碳、安全高效的现代能源体系等目标，制定出明确的行动纲领。多个部委密集出台了支持氢能产业发展的政策。随着氢能应用技术发展逐渐成熟和全球应对气候变化压力的持续增大，氢能产业的发展在世界各国备受关注。氢能及燃料电池技术作为促进经济社会实现低碳发展的重要创新技术，已在全球范围内达成了共识，多国政府都已出台氢能及燃料电池发展战略路线图。美国、日本、德国等发达国家更是将氢能规划上升到国家能源战略高度。氢能开发与利用已成为发达国家能源体系中的重要组成部分，这些都预示着变压吸附制氢市场将迎来更多新的发展机会。

未来变压吸附市场特别是制氢装置的市场需求将是很大的，同时也是行业竞争最激烈的细分市场，气体分离设备行业企业需要在变压吸附制氢领域加大技术研发投入力度，切实提高产品的技术水平，降低装置的建设和生产成本，从而提高产品在变压吸附市场的竞争力和占有率。

7.4 我国天然气液化市场分析

我国天然气需求量经历了 10 余年的快速增长，但随着我国经济放缓及替代能源的不断开发，油价、煤价下跌等因素削弱了天然气的竞争力和需求动力，2014—2016 年，天然气生产与消费增速明显放缓。随着国家天然气"十三五"规划、煤改气等引导、规划政策的不断深入与落实，天然气已逐步成为现代清洁能源的主体。2017 年上半年，我国天然气消费量达到 1 146 亿 m^3，同比增长 15.2%。1995—2016 年我国天然气产销量及增速见图 7-1。

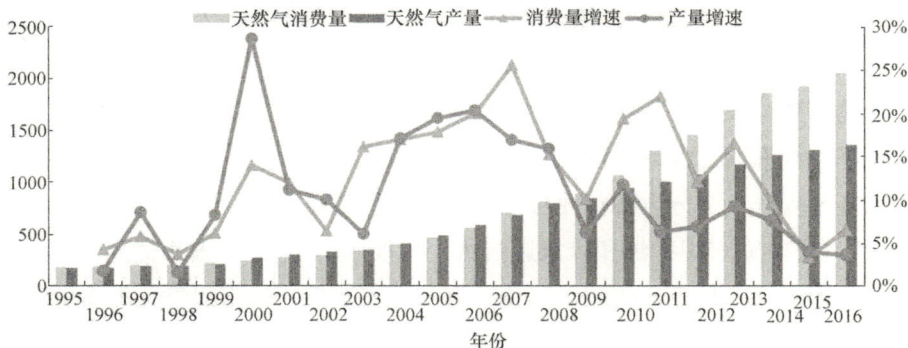

图 7-1　1995—2016 年我国天然气产销量及增速

我国天然气消费量不断加大，但相对匮乏的资源和国内滞后的产能早已无法满足增长的需求，天然气进口是弥补我国天然气产能不足的手段。我国已成为全球第二大液化天然气进口国。伴随着我国燃气市场的提振，未来天然气进口比例有望进一步扩大，但鉴于资源禀赋和能源安全战略的相关规定，进口管道气规模会受到限制，即未来进口天然气的重任将由液化天然气贸易分担，我国也有望成为全球最大的液化天然气进口国。

　　长期以来，亚洲市场一直保持着液化天然气贸易的霸主地位，其液化天然气进口量超过全球贸易量的 7 成。随着日本和韩国的燃气进口量大大下滑，中国、印度等市场成为国际天然气贸易的重要投放地区。

　　从国内天然气液化工厂的情况来看，一方面，由于我国常规天然气气源价格相对较高，液化天然气生产成本与送到价持平甚至高于当地送到价，液化工厂利润被大幅压缩甚至出现成本倒挂。另一方面，价格低廉的进口液化天然气不断冲击着国内天然气液化产业。因此，在 2016 年以前，国产天然气液化工厂的年均开工率不足 50%。2017 年的煤改气项目如火如荼地展开，使需求侧超预期规模增长，而供应侧又意料之外资源减少，最终导致 2017 年冬季气荒的出现，从而使得液化天然气价格顺势上涨。2018 年，随着煤改气项目深入进行，我国天然气需求持续增长，液化天然气价格也保持较高水平。受国际原油价格上涨的影响，进口液化天然气的价格也持续上涨，与国内天然气液化工厂的出厂价格差距日益减小。这为国内天然气液化设备行业提供了一个市场空间。

7.5　我国空分设备市场及主要空分设备厂家分析

1. 我国空分设备市场环境分析

　　2014 年以来，我国经济发展进入了新常态，经济增速从高速增长转向中高速增长。钢铁、化肥、石化、煤化工、建材等用户行业产能出现严重过剩，市场持续低迷，空分设备行业供需矛盾更加突出，市场竞争更加激烈。行业产销增速继续下降，利润同比大幅下降。但在市场倒逼机制作用下，企业适应市场变化的能力也得到提升。空分设备行业总体呈现出以下特点：

　　（1）受国家宏观经济和政策影响大，市场起伏不定　　成套空分设备的主要销售对象为钢铁、化工、化肥、石化、有色金属冶炼、城市煤气化等企业，为国家基础工业项目配套，受国家宏观经济政策影响较大。根据中国通用机械工业协会气体分离设备分会的统计，2014 年，气体分离设备行业共生产 1 万 m^3/h 等级以上空分设备 57 套，同比下降 23%。2017—2019 年，受环保及产能置换、国家新一轮重大项目建设的利好因素影响，空分设备市场有所回暖。

　　（2）大型、特大型空分设备形成竞争新格局　　杭氧、林德、法液空都有 8 万～12 万 m^3/h 等级空分设备应用业绩。杭氧和林德于 2013 年年初各取得神华宁煤 400 万 t/a 煤制油项目的 6 套 10 万 m^3/h 空分设备合同。截至 2021 年 6 月，杭氧配套的 6 套 10 万 m^3/h 空分设备已稳定运行 4 年多。配套中东 KV 的

12 万 m³/h 空分设备已于 2018 年年底开车，为浙江石化 4 000 万 t/a 炼化一体化装置配套的 4 套 8.3 万 m³/h 整装冷箱空分设备也已达产，这都标志着杭氧与国外公司在 8 万～ 12 万 m³/h 等级空分设备市场进行同台竞争的格局已形成，并将在最近几年持续下去。

（3）空分设备市场的竞争日趋激烈　国内一些空分设备竞标商为了拿到合同或投入新产品，不惜以低于成本的价格投标，竞争环境更趋恶化。这种态势发展到国外项目，恶性竞争带来的质量隐患将会显现。

（4）积极开拓市场，开发特色产品　在传统的低温法空气分离设备产品大幅缩减的情况下，各个设备厂家积极应对，开拓市场，开发新产品，延伸服务领域。如大力发展石化装备产业，由单一的设备制造商向设备总包（EPC）转型，进入工业气体领域，开发了特色产品，如高纯度氖、氦、氪、氙提取装置等。杭氧在空分设备、低温石化装备、气体投资领域，四川空分在天然气液化和投资领域，苏氧在小型空分设备领域均做出了特色。

（5）对空分设备的能耗要求提高　受经济形势和用户产品（如钢铁、甲醇、化工产品等）销售价格大幅下滑的影响，对空分设备能耗的要求越来越高。用户既要求空分设备价格低又要求能耗低，当必须对两者作取舍时，宁愿适当提高一次性投资，也要选择低能耗的产品。这为国内品牌企业挤占过去的传统小型空分设备市场创造了条件。

（6）大型空分设备的配套设备获得重要突破　在压缩机研制方面，陕鼓研制的 6 万 m³/h 等级特大型空分设备配套压缩机组于 2014 年投入使用，8 万 m³/h、10 万 m³/h 等级空分设备配套机组分别于 2014 年 3 月和 11 月完成厂内机械试车。2014 年，沈鼓研制出国内最大的轴流式 + 离心式 10 万 m³/h 等级空分设备配套压缩机组，并于 2015 年 9 月完成了全负荷试车，2017 年实现满负荷开车，开创了 10 万 m³/h 等级特大型空分设备配套压缩机组国产化的先河。组合杭汽轮的汽轮机也同时开车成功，形成了特大型空分设备配套机组的潜在市场。

2. 主要空分设备厂家分析

（1）国内厂家　国内主要空分设备生产企业的详细介绍见附录 A。

当前我国市场的特大型空分设备订单主要集中在杭氧、林德和法液空三家企业。杭氧在 3 万～ 6 万 m³/h 等级空分设备市场一枝独秀。随着杭氧在运行设备的市场认可度越来越高，更多的国内用户选择了杭氧的产品，国外制造商已很难进入这一市场。特别是杭氧开发的 2 万～ 4 万 m³/h 等级的节能型空分装置，因其市场反响好、经济性好、能耗低、工程费用低，已成为很多用户的直接选择。最近几年，市场的巨大波动给很多小型空分设备制造商带来了困难。用户对供货商在恶劣的市场环境下履约能力的考虑越来越多，一些小型空分设备的制造商因接不到订单而倒闭。

中小型空分设备企业以民营企业为主，主要有开元空分、东京空分、开封黄河空分、苏氧等，其市场主要集中在 2 万 m³/h 等级及以下空分设备和制氮空分设备，过去价格上的竞争优势也在慢慢减弱。

（2）国外厂家　国外的空分设备生产企业主要是林德和法液空。近年来，随着我国石化、化肥、煤化工和冶金工业的生产装置不断发展，空分设备大型、超大型化的趋势越来越明显。2008 年前后，大型空分设备市场的竞争焦点是 6 万 m³/h 等级空分设备，当时仅有林德、法液空、杭氧等有 6 万 m³/h 空分设备业绩。近年来，8 万～ 10 万 m³/h 等级空分设备成为新的竞争焦点。随着杭氧特大型空分设备的成功突围，国外竞争对手林德、法液空和 AP 的技术和业绩优势已不再。这些国外的企业更多地关注气体投资项目。特别是 AP 公司，基本上很少参与设备的竞标。

7.6　我国气体分离设备进出口市场分析

在主流气体分离领域，我国的空分设备、变压吸附分离设备、低温石化分离设备、稀有气体提取装置等成套设备完全实现了国产化；中小型天然气液化成套设备已完全国产化，但大型、特大型天然气液化设备大部分依赖进口；膜分离提氢的成套设备能够实现主件自制、国内组装，但特殊介质的还需进口。有一部分关键配套部机需要进口，主要包括特大型空分设备配套的大型空气压缩机组、分析仪表，液氮洗冷箱的分子筛吸附器阀门，液化天然气高性能压缩机、燃气轮机、超大型绕管式换热器，膜分离设备的关键膜件，稀有气体提取装置中的分析仪、催化剂、特殊精密阀门和管路。

对于特殊场合需要的一些高端膜分离设备、超低温（-196℃以下）的一些装置（如低温制冷机、氢液化装置、氦液化装置）、高纯电子气的部分脱除痕量杂质的特殊处理模块等，市场需求量不大，但需要进口。

7.6.1　空气分离设备的进出口市场分析

1. 空气分离设备进口情况分析

我国自 1956 年有了空分设备制造行业，开始满足各行各业对工业气体不断增长的需求。由于当时的气体分离设备制造业产品技术水平不高、制造能力不足，部分设备依赖进口。20世纪五六十年代，我国主要进口的制氧机为苏联及东欧国家的设备，进口设备为150m³/h、800m³/h、1 000m³/h、3 350m³/h等中小型空分设备。70年代后期，我国开始较大批量地进口日本的空分设备，规格有3 200m³/h、6 000m³/h等，主要用于钢铁等工业的发展。

改革开放后，我国通过引进技术，提高气体分离设备的设计制造水平，并开始进口林德、法液空的设备。其中，冶金工业进口的设备以1万m³/h空分设备为主，化肥工业进口的设备以2.8万m³/h空分设备为主，而后扩大到1万m³/h及以上等级的空分设备。中小型空分设备则主要从当时的英国氧气公司（BOC）进口。到80年代后期，由于我国制造业水平的提高，日本、苏联的设备基本退出了我国市场。

进入90年代后，进口设备规格提高到了2万m³/h及以上等级，大部分为林德、法液空的产品，也出现了美国气体化工产品公司（APCI）的产品。外资公司正是看好我国国民经济高速发展，且市场需求量大，开始在我国境内建设制造基地。1994年后，林德、法液空分别在大连、杭州建立大型空分设备制造基地，开始为合资形式的，而后转为独资。2004年以后，美国气体化工产品公司在上海建设空分设备制造基地。

2000年以后，我国经济飞速发展，对空分设备规格的要求不断提升。进口空分设备从20世纪90年代的以1万~3万m³/h为主，提高到以3万~4万m³/h为主，2005年后提高到以4万~6万m³/h为主，2010年后提高到了6万m³/h及以上的等级。2000—2010年，我国大型空分设备市场一直以进口设备为主。2010年，杭氧在神华包头的4套6万m³/h等级空分设备开车成功，性能优异，开始打破进口设备的市场垄断格局。2017年，杭氧研制的国产10万m³/h等级空分设备在宁煤400万t/a煤制油项目上取得了"总体技术水平达到国际领先水平"的成绩，彻底改写了我国空分设备市场进口设备商占据市场制高点的局面，我国特大型空分设备市场开始由国产空分设备商主导。

迄今为止，我国的中小型空分设备、变压吸附设备基本实现了国产化，不再依赖进口；大型空分设备也基本实现了国产化；8万m³/h以上特大型空分设备有少部分是进口的，部分设备是我国境内的独资企业生产制造的，纯境外制造的成套空分设备几乎为零，且国产设备的技术水平及市场价格与进口设备的不相上下。

2. 空气分离设备出口情况分析

在改革开放前的 30 年间，杭氧根据国家的指令计划，将 150m³/h 小型空分设备和液氧设备出口到巴基斯坦、柬埔寨、坦桑尼亚、蒙古、越南、赞比亚、刚果、喀麦隆等国家，另外，6 套 6 000m³/h 空分设备出口到朝鲜、阿尔巴尼亚，但这些出口产品大多属于援外项目，很少有商务性质的出口项目。

改革开放后，随着我国气体分离设备制造水平的迅速提升和制造能力的增强，我国也开始了商务性质的空分设备出口，开始以 50m³/h、150m³/h 空分设备为主，大部分发往东南亚地区，后来拓展到中东地区和非洲、南美，规格从小型上升到中型（如 1 000m³/h、3 200m³/h、6 000m³/h、1 万 m³/h）。1994 年，杭氧向印度埃沙钢铁公司出口一套 1 万 m³/h 空分设备。该设备采用设备第五代空分设备新技术，表明我国空分设备的设计制造水平达到当时的国际水平，开创了我国大型空分设备出口的先河，实现了国产大型空分设备在国际市场上零的突破。

自 2000 年起，杭氧、开封空分、四川空分生产的大型空分设备除满足国内市场需求外，还出口到国外。其中，3 万 m³/h、4 万 m³/h、8 万 m³/h、12 万 m³/h 空分设备销往亚洲、欧洲、北美等地，在德国、西班牙、瑞士等发达国家投入运行。另外，梅塞尔、AP、普莱克斯、林德、法液空等外资企业在我国境内投资工业气体项目时，也选用了杭氧、四川空分、苏氧等企业的部分空分设备。

自 2000 年以来，仅杭氧就出口了 30 多套大型、特大型空分设备及大型低温石化冷箱。四川空分、开封空分也有几套大型空分设备出口至中东和东南亚地区。

2007 年，开封空分为中东 Emirates 钢铁公司提供了 1 套 4 000m³/h 空分设备，已投入运行；2008 年，为土耳其 Ozkan Demir Celik Sanyi As 提供了 1 套 6 350m³/h 空分设备，已投入运行。

2007 年，杭氧签订为墨西哥联合钢铁公司 AHMSA 设计制造 1 套 4.52 万 m³/h 空分设备的合同。2011 年，该空分设备调试出氧，投入运行。该套空分设备最终被法液空收购，用于气体投资运营。

2007 年 12 月，四川空分为土耳其卡德米尔钢厂提供一套 1.5 万 m³/h 空分设备。2012 年 10 月，完成该设备性能测试。

2008 年，杭氧签订为梅塞尔德国扎尔茨吉特钢铁有限公司设计制造 1 套 3.2 万 m³/h 空分设备的合同。这是我国大型空分设备首次进入德国市场。该设备于 2011 年调试出氧，投入运行。

2008 年，杭氧签订为中东 SAFA 公司制造 2 套 3 万 m³/h、2 套 1 万 m³/h 空

分设备的合同。2013 年，设备调试出氧，投入运行。

2010 年，杭氧为中东 KV 公司提供一套 12 万 m^3/h 空分设备，这是当时世界上单台规格最大的空分设备，现已开车运行。

2014 年，杭氧为土耳其 ETI 钢厂提供一套 1 万 m^3/h 空分设备，这是我国首次把大型空分设备的一体整装冷箱形式出口到海外。

2015 年，杭氧为中东 PC 公司提供一套 8.4 万 m^3/h 空分设备，这是我国首次在国外承接的特大型空分设备工程总承包项目。

2019 年，杭氧为韩国大成提供一套 1.2 万 m^3/h 空分设备，这是我国首次将大型空分设备出口到韩国，结束了韩国一直以来不使用中国大型空分设备的历史。

2018 年，我国气体分离设备行业（按中国通用机械工业协会气体分离设备分会会员单位统计）共出口空分设备 14 套，折合制氧容量为 40.2 万 m^3/h，约占制氧总容量的 9.19%。全年出口各类设备共完成出口交货值 14.36 亿元，同比增长 90.52%。而在 20 世纪 90 年代初，全年出口交货值才近 6 000 万元。1994—2018 年气体分离设备行业出口交货值见图 7-2。

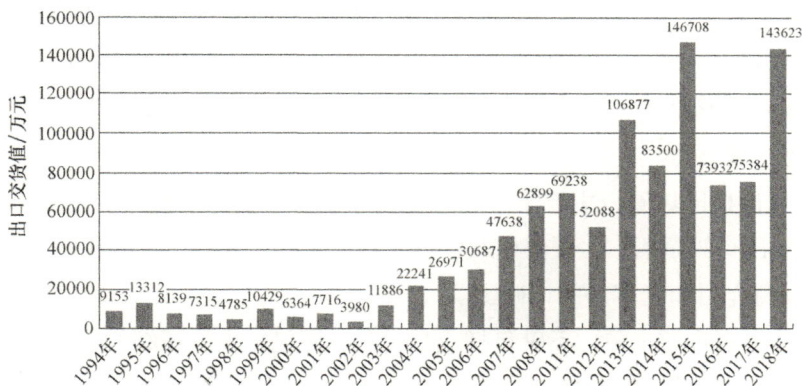

图 7-2　1994—2018 年气体分离设备行业出口交货值

2018 年，法液空出口交货值达 4.28 亿元，出口产品包括 10 余套空分设备，多数是高纯氮设备，另有一套 6 万 m^3/h 等级空分设备以及数套变压吸附设备。四川空分出口交货值为 3.14 亿元，出口产品有一套 3 000 m^3/h 空分设备、2 台大型储槽，以及部分阀门和配件。苏氧多年来专注深耕中小型空分设备市场，并十分注重开拓海外市场。2018 年，公司出口创汇 3 350 万美元，占公司总销售额的 60%。2018 年，苏氧出口的产品包括一套 7 000 m^3/h 等级空分设备和几套制氮机。杭氧出口交货值为 1.6 亿元，出口的较大的设备是出口到马来西亚的一套 2 万 m^3/h 空分设备。该空分设备是杭氧海外工程总承包项目供大马钢铁集团 3×2 万 m^3/h 空分设备合同中的第二套，第一套已于 2018 年 5 月成功投产。

气体分离设备行业通过多年的奋发图强、自主创新，产品综合技术水平达到了国际先进水平，在国际贸易中有了一定的地位，形成了如下特点：

1）从出口规模上看，空分设备包括从 150m^3/h 的可移动式空气分离设备到 12 万 m^3/h 的特大型空气分离设备的全系列产品。

2）从产品种类上看，有纯氮设备、纯氧设备、纯液体设备、大型空分设备和氧/氮液化设备。

3）从数量上看，小型设备占大多数，但是所占的价值低。

4）从出口企业看，在我国建设制造基地的外资企业向海外出口量较大，如法液空和林德；在出口产品交易中，在我国境内的外资企业出口额占气体分离设备行业出口额的 30% 左右，但出口的数量占比则不到 10%，说明国内产品的出口价值没有外资企业的高，另外，在国际市场的竞争力方面，国内企业与国外企业相比还有差距。此外，法液空和林德的主要出口设备用于自身在全球的气体投资的比例占主要部分。国内的杭氧、四川空分、苏氧、福斯达的出口量较大，杭氧的国际品牌形象在大幅提升。大型、特大型设备的出口主要集中在杭氧、法液空和林德三家公司。

5）从出口区域看，主要集中在东南亚、中东、欧洲等地。

6）从出口渠道看，主要集中在国内工程企业协同出口、国外工程公司进口、国外代理商介绍和老客户的口碑上。

7）从出口内容上看，不仅包括成套设备，还包括空气压缩机、氧气压缩机、低温膨胀机、特殊低温阀门、分子筛切换阀、高压氧气阀门、板翅式换热器、低温容器等关键配套部机。

8）从出口模式上看，已从单纯的设备出口到海外项目的工程总承包，甚至有个别的气体投资项目在运行。

9）从出口用户的质量来看，逐渐从一些小客户发展到国际知名的公司甚至是行业巨头，如杭氧合作的海外用户中有很多家是所属国家的冶金、气体、钢铁、化工、化肥、玻璃等行业的巨头。

随着我国企业出口设备运行数量的增多和口碑的提升，市场的占有比例将会进一步加大。但是国外的大项目不多，大型空分设备的出口量增加相对有限。杭氧的空分设备出口业绩见表7-1。杭氧透平的透平压缩机出口情况见表7-2。杭氧的低温容器产品出口情况见表7-3。

表 7-1 杭氧的空分设备出口业绩

序号	年份	使用单位	出口国家（地区）
1	2013	深圳怡禾技术有限公司	印度尼西亚
2	2019	深圳怡禾技术有限公司	印度尼西亚
3	2012	梅塞尔奥地利公司	奥地利
4	2003	哈萨克斯坦铸造公司	哈萨克斯坦
5	2007	梅塞尔罗马尼亚气体公司	罗马尼亚
6	2014	塔城市缘和经贸有限责任公司	哈萨克斯坦
7	2011	梅塞尔斯洛伐克公司	美国
8	2011	红山远东有限公司	俄罗斯
9	2012	深圳怡禾技术有限公司	印度尼西亚
10	2008	梅塞尔集团公司	乌克兰
11	2007	低温工程有限公司（梅塞尔波尔斯卡）	波兰
12	2007	德国梅塞尔气体公司	德国
13	1992	印度爱沙钢厂	印度
14	2008	中东穆巴拉克钢厂	中东
15	2008	中东穆巴拉克钢厂	中东
16	2012	梅塞尔德国	塞尔维亚
17	2014	中国原子能工业有限公司	土耳其
18	2000	印度 MG 公司	印度
19	2007	低温工程有限公司（维斯普的郎察）	瑞士
20	2019	韩国大成公司	韩国
21	2005	梅塞尔卡布洛斯公司	西班牙
22	2007	梅塞尔 Mostar Plin 有限公司	波斯尼亚
23	2005	马来西亚 SECOMEX 公司	马来西亚
24	2016	深圳市怡禾技术有限公司	印度尼西亚
25	2016	联合钢铁（大马）集团公司（ASSB）	马来西亚
26	2016	联合钢铁（大马）集团公司（ASSB）	马来西亚
27	2017	联合钢铁（大马）集团公司（ASSB）	马来西亚
28	2004	德国梅塞尔集团有限公司塞尔维亚气体公司	塞尔维亚

（续）

序号	年份	使用单位	出口国家（地区）
29	2005	德国梅塞尔集团有限公司塞尔维亚气体公司	塞尔维亚
30	2013	中东 SAFA 公司	中东
31	2008	梅塞尔德国扎耳茨吉特钢铁有限公司	德国
32	2008	中东穆巴拉克钢厂	中东
33	2008	中东穆巴拉克钢厂	中东
34	2014	印度 JSW 公司	印度
35	2011	中国机械进出口（集团）有限公司 / 五环科技股份有限公司	越南
36	2007	墨西哥 AHMSA 公司	墨西哥
37	2020	中国成达工程有限公司	俄罗斯
38	2015	中国航空技术杭州有限公司	中东
39	2010	中东卡维甲醇公司	中东

表 7-2　杭氧透平的透平压缩机出口情况

序号	年份	国家（地区）	介质类型	流量 /（m³/h）	电动机功率 /kW	产品代号
1	1993	印度	氧	10 000	2 500	20354K
2	1998	印度	空气	11 400	1 250	40576
3	2004	哈萨克斯坦	空气	28 000	3 400	T1KD01J
4	2006	马来西亚	氮	11 400	1 800	T1NC06A
5	2007	越南	氧	11 000	2 600	T1YS12Y
6	2007	越南	氧	11 000	2 600	T1YS12Y
7	2008	印度尼西亚	氧	15 000	3 200	T1YS84R
8	2009	印度	空气	31 500	3 400	T1KD06Y
9	2009	中东	空气	36 000	3 800	T1KC17
10	2009	印度	氧	24 000	5 400	T1YS76
11	2009	印度尼西亚	空气	29 500	2 800	T1KC01D
12	2009	印度	氮	15 000	2 800	T1NC19M
13	2009	印度	氮	20 000	2 700	T1NC11D
14	2009	中东	氮	14 600	2 300	T1NC30
15	2009	中东	氮	14 600	2 300	T1NC30
16	2009	印度	空气	31 500	3 400	T1KD06Y

序号	年份	国家（地区）	介质类型	流量 /（m³/h）	电动机功率 /kW	产品代号
17	2010	越南	空气	36 500	3 400	T1KD07B
18	2011	越南	氧	6 500	1 800	T1YS50D
19	2011	印度尼西亚	氮	30 000	2 600	T1NC25D
20	2013	越南	氧	8 500	2 000	T1YS52N
21	2013	马来西亚	空气	55 000	5 400	T1KD22H
22	2013	印度尼西亚	氧	15 000	3 200	T1KD22H
23	2013	印度尼西亚	氮	22 000	1 800	T1NC25G
24	2014	中东	氧	15 000	3 200	T1YS86V
25	2014	中东	氮	15 000	2 500	T1NC26C
26	2014	中东	氮	15 000	2 500	T1NC26C
27	2015	越南	氧	7 000	1 800	T1YS50G
28	2015	印度	氮	12 000	1 900	T1NC24B
29	2015	印度	空气	160 000	14 000	T1KD15D
30	2015	印度	氧	30 000	5 200	T1YS88G
31	2017	印度尼西亚	氧	25 000	5 000	T1YS96A
32	2017	印度尼西亚	氧	25 000	5 000	T1YS86A
33	2017	印度尼西亚	氧	25 000	5 000	T1YS86W
34	2018	俄罗斯	氧	12 500	2 500	T1YS94A
35	2018	刚果（金）	氧	20 000	1 400	T1YS47E
36	2018	刚果（金）	氧	20 000	1 400	T1YS47E
37	2018	印度尼西亚	氧	30 000	4 490	T1NC51
38	2018	越南	氧	12 440	1 600	T1YS63N
39	2018	越南	氧	13 040	2 510	T1YS84Z
40	2018	印度	氮	12 000	2 200	T2NC24B-Y
41	2019	印度尼西亚	氧	20 000	4 500	T1YS96H
42	2019	印度尼西亚	氧	25 000	5 000	T1YS96G
43	2019	印度尼西亚	氧	20 000	4 500	T1YS96D
44	2019	印度尼西亚	氧	25 000	5 000	T1YS96C

表 7-3　杭氧的低温容器产品出口情况

序号	使用单位	容积/m³	介质	数量/台	国家
1	大阳日酸公司	2 000	液氧	1	土耳其
2	美国气体化工产品中国投资有限公司	2 500	液氧/液氮	2	泰国
3	马来西亚 SECOMEX 公司	1 000	液氧	1	马来西亚
4	马来西亚 SECOMEX 公司	500	液氮	1	马来西亚
5	马来西亚 SECOMEX 公司	1 000	液氧	2	马来西亚
6	林德工程（杭州）有限公司	600	液氧/液氮	2	越南
7	大阳日酸公司	600	液氧	1	菲律宾
8	大阳日酸公司	1 300	液氮	1	菲律宾
9	协成工程公司	2 000	液氮	1	新加坡
10	普莱克斯（亚洲）公司	880	液氧	1	印度
11	普莱克斯（亚洲）公司	1 250	液氮	1	印度
12	美国气体化工产品马来西亚有限公司	1 350	液氮	1	马来西亚
13	美国气体化工产品马来西亚有限公司	1 000	液氧	1	马来西亚
14	大阳日酸公司	1 200	液氮	1	马来西亚
15	普莱克斯（亚洲）公司	2 600	液氮	1	墨西哥
16	墨西哥 AHMSA 钢厂	1 000	液氧/液氩	2	墨西哥
17	墨西哥 AHMSA 钢厂	500	液氮	1	墨西哥
18	林德 MOX 气体公司	3 000	液氮	1	马来西亚
19	普莱克斯（亚洲）公司	2 600	液氮	1	墨西哥
20	BOC 气体有限公司	2 000	液氮	1	印度尼西亚
21	林德工程（杭州）有限公司	10 000	液氮	1	沙特阿拉伯
22	林德工程（杭州）有限公司	3 650	液氮	1	新加坡
23	林德工程（杭州）有限公司	460	液氮	1	新加坡
24	林德工程（杭州）有限公司	2 700	液氧	1	新加坡
25	普莱克斯（亚洲）公司	2 550	液氮	1	墨西哥
26	杭州杭氧股份有限公司	4 000	液氧	1	墨西哥

序号	使用单位	容积 /m³	介质	数量 / 台	国家
27	普莱克斯（亚洲）公司	2 550	液氧	1	墨西哥
28	普莱克斯（亚洲）公司	2 600	液氮	1	墨西哥
29	泰国 Ayutthaya 气体有限公司	1 500	液氧	1	泰国
30	泰国 Ayutthaya 气体有限公司	2 500	液氮	1	泰国
31	普莱克斯（亚洲）公司	2 600	液氮	1	墨西哥
32	越南日酸气体有限公司	2 000	液氧	1	越南
33	越南日酸气体有限公司	600	液氮	1	越南
34	普莱克斯（中国）投资有限公司	850	液氧	1	巴林
35	普莱克斯（中国）投资有限公司	750	液氧	1	巴林
36	普莱克斯（中国）投资有限公司	1 500	液氧/液氮	2	俄罗斯
37	林德工程（杭州）有限公司	5 800	液氮	1	泰国
38	林德工程（杭州）有限公司	2 050	液氧	1	泰国
39	AP 马来西亚项目	2 830	液氮	1	马来西亚
40	曼谷工业气体有限公司	900	液氮	1	泰国
41	杭州杭氧股份有限公司	400	液氮	1	越南
42	越南日酸气体有限公司	2 000	液氮	1	越南
43	大阳日酸公司	2 000	液氮	1	土耳其
44	越南日酸气体有限公司	1 000	液氧/液氮	2	越南
45	空气化工产品（巴西）投资有限公司	1 350	液氧	1	巴西
46	林德工程（杭州）有限公司	2 250	液氧	1	越南
47	林德工程（杭州）有限公司	700	液氮	1	越南
48	液化空气（杭州）有限公司	750	液氧	1	土耳其
49	液化空气（杭州）有限公司	1 500	液氮	1	土耳其
50	空气化工产品（英国）有限公司	2 700	液氮	1	沙特阿拉伯
51	林德工程德国总部	900	液氧	1	印度
52	林德工程德国总部	3 750	液氮	1	印度

（续）

序号	使用单位	容积/m³	介质	数量/台	国家
53	林德工程德国总部	2 400	液氧	1	印度
54	林德工程德国总部	2 250	液氮	1	印度
55	林德工程德国总部	2 400	液氧	1	印度
56	林德工程德国总部	2 250	液氮	1	印度
57	液化空气（杭州）有限公司	2 000	液氮	1	越南
58	液化空气（杭州）有限公司	2 500	液氮	1	印度尼西亚
59	空气化工产品（英国）有限公司	3 600	液氮	1	以色列
60	AP 泰国 BIG 项目	1 800	液氧	1	泰国
61	AP 泰国 BIG 项目	2 500	液氮	1	泰国
62	液化空气（杭州）有限公司	1 000	液氧	1	埃及
63	AP 马来西亚	1 000	液氮	1	马来西亚
64	林德马来西亚	1 600	液氧/液氮	2	马来西亚
65	越南日酸气体有限公司	2 000	液氧	1	越南
66	越南日酸气体有限公司	2 000	液氮	1	越南
67	中石化工程集团沙特有限公司	7 500	液氮	1	沙特阿拉伯
68	中石化工程集团沙特有限公司	5 300	液氧	1	沙特阿拉伯
69	新加坡日酸气体有限公司	2 000	液氮	1	新加坡

7.6.2 低温石化气体分离设备的进出口市场分析

1. 低温石化气体分离设备进口情况分析

20 世纪六七十年代，低温石化气体分离设备主要以乙烯冷箱为主，全球主流装置规模为 30 万 t/a。到八九十年代，装置规模以 60 万 t/a 为主。在这期间，我国的乙烯冷箱依赖进口。

1992 年和 1995 年，杭氧分别为扬子石化公司烯烃厂 30 万 t/a 乙烯装置生产了两台冷箱板翅式换热器，最高设计压力分别为 4.22MPa 和 4.3MPa，与原冷箱并联切换使用。之后，杭氧制造了近 20 台冷箱产品，出口到美国和加拿大等国家，并为国内多个用户生产制造了多台冷箱。1999 年，在中石化总公司的大力扶持下，在燕山石化 66 万 t/a 乙烯冷箱项目上，杭氧成功实现了成套乙烯冷箱国产化大突破。之后，我国新上或扩产的乙烯冷箱全部采用国产的，不再使用进口产品。

自 1973 年我国第一次进口 13 套大型化肥装置开始，大型化肥装置的关键设备，包括合成气净化工段的液氮洗设备，全部依靠进口。2002 年以前，国内合成氨装置配套用液氮洗设备技术一直被林德、法液空等国外公司垄断。2004 年，杭氧的液氮洗设备在华鲁恒升 30 万 t/a 合成氨项目上开车成功，实现突破。之后，我国液氮洗设备不再依赖进口。

国内烷烃脱氢制烯烃装置发展比较晚，但进步很快。2011 年，国内还未涉足该领域，需要从美国查特公司等进口相关设备。2012 年，杭氧为卫星能源 45 万 t/a 丙烷脱氢制丙烯装置提供冷箱分离系统。而后，国内所有 UOP 的 Oleflex 工艺的脱氢设备配套的冷箱分离系统，除福建美德石化有限公司使用德国林德公司产品外，其他均是杭氧成套提供的。虽然我国在设备的设计制造方面已不再依赖进口，但一些新的工艺流程专利技术还需从国外引进。

杭氧于 2005 年开始进行氢/一氧化碳深冷分离冷箱的研究，2012 年后，该类冷箱的业绩慢慢增多，当前的市场份额超过了进口设备的市场份额。

在低温石化分离设备板块，除了低温甲醇洗装置进口比例较高外，其他设备基本已被国产设备取代。

2. 低温石化气体分离设备出口情况分析

由于低温石化气体分离设备在石化领域中的应用较晚，加上国外公司在低温石化气体分离设备的市场化过程中往往是以整个工程包出售，我国低温石化气体分离设备的出口量并不多。当前，我国低温石化分离设备的出口模式是将高压铝制板翅式换热器作为单元设备出口到国外知名的工程公司。随着国产设备在国内业绩的大量增多和国外用户对我国市场的了解增强，近几年出口项目开始增多，出现了大型装置的出口。2015—2019 年杭氧低温石化分离设备出口情况见表 7-4。

表 7-4　2015—2019 年杭氧低温石化分离设备出口情况

序号	用户	项目类型	设计压力 /MPa	冷箱尺寸 /mm（长 × 宽 × 高）	国家（地区）
1	中东 BUPC	C2 回收	7.2	25 400×5 900×3 900	中东
2	乌兹别克斯坦石油天然气公司	C2 回收	8.0	8 050×3 700×7 800	乌兹别克斯坦

（续）

序号	用户	项目类型	设计压力 /MPa	冷箱尺寸 /mm （长×宽×高）	国家（地区）
3	美国福陆公司	C1 回收	7.6	8 350×3 555×3 080	美国
4	巴基斯坦石油天然气公司	C2 回收	8.62	5 900×900×1 230	巴基斯坦
5	中东 BUPC	C2 回收	7.2	5 800×4 100×26 000	中东
6	美国 GCGV	乙烯	3.52	11 000×7 500×4 200	美国
7	巴西国家石油公司	C1 回收	8.63	8 050×3 900×3 000	巴西
8	中东 NGL3100	C2 回收	8.2	10 000×3 300×6 200	中东
9	中东 MPC	乙烯	2.45	6 900×2 300×2 200	中东
10	乌兹别克斯坦 SGCCUP	乙烯	7.5	27 500×5 200×4 100	乌兹别克斯坦

7.6.3　变压吸附气体分离装置进出口情况

我国主要的几家变压吸附供应商的气体分离装置出口数量有限，截至 2019 年，出口总数为 60 套。其中，天科股份 20 套，成都华西 13 套，四川亚联高科技股份有限公司 8 套，北大先锋 7 套，其他供应商合计 12 套。2013 年，昊华化工科技集团股份有限公司出口到文莱的 PSA 提纯氢气装置设计处理重整气 22.3 万 m^3/h，产氢量 18 万 m^3/h，是我国迄今出口海外最大的 PSA 装置，拥有完全自主知识产权，保障了恒逸（文莱）800 万 t/a PMB 炼化项目顺利投产。该装置于 2019 年一次投料试车成功并产出合格氢气。

7.6.4　天然气液化装置进出口情况分析

我国天然气资源缺少，气田量小而分散，致使我国天然气液化装置普遍偏小，出口产品以小型装置和换热器单元设备为主。我国基本上可以实现小型装置自主供给，进口总量不多。

1. 天然气液化装置进口情况分析

根据海关进口数据，2018 年，我国天然气液化设备进口总额约 630 万美元。主要进口国家有意大利、日本、荷兰、美国和德国，占进口总额的 81%。值得注意的是，德国进口的装置数量最多，达到 147 台，超过其他国家进口装置的总和。

2018年我国天然气液化设备进口情况见表7-5。

表 7-5　2018 年我国天然气液化设备进口情况

序号	进口国家	进口量／台	进口金额／美元
1	意大利	4	2 141 913
2	日本	64	1 169 196
3	荷兰	3	916 950
4	美国	10	445 469
5	德国	147	403 276
6	丹麦	1	386 828
7	奥地利	2	326 504
8	挪威	2	250 928
9	英国	14	144 671
10	芬兰	2	30 212
11	印度	1	2 551

2. 天然气液化装置出口情况分析

我国出口的较大的天然气液化设备有四川空分于 2003 年按 ASME 设计、制造的 28 万 m^3/d 及 45 万 m^3/d 天然气分离装置，出口到缅甸。2007 年，四川空分出口了采用 4 项指令 CE 认证的波兰 20 万 m^3/d 高氮含量的天然气液化装置并投入运行。2018 年我国天然气液化设备出口情况见表 7-6。

表 7-6　2018 年我国天然气液化设备出口情况

序号	国家（地区）	出口量／台	出口金额／美元
1	美国	1 270	32 702 813
2	韩国	48	23 393 399
3	印度尼西亚	55	5 569 715
4	日本	3	3 972 381
5	越南	185	3 571 118
6	新加坡	17	3 406 294

（续）

序号	国家（地区）	出口量 / 台	出口金额 / 美元
7	孟加拉国	15	3 042 587
8	尼日利亚	132	2 969 725
9	德国	9	2 789 361
10	印度	60	2 369 971
11	文莱	2	2 132 768
12	泰国	53	2 122 938
13	马来西亚	9	1 345 645
14	土耳其	4	1 228 290
15	塔吉克斯坦	12	1 019 852
16	巴基斯坦	9	924 308
17	波兰	2	817 268
18	摩洛哥	1	805 424
19	西班牙	21	771 638
20	阿拉伯联合酋长国	19	711 130
21	刚果（布）	12	661 929
22	比利时	11	522 368
23	哥伦比亚	1	473 986
24	哈萨克斯坦	1	470 000
25	新喀里多尼亚	1	440 100
26	北马其顿	1	428 443
27	缅甸	14	415 385
28	俄罗斯	9	341 350
29	伊拉克	509	331 550
30	厄瓜多尔	1	320
31	意大利	4	311 984
32	阿尔巴尼亚	1	290 042

序号	国家（地区）	出口量／台	出口金额／美元
33	新西兰	6	270 547
34	阿根廷	2	175 200
35	澳大利亚	21	115 396
36	贝宁	5	113 450
37	土库曼斯坦	1	106 296
38	纳米比亚	4	79 484
39	南非	15	67 420
40	哥斯达黎加	1	58 000
41	乌兹别克斯坦	3	55 797
42	巴西	1	55 418
43	英国	37	50 790
44	肯尼亚	1	40 500
45	菲律宾	10	39 271
46	马达加斯加	1	38 960
47	乌干达	2	38 766
48	安哥拉	2	32 551
49	科特迪瓦	3	29 010
50	墨西哥	1	24 100
51	几内亚	1	23 800
52	卡塔尔	1	20 808
53	秘鲁	1	19 410
54	老挝	2	12 800
55	喀麦隆	2	12 098
56	沙特阿拉伯	1	10 990
57	蒙古	8	9 755
58	埃塞俄比亚	1	7 054

（续）

序号	国家（地区）	出口量 / 台	出口金额 / 美元
59	加拿大	1	6 690
60	乌拉圭	1	3 852
61	立陶宛	1	3 168
62	巴拿马	2	2 126
63	科威特	2	1 800
64	法国	3	1 691
65	萨尔瓦多	1	1 380
66	斯里兰卡	1	600

　　根据数据表，2018 年我国天然气液化设备出口总额超过 1 亿美元，主要出口国家有美国、韩国、印度尼西亚、日本和越南，占出口总额的 68%。整体来看，我国天然气液化设备的出口额大约是进口额的 16.4 倍，但是出口产品数量远大于进口产品数量，利润空间不大。

第 8 章

我国气体分离设备战略性新兴产业发展规划及建议

8.1 我国发展气体分离设备战略性新兴产业的基础

8.1.1 新兴产业的兴起为气体分离设备产业发展提供了绝佳机会

我国煤炭清洁利用、新能源、半导体、航空航天、环保等战略新兴产业的兴起，为气体分离设备产业的发展提供了绝佳机会。特别是煤炭清洁利用产业的蓬勃发展，使我国成为世界上最大的特大型空气分离设备的应用市场，占全球的80%。仅2016年获得国家环保部环评批复的新建煤化工项目就超过6个，总投资超1 600亿元，其中，气体分离设备的投资占比大于20%。到2020年，现代煤化工产业的规模：煤制油达1 200万t，煤制烯烃达1 600万t，煤制乙二醇达600万t，煤制天然气达200亿m^3，煤制芳烃达100万t。《中国能源发展报告2018》显示：2018年中国能源对外依存度约21%，同比增长1个百分点；能源进口量约为9.7亿吨标准煤，其中，原油占66%、天然气占16%、煤炭占18%。为了减少对国外油气资源的过度依赖，保障我国能源安全，推动我国煤炭资源的清洁高效利用，发展现代煤化工产业成为我国能源战略的必然选择。而现代煤化工煤炭清洁利用的第一关就要用到大量的空气分离设备和其他气体分离设备。

太阳能和芯片产业的兴起，也为特种电子气体分离技术和设备的发展提供了广阔空间。我国光伏产业几经曲折，当前已经形成成熟且有竞争力的光伏产业链。2003—2007年，我国光伏产业的平均年增长率达到190%。2007年之后，我国超越日本，成为全球最大的光伏发电设备生产国。2013年，光伏产业支持政策密集出台，配套措施迅速落实，我国掀起光伏装机热潮。2013—2016年，我国连续4年光伏发电新增装机容量列世界第一位。2016年新增装机容量34.54GW，同比增长126.31%，占全球光伏新增装机容量的45.65%。2016年，我国多晶硅产量为19.4万t，占全球总产量的52.43%；硅片产量为63GW，占全球总产量的91.30%；太阳电池产量为49GW，占全球总产量的71.01%；电池组件产量达到53GW，占全球总产量的73.61%。产业链各环节生产规模全球占比均超过50%，继续位居全球首位。我国光伏制造的大部分关键设备已实现本土化并逐步推行智能制造，在世界上处于领先水平。这一产业的发展需要大量的氧、氮、氩。此外，我国芯片行业对高纯度电子特种气体的需求大增。集成电路产业中，电子特种气体的成本占集成电路产业总成本的 5% ~ 6%，这都为气体分离设备产业带来了前所未有的机遇。

以氢为代表的新能源的出现，将使氢气分离和液化设备拥有广阔的发展前景。2019 年，中国氢能联盟发布的《中国氢能源及燃料电池产业白皮书》中指出，氢能定将成为中国能源体系的重要组成部分，预计到 2050 年，氢能在中国能源体系中的占比约 10%，需求近 6 000 万 t，年经济产值超过 10 万亿元。其中大量的氢为工业副产氢，需要大量的气体分离设备，为氢气分离提纯提供了大量机会。

8.1.2 拥有国内知名度高、业绩出色、研发能力强的企业和研究机构

在我国气体工业领域，已出现了有市场控制力的企业，其中已有多家上市公司。这些企业的专业分布面宽，各自的特点明显，已承担了多项国家重大科技攻关项目，如从事低温分离的杭氧、四川空分；从事吸附分离的天科股份、北大先锋；从事特种气体的大连光明特种气体有限公司等。同时，我国也拥有有实力的关键部机配套企业，如杭汽轮、沈鼓、陕鼓。其中，杭氧拥有从基础研发到运行服务的全链条能力，为行业的自主创新、独立发展提供了条件。

我国拥有科研实力强劲、专业门类比较齐全、与企业产学研结合紧密的高校和科研院所，如浙江大学、西安交通大学、华中科技大学、北京科技大学、中国科学院相关院所等（详细介绍见附录 B）。这些高校和科研院所的专业覆盖了低温、吸附、膜等分离技术在热动力学、流体机械、安全、机械设计制造、材料、焊接、化工、控制等各个方面的应用，为产业的发展提供了理论和强有力的科研支撑。它们不仅和一些龙头企业在重大的科研项目上保持紧密合作、共同进行技术攻关，还为我国气体分离设备领域输送了大量的优秀人才。

8.2 我国气体分离设备战略性新兴产业发展方向

气体分离设备战略性新兴产业的发展方向是绿色化、智能化、标准化、规模化、模块化、特色化、高端化、差异化、产服一体化、上下游高度融合化、"产、学、研、用"一体化及设备工程一体化。

气体分离设备在制造、运行、回收过程中均要考虑绿色环保，特别要考虑其运行过程的节能性。运行节能是气体分离设备产业发展永恒的方向。把制造过程数字化、运行过程智能化、服务过程智能化，实现气体分离设备的高效性和安全性。标准通用设备的开发将提高产品的质量，促进关键部机的通用性，利于市场推广。随着部机的不断成熟，规模建设代表着未来气体分离设备的整体经济性。模块化将大大提高设备的整体质量，减少现场的工作量，

避免现场的恶劣环境因素影响，提高工人的劳动保护能力。芯片等高端新兴产业的兴起，使得对特种气体的需求大增，而气体分离设备的高端化和特色化将解决这些问题。企业发展的差异化使得行业能够健康发展，丰富产品的结构。针对性的服务不仅可以提升产品的性能，还将扩展产品的生命周期，提升市场对设备企业的黏性。上下游产业间的技术高度融合，使产品具有更大的价值，谁能融合上下游产业间的技术问题，谁将有独特的竞争优势。"产、学、研、用"一体化使得产品的技术迭代可以快速进行，缩短产品的经济寿命，增强产业的活力。

8.3 我国气体分离设备战略性新兴产业发展目标

气体分离设备产业发展的总体目标应立足于我国应用高地优势和后发优势，围绕创新能力提升、产业链提升、制造加工能力提升、关键核心技术突破、标准和品质提升、品牌塑造、创新体系提升、商业模式转型和政策制度完善的关键环节，服务于新能源、新材料、新工艺、先进制造、健康产业、传统工业升级等领域，实现产品向精品化发展、产业向高端化发展、品牌向高认可度发展，商业模式按可持续化发展的目标。

8.3.1 完善产业链，实现关键的技术、工艺、材料和部机自主化及精品化

1. 发挥成套领头企业产业引领作用，促进产业链的完整

我国要独立自主地发展自己的工业，需要建立完整的产业链。实践证明，由于产业链不完整，导致我国的经济建设付出了巨大的代价，甚至制约了一些新兴产业的发展。国家应关注那些研发创新体系完整的领头企业，通过这些企业的带动作用，推动行业整体发展，特别是带动下游中小型零部件配套企业的技术进步和品质进步。我国气体分离设备行业生产企业多，企业发展水平和质量水平参差不齐，大部分配套企业是中小企业，基本上是靠模仿、低成本在发展。这些企业应重新定位，将某一类产品做好、做精。

国家应让成套企业列出关键技术、关键工艺、关键材料、关键部机的短板清单，鼓励成套企业牵头，成立产业联盟，施以优惠政策，帮助中小企业进行配套产品的技术升级和质量升级，实现知识产权共享和市场利益双赢。

2. 加强科技创新体制、机制建设，提高整体创新研发能力

发挥优秀企业内部技术部门的能力，搭建企业创新平台，发挥政府在协调、评价、信息服务、专家、公共科研设施上的优势，为企业提供创新研发便利，保

护企业自主创新的积极性。

3. 鼓励差异化发展，提高产品的附加值

当前气体分离设备行业的产品附加值普遍偏低。很多企业不在产品的品质攻关上下功夫，而是在客户关系攻关上下功夫，行业内恶性竞争和产品同质化严重。实施差异化发展的结果是企业有较大的利润空间，为进一步创新发展提供动力和财力支持，有条件去突破关键技术，提升产品性能，各个环节没有短板。

4. 精品化成为企业生存的出路

行业内要大力倡导精品文化，培养工匠精神，保护品牌价值。应建立科学合理的招投标制度，避免最低价中标的陷阱。要让真正的好产品进入市场，让做好、做精产品真正成为企业的生存之道。

8.3.2 产生一批国际一流的品牌

当前，我国气体分离设备行业已经有一些国内知名度高、用户认可度高、产品性能好、有市场竞争力的企业，但是数量不多，并且这些企业在国际上的知名度还不够高。一方面，我国重大装备在国际上的整体形象还不够好，国内企业"走出去"主要是通过出口有限数量的产品，靠一个个项目积累口碑，但是在理念、机构、人才、商业模式、文化等要素上的国际化程度不够高。另一方面，国际上知名的气体分离设备企业都是历史悠久、财力雄厚、全球化程度高、品牌形象好、文化影响力大、渗透能力强的巨头，它们的整体实力强劲。

我国气体分离设备的国际化程度不深。一方面，我国是气体分离设备应用大国，占有国际市场的大部分份额，"走出去"的动力还不够足。另一方面，很多国外用户对我国装备的整体认知还停留在过去或想象中。此外，国内企业对涉外法律、当地文化习俗、标准规范等不熟悉。我国应学习西方国家的经验，把国内的产品推向国际市场，同时鼓励大型央企在参与的境外工程项目中，协同国内装备企业一起"走出去"。

国内气体分离设备企业必须树立"企业品牌靠自己，国家品牌靠大家"的观念。企业要用卓越的产品去征服世界，不能用劣质产品抹黑中国品牌整体形象。国家应该在政策制定、服务配套方面限制"劣企"、支持"良企"，和企业一起造就一批国际一流、有国际知名度和竞争力的气体分离设备品牌。

8.3.3 实现气体分离设备产业硬件、软件、商业模式、人才队伍均衡发展

气体分离设备产业要实现健康发展，需要考虑行业的软硬件条件和可持续发

展性。打造快速迭代的技术体系和培养年轻的技术人才是行业实现快速发展、赶超世界先进企业的唯一路径。不仅要提升产品和技术研发体系，还要研究可持续发展的商业模式，实现从制造业到制造服务业的转型。这一转型能使设备企业快速掌握技术发展方向，了解行业痛点，使行业得以延续。国家应制定制造服务业的标准和鼓励政策，注重鼓励企业进行科研平台的建设。

8.4 我国气体分离设备产业发展总体战略及建议

气体分离设备应用于冶金、能源、材料、电子、航空航天、健康产业等各个领域，呈现行业涉及面宽、技术体系复杂、学科交叉度大、专业性强等特点。为促进我国气体分离设备产业的健康发展，产业的发展战略要服务于国家总体发展战略。在理念、人才、技术、产品、服务、标准、商业模式、企业管理和产业政策上要能适应国家战略性新兴产业发展的需要，适应市场经济发展和产业深度国际化的需要。

1. 完善气体分离设备产业的发展顶层设计

我国气体分离设备产业的进步主要依靠企业的技术进步和发展。通过 70 年来的艰辛奋斗，我国拥有了能与国际巨头同台竞技的装备企业，但同时也面临着未来的发展挑战。竞争模式从过去与国外企业的产品技术竞争发展到现在与国外企业的产品技术和资本两维度竞争。因此，在进行顶层设计时，在主体依靠完善、健康的市场机制的同时，要明确气体分离设备产业在我国工业体系中的战略性地位，也要完善现阶段的保护措施，包括：

1）要完善系列政策，避免发展起来的气体分离设备产业受国外资本的打压。

2）要完善制度，消除国内外市场对中国产装备不行的偏见。

3）要制定相关政策，避免因国内外热钱涌向行业头部企业而产生恶意收购、热炒现象，给行业带来灾难。

4）要创造良好的市场环境，规范企业的行为，避免国内企业"劣币驱除良币"。

5）制定政策，避免国内企业在全球范围内进行恶性竞争。

6）制订措施，鼓励国内气体分离设备企业进行良性竞争，实施差异化发展。

7）针对国外企业在国内气体领域的垄断性业务，制定反垄断政策。

8）鼓励制定相关技术标准和管理规范，促进技术创新、技术合作，完善提高产品性能，创造高品质的产品。

9）加强知识产权保护。

10）大力推广企业支付的信用证制度，解决制造企业的回款问题等。

2. 实施强企兴业政策，实现精准施策

当前，影响气体分离设备技术发展的主要问题在于小、散、零的企业太多、太乱。这些企业没有产品研发，对产品的质量控制差。一些企业侵犯了品牌企业的利益，利用劣质、低价产品扰乱市场，拉低了我国气体分离设备的整体市场形象，导致很多用户只选用进口产品。在气体分离设备产业领域也存在一些企业文化优良、具有较长的发展历史、具有产品和新技术研发能力的企业。它们将引导行业和下游配套企业朝精品化方向前进。因此，政府在制定政策时要打破地方保护主义；严禁在有关项目的招标书中将合格供应商规定为外企或不让我国企业参与；制定能通过上游品牌企业引导整个制造业朝着制造良品方向前进的政策；制定能鼓励产生一批有国际影响力的行业龙头企业和单项冠军企业的政策，通过优秀企业和企业家推动产业发展；对于气体分离设备产业，国家财政和产业政策的支持方向应偏向实体企业；加大首台（套）奖励和保险力度；加大对具有国际领先和一流水平的产品的奖励力度和政策倾斜；加大对外资收购行业头部企业、特种气体企业的审查力度；制定提高银行对行业龙头企业和创新能力强的企业的授信力度的政策。

3. 抓好重大装备的国产化工作以及关键技术专项规划

建议由政府相关部门组织牵头，由行业龙头企业申请实施气体分离设备的重大装备国产化工作。重点抓好"卡脖子"关键技术、共性技术和关键示范项目，特别是特大型空气分离装置、大型石化低温分离装备、大型氢气分离和液化装备、特种气体分离技术和装备、大型天然气液化装备、关键高压板翅式换热器、专用阀门、特殊吸附剂、特殊膜、核心高效压缩机组、高效透平膨胀机组、高效精馏塔、高效液体泵、特殊低温和氢/氧安全材料、节能技术、智能技术、高纯技术、整装技术等关键核心技术的规划工作，并纳入政策性计划加以支持。

4. 提高"产、学、研、用"的一体化支持

对重大气体分离设备的创新来说，"产、学、研、用"一体化发展尤为重要。在积极鼓励一体化发展的同时，要通过一些措施来克服科技资源和科技荣誉偏"学"，要注重技术和产品的应用推广以及竞争力。建议制定对首次使用首台（套）者的奖励政策；国家评奖体系中对企业评价的标准要偏重市场应用效果和竞争力；在国家的科技投入上要注重对国家认定企业技术中心的建设；要鼓励央企、地方国企和地方政府优先使用国产装备，制定国产装备的使用免责政策；针对国家重大项目和工业园区建设，制定国产化装备的应用示范规划和措施。

5. 支持产业链的健康发展

通过支持气体分离设备龙头企业，带动和促进气体分离设备产业整体技术进

步。鼓励在全国范围内建立"产业优者联盟",在国内龙头企业推广应用国产优质配套部机和部件,促进对国内下游制造企业开发新技术、新产品的企业按额度建立奖励机制。制定鼓励开发节能气体分离设备产品的奖励政策。

6. 加大知识产权保护力度

气体分离设备已成为我国通用机械产品中非常有特色的一个门类,是我国工业生产过程中必不可少的装备,在国民经济发展中占据重要的地位。气体分离设备技术含量高,系统集成度大,涉及安全的要素多,科研代价高,研发周期长,失败率高。但是,当前,一些企业为了生存,侵犯其他企业的知识产权,在没有被授权的情况下,肆意使用其他企业的专有技术、专利和设计,用劣质产品冲击市场。这使得一些品牌企业几年来的科研成果在短时间内就被别人复制、模仿,产生不了技术创新带来的附加值。长此以往,行业的技术发展动力和技术发展后劲被削弱,最终影响我国气体分离设备产业的健康发展。国家应鼓励企业进行技术创新,在完善知识产权保护法的同时,更要注重知识产权的保护力度和保护落地。行业也应强调自律,倡导创新和相互尊重,建立行业性知识产权纠纷救援机构。

7. 加强优势企业"走出去"战略

鼓励和激励国内气体分离设备企业练好内功,做精产品,提升品牌形象。支持和鼓励有信誉、有品牌的企业"走出去",加强对品牌企业的宣传和支持,特别是建立在贷款政策和保险政策上的优惠政策,让中国精品"走出去"。使过去的产品输出逐渐进化为品牌输出,帮助好企业、好品牌得到国际认可。发挥企业服务好的优势,制定促进工业产品服务业发展的政策。国家应制定避免国内企业在国际上进行恶性竞争的政策和制度,制定方便国内企业收购国外同行的政策和指导文件,制定方便国内气体分离设备企业对外投资的政策和指导文件。

8. 把好工业气体的战略安全关

当前气体分离设备产业面临的最大挑战是国外企业已避开在设备上和我国企业直接竞争。国外企业们利用强大的资本进行投资,直接排他性地只使用自己的设备,给国内装备企业将带来严重的打击。国内很多地方工业园区引入的气体供应商实行管网供气的模式,这些供应商多为外资企业。工业气体管网的特点是一旦谁先进入,就占有绝对的优势。工业气体是我国工业的生命线,若这些管网没有掌握在自己手里,整个工业安全就会受到威胁。建议我国的地方产业工业园区在制定规划时,要避免国外企业直接排他性地进入工业园区;建议国家制定相关法规,禁止国外企业进行园区工业气体管网投资,实施外企工业气体投资的配额制。

附 录

附录 A 我国气体分离设备及相关领域的重点骨干企业

进入 21 世纪，伴随着国民经济的快速发展，我国气体分离设备行业进入了高速发展、走向世界的阶段，气体分离设备国产化进程不断加速，多项技术性能指标均已达到国际先进甚至国际领先水平。成套技术与核心部机的成功突破得益于一大批气体分离企业长久以来在生产实践中的成长与创新，它们攻坚克难、励志前行，为我国气体分离设备行业的进步做出了卓越贡献。以下是我国气体分离设备行业重点骨干企业的介绍。

1. 杭州制氧机集团股份有限公司

杭州制氧机集团股份有限公司（简称杭氧）是一家以制造空气分离设备和运营工业气体为主的大型国有企业，是我国 520 家重点国有企业和杭州市国有资产授权经营企业之一。

杭氧的前身是创建于 1950 年的浙江铁工厂，1953 年更名为杭州通用机器厂，1958 年更名为杭州制氧机厂，1995 年建立杭州制氧机集团有限公司。2000 年起，杭州制氧机集团有限公司进行分立式改制，其经营主体杭州杭氧股份有限公司于 2010 年在深圳证券交易所上市。2019 年，杭州杭氧股份有限公司更名为杭州制氧机集团股份有限公司。公司主要产品有工业气体、成套大中型空气分离设备、低温石化分离设备、稀有气体提取设备、铝制板翅式换热器、大型乙烯冷箱、低温液体容器、空气/氧气/氮气压缩机、透平膨胀机、低温液体泵、空气分离专用高压氧/低温液体阀等。

杭氧是我国气体分离设备行业唯一一家国家级重点新产品开发与制造基地，是国家级高新技术企业，拥有国家级企业技术中心，享有国家外贸自营权，是我国的重大技术装备国产化基地、世界上最大的空分设备设计和制造基地，现已成为国际一流的空分设备企业。杭氧被评为制造业单项冠军示范企业。

截至 2019 年年底，杭氧已建立起从工艺、设备到工程的完善自主知识产权体系：拥有授权专利 223 项，其中发明专利 66 项；参与 33 项国家标准的制定；先后与浙江大学、西安交通大学、哈尔滨工业大学、浙江工业大学、南京大学等一批高等院校和科研机构进行合作，建立了博士后工作站与专家特聘制度；拥有空分设备设计研究院、杭州制氧机研究所有限公司等科研机构；拥有杭氧特色的

"三层次试验平台",形成了集理论研究、基础试验、制造试验、应用试验、投产销售于一体的完整研发链条。

作为国内气体分离设备行业的龙头企业,杭氧一直引领我国空分设备产业的发展,为世界提供一流的空分设备。杭氧于 1955 年独立设计制造出第一套空分设备;1995 年出口到印度的 1 万 m^3/h 空分设备填补了我国大中型空分设备的出口空白,实现了国产大型空分设备进入国际市场的零突破;2002 年,公司设计制造的国内首套 3 万 m^3/h 大型空分设备成功开车。此后 10 多年期间,杭氧通过不断自主研发与技术创新,一举突破了国内首套 5 万 m^3/h、6 万 m^3/h、8 万 m^3/h、10 万 m^3/h、12 万 m^3/h 大型及特大型空分设备的研制,巩固了其在气体分离设备行业的龙头地位和在国际上的影响力,加快了特大型空分设备国产化和精品化的步伐。2018 年,中央电视台《大国重器》专题报道了杭氧研制的 10 万 m^3/h 空分设备在神华宁煤的建设投运过程。经中国机械工业联合会与中国通用机械协会联合鉴定,认定该空分设备总体技术水平达到国际领先水平,打破了国际公司一直以来在特大型空分设备市场上形成的规模障碍,促进了民族工业的蓬勃发展。当前,杭氧已具有年设计生产 50 套以上大中型空分设备的能力,最大在运行装置规模为 12 万 m^3/h,年产空分设备制氧量总计 180 万 m^3/h,为我国冶金、化肥、石化、煤化工、航空航天等行业提供了高品质的成套空分设备 4 000 多套。杭氧曾先后获得浙江省政府质量奖、"浙江制造"认证和"中国好设计"银奖等。杭氧设计制造的产品遍布世界 40 多个国家和地区,获得了国内外用户的一致认可和好评。

杭氧在保持气体分离设备行业主体优势的情况下,确定了"重两头、拓横向、做精品"的发展战略,实现了从生产型制造企业向服务型制造企业的转变。

杭氧积极发展工程成套业务和气体营销业务,优化经营结构,加快转型升级,大力发展生产型服务业,实现产业链延伸。杭氧利用空分设备制造优势,重点打造集科研开发、工程咨询、工程设计、装置施工服务和开发指导于一体的大型空分设备工程总承包。杭氧自 2002 年起进军工业气体领域,当前在全国范围内投产运营超过 40 家专业气体公司,为用户提供齐全的气体产品和服务。当前,杭氧已发展成为国内最主要的工业气体供应商之一,供氧容量超过 180 万 m^3/h。

杭氧积极开拓多元化横向领域,实现企业可持续发展。杭氧在石化领域已成功实现大型乙烯冷箱、氢/一氧化碳分离冷箱、液氮洗冷箱、天然气液化设备、低温储槽、烷烃脱氢分离系统以及甲醇制烯烃设备等的国产化,取得了业内良好的市场评价。

当前，杭氧已形成以气体分离设备和气体供应为核心、以低温技术为支撑的全产业链产品与服务体系，将以共创低碳绿色社会、成为气体产业的世界一流企业为愿景，以为世界提供可持续创造价值的绿色装备、气体产品和服务为使命，引领我国民族工业气体和装备制造业走向世界。

2. 开封空分集团有限公司

开封空分集团有限公司（简称开封空分）成立于 1958 年，1965 年建成投产。经过 60 多年的创新与开拓，开封空分已成为我国空分装备制造业的骨干企业和中坚力量。公司主要产品为成套大中型空气分离和气体液化配套设备、高压绕管式换热器、金属组装式冷库、化工用压力容器、环保设备与工程及以液氮洗、碳氢分离等为代表的各种化工气体低温分离装置和天然气、煤层气分离液化装置。

开封空分是河南省高新技术企业、河南省空分设备工程技术研究中心、河南省博士后研发基地、河南省创新型企业、河南省 51 户重点培育装备制造企业及河南省百户高成长型企业。

开封空分持有特种设备中的 A1、A2 级压力容器及 GC 类压力管道设计、制造许可证；拥有美国 ASME 授权证书和 U 钢印资质；通过了 ISO 9001 质量管理体系认证和 GB/T 19022 计量认证。

当前，开封空分年产大中型空分设备制氧容量达 80 万 m^3/h，累计为我国冶金、石化、化肥、煤化工、新能源、航天等行业提供大中型空分设备和气体液化设备 1 000 余套，累计出口 50 余套，产品遍布东南亚、中东、非洲、西欧等地区。

3. 四川空分设备（集团）有限责任公司

四川空分设备（集团）有限责任公司（简称四川空分）于 1966 年建厂，是我国机械行业骨干企业，是具有自主知识产权的高新技术企业。公司主要从事大、中、小型空气分离设备，低温液体（液态氧、氮、氩、二氧化碳、乙烯、液化天然气、液氢等）储槽、槽车及汽化设备，超级绝热气瓶和输液管道，天然气（油田气）液化分离设备，各类透平膨胀机，低温液体泵，中小型活塞压缩机，低温阀门和常温专用阀门，医用集中供氧装置和中心吸引装置，洁净手术室系统，溶解乙炔设备，环保设备等上千个种类和规格的产品设计、制造、销售与安装，以及工业气体的生产与销售。

四川空分技术力量雄厚、加工设备先进，拥有一批高素质、高水平、实战经验丰富的技术与检测队伍，设计生产的主要产品各项性能均已达到国内外先进水平。公司取得国家质检总局 A1、A2、C2 级压力容器设计、制造许可证和 B3 级气瓶制造许可证，美国 ASME 授权证书和 U、U2 钢印等资质，通过了 ISO 9001 质量管理体系认证。公司十分重视科研开发，先后成立了省级技术中心、四川深冷设备研究所、焊接研究所、低温技术研究院等研究机构，不断加大技改投入，提高工艺装备水平，引进国际一流的设计和制造工艺软件，提高产品质量。公司的产品领域扩展到了低温和非低温设备产品近 200 个种类、1 500 多个规格。

经过多年的发展，四川空分形成了"四条主线，多足发展"的产品格局，即成套空分设备、天然气成套设备、低温液体储运设备及工业气体四条主线，既能为四条主线配套，又能独立开拓市场、谋求发展的多方面产品群。

四川空分在全国范围内拥有成熟、完善的营销和服务网络，为冶金、石化、能源、化工、机械、电子、轻工、卫生等部门提供了一批高效节能产品。公司有 20 多项产品填补了国内空白，10 多种产品进入国际市场。公司设有专业进出口公司，拥有自营进出口权。产品远销世界 30 多个国家和地区，在国内外用户中享有较高的信誉和知名度。

4. 四川天一科技股份有限公司

四川天一科技股份有限公司（简称天科股份）以西南化工研究设计院（原化工部西南化工研究院）为主要发起单位，于 1999 年 8 月 5 日成立。2001 年 1 月，天科股份在上海证券交易所上市。

当前，天科股份是变压吸附气体分离技术和碳一化学工程设计项目总集成、总承包服务型企业，可为客户提供从咨询设计、技术开发、产品生产、装备采购到工程建设一整套解决方案。特别是在大型变压吸附制氢、垃圾填埋气制城市煤气，焦炉气制甲醇及液化天然气等工程项目中技术优势明显，取得了许多国内第一的优异成绩，对装置中的产品，如催化剂、吸附剂、程控阀等实现了自主研发制造与配套供应。天科股份已进入我国化工勘察设计行业工程总承包百强行列。

天科股份研发实力雄厚，工程设计与开发能力强，是工业排放气综合利用国家重点实验室、国家变压吸附气体分离技术研究推广中心和国家碳一化学工程技术研究中心的依托单位。截至 2020 年年底，天科股份已获得国家授权专利 224 项，其中，发明专利 142 项、其他专利 82 项；完成科研项目 570 余项，其中，220 多项获得国家级、省部级科技进步奖，10 余项科技成果已达到或超过国际先进水平。

天科股份在气体变压分离和碳一化学领域的科技创新成果处于国内领先水

平，在国际市场中也具有明显的核心竞争力。天科股份在国内率先进行变压吸附气体分离技术（PSA技术）的研究工作，2008年获得国家科学技术进步奖二等奖，2011年获得中国石化联合会科技进步奖一等奖，多次获得省部级奖励。经过多年的探索和不懈的努力，天科股份在变压吸附气体分离技术的基础研究和工业应用技术开发上已积累了宝贵的经验。当前，天科股份已成为世界上PSA技术应用开发领域最广、推广成套装置数量最多的专业化单位。自1989年被列入国家重点推广计划以来，天科股份设计建造的变压吸附成套工业装置已广泛应用于国内化工、石化、食品、冶金、机械及军工等行业的800多家企业，并出口至北美洲、欧洲、亚洲等地区，创造了显著的社会效益和经济效益。

5. 华西化工科技集团

华西化工科技集团起始于成都华西化工研究所。成都华西化工研究所成立于1987年。当前，华西化工科技集团的3家具有独立法人资格的公司（成都华西化工科技股份有限公司、成都华西化工研究所股份有限公司和上海华西科技有限公司）在国内外推广了近1000套装置。

（1）成都华西化工科技股份有限公司　该公司是由成都华西化工研究所发起组建的股份制企业，成立于1998年，注册资金为2400万元，属于高新技术企业，主要从事气体分离领域PSA制取和提纯工业气体以及吸附剂、催化剂、程控阀的研究与生产。公司开发了达到国际领先水平的技术12项，已申报我国专利和国外专利10多项，建成投产的装置近200余套，其中变压吸附气体分离装置还销往国外。在变压吸附工艺及相关配套技术的开发与应用研究领域，公司成功解决了PSA工业装置大型化的相关技术问题，先后获得了4项国家专利和1项美国专利。20多年来，公司已为石化、冶金、化工等行业提供了数百套大型变压吸附工业装置。

（2）成都华西化工研究所股份有限公司　该公司是由成都华西化工研究所于2010年改制而成的股份有限公司，主要从事气体分离领域工业气体供气设施的投资、建设与经营管理，以及气体分离与纯化技术的开发、转让、服务与工程设计等。公司主要产品包括变压吸附制备富氧、氢气、一氧化碳成套装置，三偏心金属硬密封蝶阀等。

（3）上海华西化工科技有限公司　上海华西化工科技有限公司是成都华西化工科技股份有限公司在上海的子公司，成立于2003年，是一家集工程设计、工程承包、技术服务为一体的高新技术企业，主要服务于石化、冶金、钢铁等行业。公司已建成投产或正在建设的有几百套变压吸附制氢装置，还开展瓦斯气或煤层气提纯甲烷技术、焦炉煤气制 LNG 技术等。

6. 北大先锋科技有限公司

北大先锋科技有限公司（简称北大先锋）成立于 1999 年，是北京大学直属的高新技术企业，专业从事变压吸附气体分离技术研发和成套装置的设计、制造，以及高效吸附剂和催化剂的生产。北大先锋现有 8 家下属公司，多个生产厂、研发中心和中试基地，建立了完善的质量检验和售后服务系统。

北大先锋变压吸附分离一氧化碳技术获得国家技术发明奖二等奖，产品达到国际领先水平。公司自成立以来，已为化工、钢铁、有色冶金、玻璃、造纸、污水处理等行业的百余家企业提供了成套变压吸附装置。截至 2019 年，公司变压吸附装置总计 200 余套，其中，大中型制氧装置 100 多套，制氧总产能达 40 万 m^3/h 以上。

北大先锋凭借强大的科研力量和雄厚的研发实力，并结合工程实践经验，在工业尾气综合利用领域取得了丰硕的成果。公司的变压吸附分离提纯一氧化碳技术可从高炉煤气、电石炉尾气、黄磷尾气等富含一氧化碳的工业废气中高效分离提纯一氧化碳，创造了工业尾气高附加值利用的新模式。该技术的工业化应用对我国工业生产企业实施节能减排工作具有重要的现实意义。

7. 天邦膜技术国家工程研究中心有限责任公司

天邦膜技术国家工程研究中心有限责任公司（简称天邦公司）是专业从事膜分离技术研究、开发、生产、经营的高新技术企业。2000 年，由中国科学院大连化学物理研究所与中铁铁龙集装箱物流股份有限公司共同出资，以原中国科学院大连化学物理研究所膜工程研究发展中心为基础，进行公司化改制，组建天邦膜技术国家工程研究中心有限责任公司。

天邦公司拥有三大主导产业：膜法氢回收技术应用产业、气体膜应用开发战略产业及水膜事业。公司主要产品有氢气分离膜、有机蒸汽膜、富氧膜、富氮膜、二氧化碳分离膜、超滤膜及设备等。当前，公司拥有技术先进的高速多喷头自动化生产线，各种膜产品已形成系列化，产品处于国内外领先水平。公司依托近 30 年从事膜技术研究开发的经验，依托国家"七五""八五""九五"期间重点科研攻关项目成果，有 26 项科研成果通过了国家有关部门的鉴定，主要成果获得国家和有关部门颁发的国家科学技术进步奖、自然科学奖等奖项。公司拥有百余项国家专利。公司主导产品氮氢膜分离器及装置被列入"1995 年国家科技成果重点推广计划"，已在国内外 600 余家石油、化工企业得到应用。有机蒸汽膜产品及膜工程技术正以国内独家生产、国际领先水平得到良好的产业化推广。公司自行研制的用于液体分离的超滤膜、微孔滤膜等多项产品在国内数百家企业的水处理设备装置中应用。同时，公司利用膜法富氮、富氧技术为石油、化工、医药、冶炼等领域的相关企业解决了大量的实际问题。

8. 沈阳鼓风机集团股份有限公司

沈阳鼓风机集团股份有限公司（简称沈鼓集团）是我国重大技术装备行业的支柱型、战略型领军企业，担负着为石油、化工、电力、冶金、环保、国防等关系国计民生的重大工程项目提供国产装备的任务。沈鼓集团的前身沈阳鼓风机厂始建于 1934 年；1952 年，经扩建改造，成为全国第一个风机专业制造厂；2003 年，经整体转制为沈阳鼓风机集团有限公司；2004 年 5 月，沈鼓集团对沈阳水泵股份有限公司、沈阳气体压缩机股份有限公司进行了战略重组和重大技术改造，组建了新的沈鼓集团。

沈鼓集团是国内唯一一家集大型离心压缩机、大型往复压缩机、大型离心泵三大类通用机械产品研发、设计、制造和服务于一体的专业化生产企业。科学的研发体系和国内顶尖的研发队伍为沈鼓集团的技术创新与发展提供了有力保障。多年来，沈鼓集团依托国家级企业技术中心，加强国内外技术交流与合作，至今已形成了以"两站三院四中心"为核心、各子公司技术部门为支撑、国外研发机构为补充的自主创新与合作创新相结合的多维创新体系。作为行业技术领军型企业，沈鼓集团先后获批建设国家能源大型透平压缩机组研发（实验）中心、离心压缩机技术与装备国家地方联合工程研究中心。近 10 年来，沈鼓集团累计完成科研攻关课题 900 多项，授权专利技术 200 余项，荣获国家科学技术进步奖 3 项、中国专利奖 1 项、国家重点新产品 8 项、省部级科技成果奖 138 项、市级科技成果奖 98 项。2014 年 5 月，沈鼓集团荣获我国工业最高奖项——中国工业大奖。

多年来，沈鼓集团坚持技术创新、管理创新、人才体制创新和文化创新，不断实现重大装备国产化新突破。当前，沈鼓集团已具备百万吨乙烯压缩机组、大型长输管线压缩机、1 500kN 大推力往复压缩机以及 AP1000 核主泵、核二级泵、核三级泵、国防海军装备用泵等重大技术装备的研发制造能力，大型离心压缩机总体设计制造技术已达到国际先进水平。

沈鼓集团正在进行新一轮战略升级以及向系统集成供应商转变。沈鼓集团在营口投资建设占地面积 90 万 m² 的大型离心压缩机研发试验基地，进一步提升了企业整体研发制造实力，有效增强了国际市场投放能力。公司积极实施战略管理，打造生产型服务业中心，全面进入国际市场。到 2020 年，沈鼓集团已完成 54 种世界级新产品、200 多项重大技术攻关，成为世界一流的国际化透平装备研发制造企业集团。

9. 西安陕鼓动力股份有限公司

西安陕鼓动力股份有限公司（简称陕鼓动力）成立于 1999 年，是以陕西鼓风机（集团）有限公司（1968 年建厂）生产经营主体和精良资产为依托发起设立的股份公司，2010 年 4 月在上海证券交易所 A 股上市。截至 2019 年 12 月 31 日，公司注册资金达到 16.7 亿元。

公司秉承"为人类文明创造智慧绿色能源"的企业使命，致力于成为能源、石油、化工、冶金、电力、智慧城市、环保、制药和国防等国民经济支柱产业的分布式能源系统方案解决专家。按照"全力推进'两个转变'，打造世界一流智慧绿色能源强企"的战略目标，紧抓分布式能源产业成长机会，形成了能量转换设备制造、工业服务、能源基础设施运营三大业务板块。第一板块是能量转换设备制造，主导产品轴流压缩机、离心压缩机、能量回收透平装置、四合一硝酸机组、空分机组、汽轮机等均属高效节能环保产品，其中，轴流压缩机、能量回收透平装置、百万吨级精对苯二甲酸（PTA）装置成套技术多次获得国家科学技术进步奖二等奖。第二板块是工业服务，包括能量转换设备全生命周期健康管理、工程总承包、金融业务和投资业务等。第三板块是能源基础设施运营业务，着力开拓分布式能源智能一体化园区、气体业务、热电联产、冷热电三联供、水务一体化、生物质发电及垃圾处理等。

从 2002 年起，陕鼓动力主要经济指标居国内同行业前列。公司作为我国工业行业排头兵企业，先后通过国际质量、环境和职业健康安全管理体系认证。2017 年，陕鼓动力轴流压缩机被国家工业和信息化部、中国工业经济联合会评为制造业"单项冠军产品"。

10. 杭州汽轮机股份有限公司

杭州汽轮机股份有限公司是我国最大的工业汽轮机制造公司，拥有 50 多年的工业汽轮机制造历史。其前身是 1958 年建立的杭州汽轮机厂。1998 年 4 月 23 日改制，募集境内上市外资股（B 股）成立股份有限公司，总股本 22 000 万股，其中，国家股 14 000 万股，境内上市外资股（B 股）8 000 万股，于 1998 年 4 月 28 日在深圳证券交易所上市。

杭州汽轮机股份有限公司是国内最大的工业汽轮机研发和制造基地，也是国内唯一能按用户的特殊需要，非标准设计制造工业汽轮机的厂家。1998年，由杭州汽轮动力集团有限公司独家发起，改制为股份有限公司，公司在融合了西门子等国外汽轮机设计制造技术的基础上，自主研究开发，走出了引进技术与自主创新相结合之路。公司运用国际先进的"积木块"工业汽轮机设计制造技术，能最大限度地满足客户对技术、效益和交货期的需求，产品完全符合 API 612 和 NEMA、DIN 等国际标准。公司技术始终处于国内领先地位，产品的国内市场占有率长期稳定在 80% 以上。

公司曾经创造出我国工业汽轮机制造史上的无数个"第一"，终结了我国工业汽轮机依赖进口的历史，将产品打入由少数几家国际著名跨国公司控制的工业驱动汽轮机高端市场。

由于多年来的优质保证，公司客户遍及全国各地，并销往 20 多个国家及地区。我国各经济发展时期重点建设工程项目的国产工业驱动汽轮机绝大部分由杭州汽轮机股份有限公司提供，如国产第一台大型乙烯装置驱动裂解气压缩机用汽轮机、国产第一台 500 万 t/a 炼油装置驱动用汽轮机、国产第一台 4.8 万 m^3/h 大型空分装置驱动用汽轮机、国产第一台 60 万 kW 超临界大型火电站 50% 容量给水泵驱动用汽轮机、国产第一台 60 万 t/a 大型碱厂用的汽轮机、国产第一台 2 500m^3 大型钢厂高炉风机驱动用汽轮机、国产第一台 52 万 t/a 尿素装置二氧化碳压缩机驱动用汽轮机、国产第一台 20 万 t/a 合成氨改造项目驱动用汽轮机以及第一台垃圾电站发电用汽轮机。在大力发展"循环经济"，坚持"可持续发展"的今天，杭州汽轮机股份有限公司持续向用户提供一流的产品和优质的服务，为建设资源节约型和环境友好型社会做出应有的贡献。

附录 B 我国气体分离设备及相关领域的重点科研院所

多年来，我国各大科研院校在气体分离设备领域开展了大量的教学实践与基础科学研究，为我国气体分离技术的发展提供了强有力的技术支撑，每年为企业和科研机构输送大批优秀人才，为行业的持续快速发展提供了人才保证，对促进气体分离设备行业的蓬勃发展起到重要作用。

1. 浙江大学

浙江大学的制冷及低温工程专业为全国重点学科。它依托于浙江大学制冷与低温研究所（前身是创办于1958年的浙江大学低温科研组）是我国高等院校中最早创办的低温工程专业之一。该专业于1998年被国务院学位委员会批准为博士学位授权点及博士后流动站，2003年被评为浙江省重点学科。2015年，制冷与低温研究所获批成立浙江省制冷与低温技术重点实验室。2007年，该专业被评为全国重点学科。

制冷与低温研究所现拥有一批在制冷与低温领域具有竞争力的中青年人才，其中，教授8人、副教授7人。93%的教师拥有国外留学经历，多位教授分别在联合国环境规划署、国际制冷学会、国际低温制冷机委员会等著名国际学术组织担任重要职务。

多年来，制冷与低温研究所在低温流体流动与传热、低温制冷机、热声制冷技术、气体液化与分离、天然气回收与冷能利用、低温泵阀及深冷工艺、低温生物、太阳能制冷、制冷剂替代、制冷空调节能技术等领域开展了大量的前沿研究与应用工作。经过几十年的努力，该研究所已在国内外相关领域建立了很高的知名度，并在低温流体热物性、低温精馏等领域取得丰硕成果。该研究所曾承担国家自然科学基金项目，国家重点基础研究发展计划（"973"计划）、国家高技术研究发展计划（"863"计划）、国家科技支撑计划、国家重点研发计划重点专项等科研项目，取得了多项处于国内领先和国际先进水平的研究成果及科研奖励。其中，国家重点基础研究发展计划项目"复杂空气分离类成套装备超大型化与低能耗化的关键科学问题"为超大型低能耗空分成套装备流程与部机设计提供了科学依据，为规整大型化精馏塔设计提供了理论指导，为大型吸附器设计提供了技术支撑，实现了空分成套设备超大型化与低能耗化技术难题的突破，从而为新一代空气分离类成套装备理论突破提供科学基础。该项目入选"十二五"国家科技成就展，课题成果在杭氧8万 m^3/h 等级以上空分系统流程设计中获得应用。

制冷与低温研究所获奖情况：2004年，"无运动部件的低温制冷方法研究"项目获得国家自然科学奖二等奖；2006年，"深低温回热制冷法研究"项目获得浙江省科技成果奖一等奖；2004年，"自然循环预冷原理性试验研究"获得国防科学技术奖三等奖；2014年，"大推力火箭绝热泡沫塑料低温吸湿增重测试技术及应用"项目获得高等学校技术发明奖二等奖，"制冷与低温本科教学体系和教学方法的改革与实践"项目获得浙江省教学成果奖二等奖；2015年，"深低温回热制冷关键技术及应用"项目获得国家技术发明奖二等奖。

制冷与低温研究所一直重视国际合作与交流，先后与数十家海外著名大学、研究机构建立和保持了密切合作关系，开展了广泛而深入的科研合作与人员交流。其中，液氢温区脉管制冷部分核心技术已转让给日本岩谷公司并投入商品化生产。此外，研究所还与法液空、美国开利、日本住友等10余家世界500强企业开展了长期的科研项目合作。

2. 西安交通大学

西安交通大学制冷与低温工程系创建于1956年，是系、所合一的教学科研单位，是国内第一个建立的制冷、低温领域高级人才培养和技术研究基地。其学科点最早被批准为硕士点。也是国家人事部首批批准的博士后流动站。1992年，在对动力工程与工程热物理下设二级学科进行的评估中，该学科点被评为全国高校同类学科中的第一名。1998年，该专业在制冷与低温工程学科中第一个被批准为"长江学者"设点单位。2001年，以本学科第一名的成绩被批准为国家重点学科。

制冷与低温工程系现有教职工23名，其中具有博士学位的教师有8人。该系主要研究领域：制冷与低温系统循环及热物理过程、低温流体流动与传热规律、液体运载火箭低温燃料系统热控技术、天然气液化与LNG冷能回收及高效利用、低温机械与系统工作过程等。

制冷与低温工程系自创建以来，取得了诸多具有国内领先和国际先进水平的研究成果。制冷与低温工程系共编著、出版专业教材与专著40余本；获得国家级科技发明奖和科技进步奖7项、省部级科技奖励20余项、省部级教学成果奖4项；在国内外学术期刊上发表学术和技术研究论文700多篇，其中SCI、EI及ISTP收录200余篇；获得公开及批准专利30余项，其中授权发明专利10余项；

主持科研课题 80 余项，多次承担国家自然科学基金项目、国家科技部 "863" 项目、国防预研航天项目、国家科技支撑计划、中国博士后基金等科研项目以及大型企业合作项目。

制冷与低温工程系获奖情况：1981 年，"新型 PLK-8.33×2/20^{-6} 空气轴承中压透平膨胀机"项目获得国家发明奖三等奖；1985 年，"多排切向小孔供气及双气膜气体轴承"项目获得国家科学技术进步奖三等奖；1992 年，"天然气润滑轴承透平膨胀机"项目获得国家教委科技进步奖一等奖、陕西省专利奖金奖、国家科学技术进步奖三等奖；2001 年，"类环状流微膜蒸发板翅式冷凝蒸发技术"项目获得国家技术发明奖二等奖；2001 年，"KM6 载人航天器空间环境试验设备氦制冷系统关键设备氦气体轴承透平膨胀机的研制"项目获得国家高校科技进步奖二等奖，"KM6 载人航天器空间环境试验设备研制"项目获得国家科学技术进步奖二等奖。

西安交通大学热动力工程系前身为创建于 1952 年的蒸汽轮机与燃气轮机专业，是学校 "211 工程" 和 "985 工程" 重点建设的学科之一，隶属于 "动力工程及工程热物理" 国家一级重点学科。热动力工程系的主要研究方向包括：叶轮机械气动热力学及优化设计，叶轮机械汽液、气固两相流动，叶轮机械结构强度振动与转子动力学，叶轮机械运行优化与自动控制，燃气轮机热端部件冷却技术，燃气轮机燃烧室燃烧流动特性，燃气－蒸汽联合循环与节能，微型燃气轮机技术与分布式能源系统，低温热能有机工质利用系统开发及应用，机网协调控制特性研究，叶轮机械旋转密封流热固耦合特性研究和阻尼密封技术研发，以及汽轮机调节阀工作性能测试与协同优化研究等。进入 21 世纪以来，热动力工程系承担了 300 余项科研项目，包括国家 "973" 项目、国家 "863" 项目、国家科技支撑项目、国家自然科学基金项目、教育部博士点基金、国际合作项目和企业委托科研项目，在发电汽轮机、工业汽轮机、燃气轮机等叶轮机械自主研发等方面取得了一大批重要科研成果。

3. 华中科技大学

华中科技大学制冷与低温工程专业于 1960 年升格为本科专业，1981 年获硕士学位授予权，1990 年获博士学位授予权。该学科自创办以来，在培养制冷与低温技术人才、促进制冷与低温工程学科和工业发展方面起到了积极的作用。

制冷与低温工程系现有教授、博士生导师 4 名，副教授 5 名。该系在制冷剂替代与应用、制冷与空调系统节能优化技术、新型制冷及低温技术、气体分离装置的节能与新技术研究、低温系统及低温传热方面形成研究特色，在促进学科发展以及与家电、能源、环境等重要支柱产业发展方面做出了重要贡献。当前，该系共编著专业教材、专著30余本，多次获得国家自然科学基金项目、国家"973"项目、国家"863"项目、国家科技支撑计划、湖北省和武汉市科技项目，以及企事业开发项目的资助，获得国家科学技术进步奖1项、湖北省教学成果奖一等奖1项、省部委科技进步奖17项、国家发明和实用新型专利50多项。

华中科技大学制冷与低温工程系积极与国内外企业合作，现有实验室面积1 500m²，已与四川空分合作建立了国家级工程实践教育中心，在人才培养、研究开发和社会服务等方面取得了一系列成果。

4. 大连理工大学

大连理工大学化工学院是大连理工大学办学实力最强的学院之一，其前身是1949年大连理工大学建校时创办的化学工程系。1952年，全国部分高等学校院系进行了调整，哈尔滨工业大学、东北工学院（现东北大学）等院校的化工学科并入大连理工大学。1984年，大连理工大学撤销化学工程系成立化工学院，与中国石油化工总公司共建石油化工学院。

石油化工学院设有化学工程与技术博士学位授权点，建设有国内一流的化工学科群。化学工程与技术是国家一级重点学科，2006年在教育部举办的全国学科评估中名列第三。该学科涵盖化学工程、化学工艺、应用化学、工业催化4个国家二级重点学科，膜科学与技术、水科学与技术、精细化工、功能材料化学与化工、能源化工5个辽宁省二级重点学科。石油化工学院拥有一支高水平的教师队伍，现有教职工140人，其中，教授40人、副教授45人，高级工程师7人，博士生导师47人，硕士生导师48人。石油化工学院打造了一批高水平的教学和科研实践创新平台，拥有国家级"化工综合实验教学示范中心""辽宁省高分子科学与工程重点实验室""石油化工技术与装备辽宁省高校重点实验室"，现有校科研创新团队3个。

石油化工学院一直致力于煤化工产业的理论研究与科技创新工作,与中石化、中石油、中海油、神华集团、中国中煤、中国大唐、大化集团、中盐集团等企业开展技术合作项目近100个，在低温甲醇洗领域已积累了很好的业绩、丰富的理论和实践经验。

大连理工大学从1983年开始从事低温甲醇洗装置模拟分析优化研究工作，1993年成功开发低温甲醇洗装置模拟系统（Rectisol Process Simulator, RPS）。

通过不断实践，该软件逐渐完善，形成了 RPS95 版、RPS96 版、RPS2007 版。该软件先后用于镇海化肥厂、新疆乌鲁木齐化肥厂、宁夏化肥厂、大连化学集团公司化肥厂、兰州化肥厂、上海焦化有限公司等的低温甲醇洗装置，对设计工况和实际工况进行了模拟分析，并提出了一系列改进操作和改造装置的建议，实现了预期目标并得到厂家的一致好评。

为实现低温甲醇洗工艺技术的国产化，大连理工大学对低温甲醇洗工艺展开了大量的研究与创新，成功开发出一种新的节能型低温甲醇洗工艺流程，形成了"一种低温甲醇洗净化方法"和"用甲醇吸收回收酸性气的方法"两项专利技术。据此两项专利技术，成功开发了新疆乌鲁木齐化肥厂低温甲醇洗装置扩产 10%工艺包和低温甲醇洗专利技术工艺包。1999 年 11 月，低温甲醇洗技术通过了中石化组织的专家鉴定，达到国内领先和国际先进水平。

石油化工学院获奖情况：低温甲醇洗装置模拟系统于 1988 年获得中国石化总公司科学技术进步奖二等奖，1989 年获得国家优秀工程软件银质奖，1994 年获得中国石化总公司优秀软件一等奖。2000 年，"低温甲醇洗技术"项目获得中国石化总公司科学技术进步奖三等奖。

大连理工大学低温甲醇洗工艺流程技术优势明显，甲醇含水量更低、系统能耗明显减少、传热和传质效果佳，同时还可结合市场及工程进度要求，使总投资及工期设计更为合理。该工艺流程是在吸收国内外同类装置的优点、弥补其不足的基础上，加入了具备自主知识产权的专利技术，并汲取了项目团队多年来设计成功的数十套装置的经验而自主研发设计的。该工艺流程实现了低温甲醇洗工艺技术的国产化，摆脱了我国企业对国外工艺包技术的依赖，对推进我国煤化工产业自主创新及民族工业的发展做出了突出贡献。

5. 清华大学

清华大学热能工程系设有能源与动力工程（原能源动力系统及自动化）本科专业，设有动力工程及工程热物理一级学科，下设工程热物理、热能工程、动力机械及工程、流体机械及工程 4 个二级学科，其中，工程热物理、热能工程、动力机械及工程是国家重点学科。在历次学科评估中，动力工程及工程热物理一级学科和几个重点二级学科在全国名列前茅。

热能工程系在我国动力事业发展的各个阶段、特别在燃气轮机发展方面，发挥了重要的作用。该系先后承担了本领域各阶段的国家重大科研项目，如国家"973"项目、国家"863"项目、国家自然科学基金以及大量横向应用研究项目，有一批生产力转化成果和技术，曾多次荣获国家级和部委级科学进步奖与科研成果奖。

热能工程系与美国、日本、英国、德国、法国及加拿大等国的著名大学和公司建立了广泛而密切的合作关系，共同建立了多个联合研究机构，如燃气轮机与煤气化联合循环国家工程研究中心、清华BP清洁能源研究与教育中心、清华大学－三菱重工业联合研发中心，承担了多项国际合作项目。

6. 北京科技大学

北京科技大学能源与环境工程学院成立于1952年，当前由热科学与能源工程系和环境工程系组成。热科学与能源工程系前身为1958年成立的冶金系冶金炉专业，1982年与机械系制氧工艺及设备专业合并后组建热能工程系，2007年更名为热科学与能源工程系。能源与环境工程学院当前拥有动力工程及工程热物理、环境科学与工程两个一级博士点学科和相应的博士后流动站。制冷与低温工程专业为动力工程及工程热物理一级学科下的二级学科，1998年获得硕士学位授予权，2005年获得博士学位授予权。

北京科技大学制冷与低温工程专业在中低温余能的利用、过程工业中的能量转化与梯级利用、余热制冷技术、气体分离新工艺与新技术、大型空气分离装置的操作仿真、PSA气体分离技术、制冷空调系统测控技术与计算机仿真、多相流动与传热传质、生物质能高效利用技术、高效节能多孔介质温湿度调控技术等方面形成了独特的科研方向。

多年来，能源与环境工程学院的制冷与低温工程专业为钢铁、气体分离设备、制冷、建筑等行业以及高校与研究院所培养了大批专业人才。在教育教学方面，该专业围绕节能减排、绿色能源、人工环境及国家战略性新兴产业需求，构建理论与实践教学并重、加强科技创新与国际合作交流的现代化课程体系，形成了包括国家精品课、国家资源共享课、国家双语示范课、北京市精品课等课程系列；拥有多个国家级和省部级的科研、教学平台，包括教育部和外国专家局创新引智基地、北京市高校工程研究中心和北京市重点实验室等，为学生提供了开放的科技创新平台；编撰出版了具有广泛影响力的一系列气体分离设备行业经典专业教材，如《制氧工问答》《制氧技术》等。2016年，能源与环境工程学院和英国伯明翰大学成立了能源和环境研究与教育联合中心，尤其在低温储能领域开展战略性科研合作，共同打造国际化的人才培养与科研中心。在科学研究方面，该专业长期致力于空分产品能耗分析及经济运行方式、大型空分设备操作系统仿真、大型低温精馏空分设备生产超高纯氧、非标工况下氩气增产的研究与开发，在空分设备技术研究、开发与推广方面，尤其是冶金企业空分设备运行技术、能耗优化等方面进行了卓有成效的工作。该专业承担国家科技部、国家发展改革委、国家自然科学基金等多项重大攻关项目，近10年来，获得国家科学技术进步奖特等奖1项、省部级科学技术进步奖20余项，以及诸多授权国家发明专利。多项研究成果在宝武集团、首钢、济钢、天铁集团、丰喜肥业集团等企业应用，取得了可观的经济效益和社会效益，并得到社会的广泛认可，为我国节能工程及气体分离技术的发展做出了重要贡献。

7. 上海交通大学

上海交通大学机械与动力工程学院的前身是1913年由上海工业专门学校设立的电气机械科，是上海交通大学历史最悠久的院系之一。

机械与动力工程学院当前设有机械工程及自动化、动力与能源工程、工业工程与管理3个系，以及核科学与工程学院二级学院；机械工程、动力工程与工程热物理两个国家一级重点学科及核科学与工程国家一级学科，3个博士后流动站，3个一级学科授权博士点、14个二级学科授权博士点、13个授权硕士点和7个工程硕士学位授予点，5个本科专业。该学院拥有机械系统与振动国家重点实验室、汽车电子控制技术国家工程实验室、燃煤污染物减排国家工程实验室（上海）、振动冲击噪声国防重点学科实验室、动力机械与工程教育部重点实验室、太阳能发电及制冷教育部工程研究中心、复杂薄板结构数字化制造重点实验室、上海市网络制造与企业信息化重点实验室、上海核电工程技术研究中心9个国家及省部级重点（工程）实验室和工程中心。

8. 上海理工大学

上海理工大学能源与动力工程学院是当前国内从事能源、动力领域人才培养和科学研究工作的重要单位之一。1960年，上海理工大学设置动力机械工程系。1986年9月，经原机械工业部批准，正式成立动力工程学院。2008年12月，动力工程学院更名为能源与动力工程学院。

能源与动力工程学院拥有动力工程及工程热物理博士后科研流动站、动力工程及工程热物理一级学科博士学位授予权，具有热能工程、制冷及低温工程、动力机械及工程、工程热物理、流体机械及工程、化工过程机械6个二级学科博士点，力学一级学科硕士点，以及动力工程硕士点。动力工程与工程热物理一级学科是第一期上海市重点学科，制冷及低温工程二级学科是第二期和第三期上海市重点学科。动力机械及工程、制冷及低温工程两个一级学科是上海市教委重点学科。

9. 哈尔滨工业大学

哈尔滨工业大学能源科学与工程学院成立于 1994 年，其前身为哈尔滨工业大学动力工程系。动力工程系建于 1954 年，是我国最早的动力工程学科之一。

能源科学与工程学院现有能源与环境工程系、飞行器推进及流体动力系，设有能源与动力工程、飞行器动力工程、核工程与核技术 3 个专业。该学院的动力工程及工程热物理学科为国家一级重点学科，是国家"985 工程"和"211 工程"重点建设学科，具有一级学科博士学位授予权，并设有博士后流动站，下设工程热物理、热能工程、动力机械及工程、流体机械及工程、制冷及低温工程、化工过程机械 6 个二级学科，二级学科均具有博士学位授予权。

10. 中国科学院大连化学物理研究所

中国科学院大连化学物理研究所（简称大连化物所）是一个基础研究与应用研究并重、应用研究和技术转化相结合，以任务带学科为主要特色的综合性研究所。大连化物所成立于 1949 年，最初定名为大连大学科学研究所，1961 年年底更名为中国科学院化学物理研究所，1970 年正式定名为中国科学院大连化学物理研究所。1998 年，大连化物所成为中国科学院知识创新工程首批试点单位之一。2007 年，经国家批准，筹建洁净能源国家实验室。

大连化物所重点学科领域为催化化学、工程化学、化学激光和分子反应动力学以及近代分析化学和生物技术。该所现有 1 个筹建国家实验室（DNL）、11 个规划筹建研究部、2 个国家重点实验室、1 个国家工程实验室、2 个研究中心、1 个国家工程中心、1 个研发中心和 5 个研究室。大连化物所是国务院学位委员会授权培养博士、硕士的单位，具有物理学、化学、材料科学与工程、化学工程与技术 4 个一级学科博士学位授予权。大连化物所具有博士生导师、硕士生导师资格审批权，现有博士生导师 151 人、硕士生导师 195 人。

自 2011 年以来，大连化物所取得各类科研成果 270 余项，以第一完成单位获得省部级以上奖励 70 余项，其中，获得国家奖励 8 项，中科院、省部级一等奖 13 项。大连化物所累计申请专利 6 716 项，其中发明专利 6 090 项；累计获得授权专利 2 313 项，其中发明专利 2 101 项。2011—2018 年，大连化物所发表 SCI 论文总数达 7 330 篇。其中影响因子大于 5 的有 2 432 篇。该所出版科技专著 24 部。

大连化物所主持出版英文学术期刊 *Chinese Journal of Catalysis*（《催化学报》）

和 *Journal of Energy Chemistry*（《能源化学》）以及国内色谱领域核心期刊《色谱》。其中，*Chinese Journal of Catalysis* 和 *Journal of Energy Chemistry* 在国际化学工程和应用化学期刊中位居 Q1 区，2018 年 SCI 影响因子分别为 3.525 和 3.886。

大连化物所与法国科学研究中心、德国马普协会等世界多所著名科研机构和德国、美国等的世界 500 强企业建立了联合实验室和战略伙伴关系。

2017 年 10 月，中科院批准依托大连化物所筹建中科院洁净能源创新研究院，按照国家实验室体制机制模式运行，加快构建"1+X+N"开放融合的创新组织体系，组建能源领域强大科技创新"集团军"。2018 年 4 月，中科院批准依托大连化物所启动实施"变革性洁净能源关键技术与示范"A 类先导专项，通过变革性关键技术突破与示范，实现化石能源、可再生能源、核能的融合发展，为构建我国清洁低碳、安全高效的能源体系提供技术支撑，同时为争取建设洁净能源国家实验室创造条件。

大连化物所获奖情况：1980 年，"姿态控制用 816、814 肼分解催化剂"项目获得国家发明奖二等奖；1986 年，"中空纤维氮氢膜分离器 -I 型"项目获得中国科学院科技进步奖特等奖；1987 年，"分子束反应动力学与分子传能研究"项目获得国家自然科学奖二等奖；1988 年，"XX 姿态控制用 818 型铱 - 氧化铝催化剂的制备方法"项目获得国家发明奖二等奖；1993 年，"高性能中空纤维氮氢膜分离器研究"项目获得国家科学技术进步奖二等奖；1996 年，"超音速氧碘化学激光器"项目获得中国科学院科技进步奖特等奖，"合成气经由二甲醚制取低碳烯烃新工艺方法"项目获得中国科学院科技进步奖特等奖；1997年，"催化裂化干气与苯烃化制乙苯成套技术"项目获得国家技术发明奖二等奖；1999 年，"双共振电离法研究激发态分子光谱和态分辨碰撞传能"项目获得国家自然科学奖二等奖，"紫外共振拉曼光谱仪研制和在催化研究中的应用"项目获得国家技术发明奖二等奖，"氧碘化学激光器"项目获得中国科学院科技进步奖特等奖；2001 年，"一种高硫容浸渍活性炭干法脱硫剂及其应用"项目获得国家技术发明奖二等奖；2004 年，"无运动部件的低温制冷方法研究"项目获得国家自然科学奖二等奖；2005 年，"甲烷直接催化脱氢转化为芳烃和氢新反应的研究"项目获得国家自然科学奖二等奖，"聚烯烃用高效脱氧剂的研制与工业应用"项目获得国家技术发明奖二等奖；2006 年，"航空航天催化剂技术"项目获得国家技术发明奖二等奖；2007 年，"甲醇制取低碳烯烃（DMTO）技术开发"项目被列为"中国科学院 2006 年度十大重要创新成果"；2008 年，

"化学反应过渡态的结构和动力学研究"项目获得国家自然科学奖二等奖,"FCC
干气制乙苯气相烷基化与液相烷基转移组合技术研发及产业化"项目获得国家
科学技术进步奖二等奖;2011 年,"催化材料的紫外拉曼光谱研究"项目获得
国家自然科学奖二等奖;2012 年,"复杂生物样品的高效分离与表征"项目获
得国家自然科学奖二等奖;2014 年,"甲醇制取低碳烯烃" 项目获得国家技
术发明奖一等奖,"态 - 态分子反应动力学研究" 项目获得国家自然科学奖二
等奖,"直接醇类燃料电池电催化剂材料应用基础研究" 项目获得国家自然科
学奖二等奖;2015 年,"分子尺度分离无机膜材料设计合成及其分离与催化性
能研究"项目获得国家自然科学奖二等奖,"全钒液流电池储能技术及应用"
项目获得国家技术发明奖二等奖。

参考文献

[1] 马林聪.中国氢能产业基础设施发展蓝皮书[M].北京：中国质检出版社，2016.

[2] 曹富财.大规模焦炉气变压吸附制氢研究[J].化工管理，2015（32）：18.

[3] 余浩.高压煤气化制氢变压吸附流程的比较[J].石化技术，2016，23（2）：83-85.

[4] 李克兵，曾凡华，殷文华，等.带两个顺放罐的大型变压吸附制氢新技术[J].天然气化工—C1化学与化工，2009，34（2）：60-63.

[5] 管英富，王键，等.大型煤制氢变压吸附技术应用进展[J].天然气化工—C1化学与化工，2017，6（42）：129-134.

[6] YANG T R.吸附剂原理与应用[M].马丽萍，宁平，田森林，译.北京：高等教育出版社，2010.

[7] 王子宗.石油化工设计手册：第三卷 化工单元过程（下）[M].2版.北京：化学工业出版社，2015.

[8] 中国标准化研究院.中国氢能产业基础设施建设发展蓝皮书：2018[M].中国质检出版社，2018.

[9] 徐艳霞.程控阀在PSA工艺上的应用与改进[J].化工自动化及仪表，2013，40（8）：1061-1063.

[10] 白芳铭.PSA工艺中程控阀常见故障及维护措施[J].科技前沿，2014（6）：177.

[11] 李崇勇，唐春艳，张光.对PSA吸附器建造的看法[J].材料与设计，2017，2（33）：21-23.

[12] 张辉，刘应书，刘文海，等.变压吸附制氧机吸附器结构研究进展[J].化工进展，2007，26（11）：1602-1609.

[13] 杜雄伟.变压吸附技术中径向流吸附器的应用与研究进展[J].化工管理，2013（4）：191-193.

[14] 张俊利.自控技术在变压吸附制氢控制中的应用[J].中国钼业，2015，39（3）：49-51.

[15] 刘潭.智能控制技术在PSA制氢装置中的应用[J].石油化工自动化，2016, 52（4）: 49-50.

[16] 黄湘.大型火电设备手册：汽轮机[M].北京：中国电力出版社，2009.

[17] 吴志燕，翁玉祥，罗晓钟.低温液体球罐和低温液体子母罐的对比分析[J].辽宁化工，2018（4）: 306-308.

[18] 顾栋磊.国内空分系统设备发展探究[J].工艺与设备，2018（3）: 126-127.

[19] 蔡文刚.浅谈大型LNG低温储罐的建造技术[J].工艺技术，2018（6）: 179-180.

[20] 江海斌，景宏亮.我国LNG低温潜液泵现状及国产化情况分析[J].通用机械，2014（11）: 54-60.

[21] 徐烈.我国低温绝热与贮运技术的发展与应用[J].低温工程，2001（2）: 1-8.

[22] 陈永东，陈学东.LNG成套装置换热器关键技术分析[J].天然气工业，2010（1）: 96-100.

[23] 杨国强.LNG储罐设计与施工[D].西安：西安石油大学，2016.

[24] 姚长青，郑超，刘志辉.LNG低温阀门技术发展趋势分析[J].化工设备与管道，2014（1）: 8-14.

[25] 陈永东，周兵，陈沛.LNG工厂换热技术的研究进展[J].天然气工业，2012（10）: 80-85.

[26] 李莹珂，蒲黎明，祁亚玲，等.LNG工艺中压缩机的选型研究[J].天然气与石油，2014（10）: 25-28.

[27] 张康.LNG浸没燃烧型汽化器流动传热特性研究[D].大连：大连理工大学，2016.

[28] 刘珊珊，李澜，焦文玲.LNG空温式汽化器管束传热特性[J].土木建筑与环境工程，2008（2）: 95-102.

[29] 赵志玲.大型LNG冷剂离心压缩机排气窝室优化设计[J].风机技术，2014（3）: 53-56.

[30] 黄鹂.能源装备国产化思考与LNG装备国产化展望[J].油气储运，2014（4）: 343-346.

[31] 常旭宁，郭保玲.膨胀机在天然气液化工程的应用[J].煤气与热力，2017（1）: 9-11.

[32] 高源，侯珍珍．浅谈 LNG 工艺中压缩机的选型 [J]．山东化工，2017（15）：126-129.

[33] 白江涛．浅析液化天然气工厂的生产装置及工艺技术 [J]．化工管理，2018（1）：180-181.

[34] 刘建辉．天然气储运关键技术研究及技术经济分析 [D]．广州：华南理工大学，2012.

[35] 乔国发，李玉星，张孔明，等．我国液化天然气工业的现状及发展前景 [J]．油气储运，2005（3）：1-4.

[36] 黄帆．我国液化天然气现状及发展前景分析 [J]．天然气技术，2007（1）：68-71.

[37] 张广耀．小型天然气液化中低温换热装置设计及性能研究 [D]．北京：北京工业大学，2013.

[38] 郭俊广，许涛，管硕，等．亚马尔 LNG 项目模块化建设经验解析 [J]．国际石油经济，2018（2）：77-82.

[39] 顾安忠．迎向"十二五"中国 LNG 的新发展 [J]．天然气工业，2011（6）：1-11.

[40] 李化治．制氧技术 [M]．2 版．北京：冶金工业出版社，2009.

[41] 孟兆伟，等．气体分离膜的发展历程 [J]．低温与特气，2014，32（5）：5-8.

[42] 张敏．深冷技术 [M]．杭州：杭州出版社，2006.

参考文献